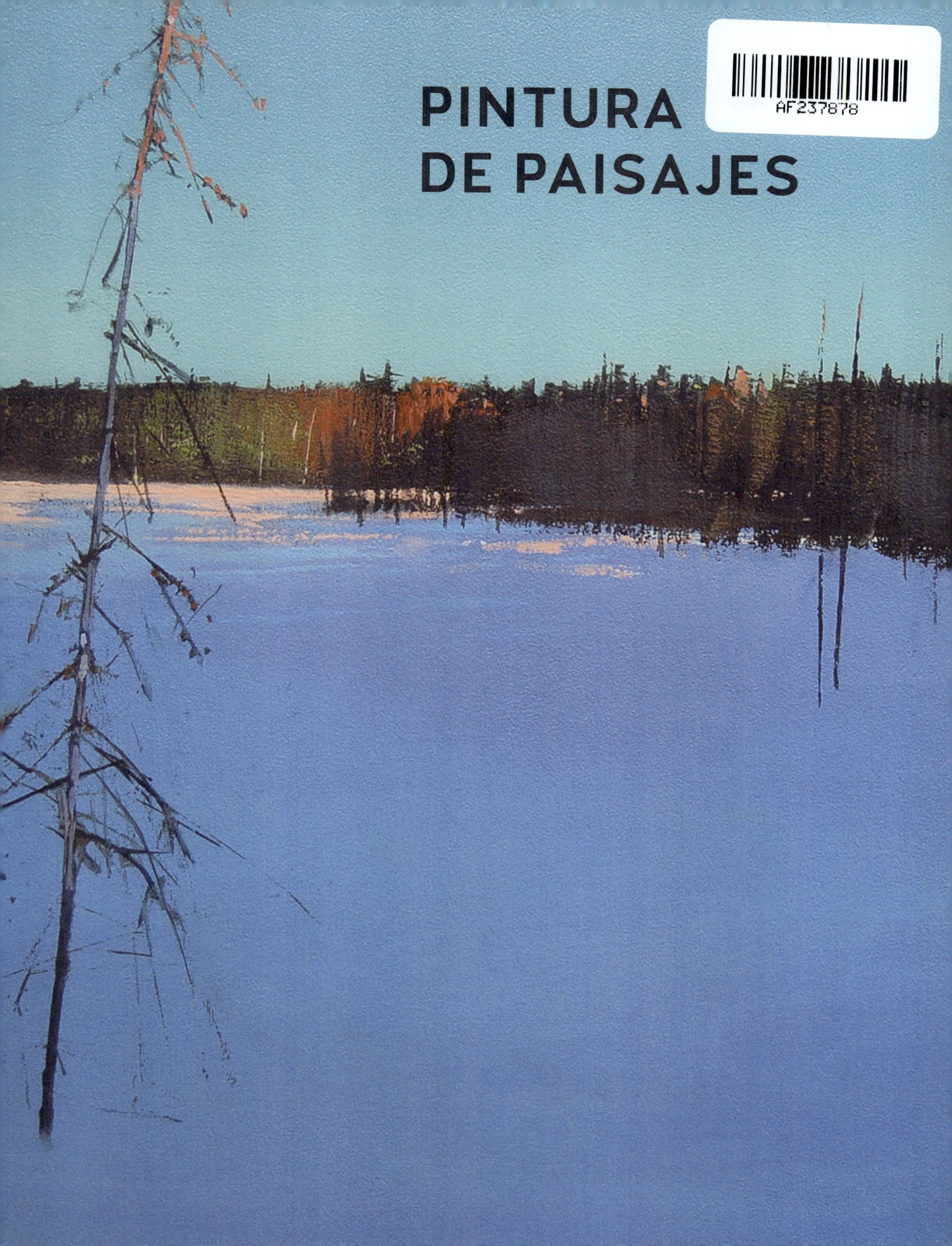

PINTURA
DE PAISAJES

Mitchell Albala, *La casa del farero*, óleo sobre lienzo, 96,5 × 81 cm

PINTURA DE PAISAJES

ESTUDIOS SOBRE LA FORMA, LA COMPOSICIÓN Y EL COLOR

MITCHELL ALBALA

Librero

Título original: *The Landscape Painter's Workbook*

© 2025 Librero b.v. (edición española)
www.librero.nl

© 2021 Quarto Publishing Group USA Inc.
Texto e imágenes © 2021 Michell Albala

Publicado originalmente en 2021 por Rockport Publishers,
una edición de The Quarto Group.

Producción de la edición española:
Traducción: Carme Franch Ribes
para Delivering iBooks & Design
Redacción y maquetación:
Delivering iBooks & Design, Barcelona

Distribución exclusiva de la edición española:
Librero IBP S. L.
C/ Paseo de los Olmos, n.º 20
Planta 1.ª, oficina 7
28005 Madrid, España
www.librero-ibp.es

Impreso en China

ISBN: 978-94-6499-033-1

Layout: Megan Jones Design

Página 1: David Lidbetter, *Cinco minutos más* (detalle), óleo sobre tablilla, 30,5 × 40,5 cm.
Página 5: Mitchell Albala, *Estudio, Mañana cobriza*, acuarela, 9 × 9 cm

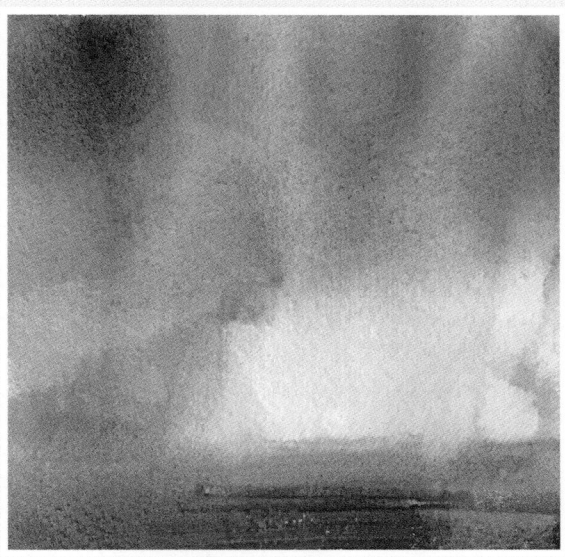

Para todos los pintores que hayan intentado alguna vez
plasmar la luz en una pintura, y para mis alumnos, gracias
a cuya perseverancia y receptividad a nuevas ideas soy
mejor profesor y mejor pintor.

ÍNDICE

Introducción   8

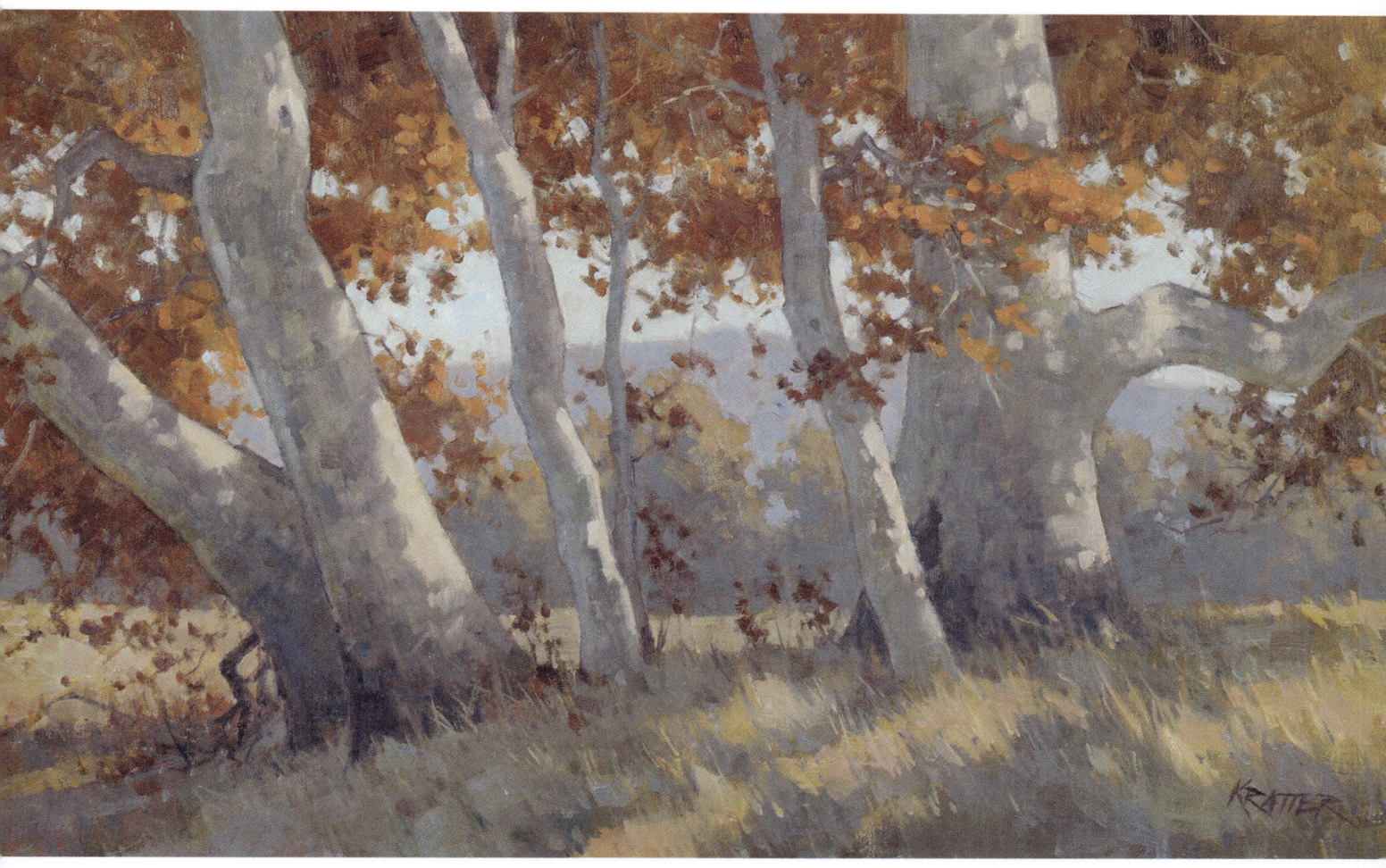

Paul Kratter, *Bajo los sicomoros*, óleo sobre tablilla, 30,5 × 51 cm

INTRODUCCIÓN

Si está leyendo este libro, es probable que haya llegado hasta aquí porque tiene la intención de iniciarse en el paisajismo o, por el contrario, ya tiene experiencia como paisajista y desea ampliar conocimientos.

Pintura de paisajes ofrece todas las claves para los artistas de este género. Además de nociones básicas, presenta un análisis exhaustivo de aspectos como las estrategias «completas» del color, las agrupaciones cromáticas, la armonía de neutros, los formatos, el notan y el movimiento.

Asimismo, incluye diez ejercicios muy provechosos. Con los años, me he dado cuenta de que ver demostraciones o seguirlas en un libro, aunque inspirador, no es tan útil como realizar los ejercicios que enseñan a los artistas a hacerlo por ellos mismos de modo factible. Si pone en práctica estos ejercicios, estoy convencido de que hará progresos más deprisa y vivirá más momentos de descubrimiento que si se limitara a leer sobre ellos o a contemplar las ilustraciones.

Otro aspecto relevante de *Pintura de paisajes* es que está pensado para artistas especializados en cualquier técnica, no solo en la pintura al óleo. Las lecciones y los ejercicios sobre la forma, la composición y el color son universales y, por tanto, aplicables a todos los paisajistas. En estas páginas están representados más de cuarenta y cinco pintores contemporáneos (y más de ochenta obras en total), que trabajan al óleo, al acrílico, al pastel y a la acuarela. Sea cual sea su técnica o estilo preferidos, en este libro encontrará lecciones muy útiles.

PLANTEAMIENTO DE PREGUNTAS Y RESPUESTAS

En mis talleres, siempre digo a los alumnos que la diferencia entre los pintores que hacen progresos y los que no los hacen no es necesariamente el talento. Es si se han preparado o no para plantear las preguntas adecuadas. Cuesta más encontrar soluciones ante problemas pictóricos si no sabemos qué preguntas hacer. Por ejemplo, cuando presento nuevas ideas sobre la composición, una vez lo he indicado, nadie duda nunca de a qué me refiero. En buena parte, lo que hace este libro es enseñar a los pintores qué tienen que buscar en sus motivos y qué preguntas deben hacer sobre la interpretación de la forma, la composición y el color. Asimismo, cada capítulo concluye con un apartado de preguntas y respuestas que resume las cuestiones clave del tema tratado.

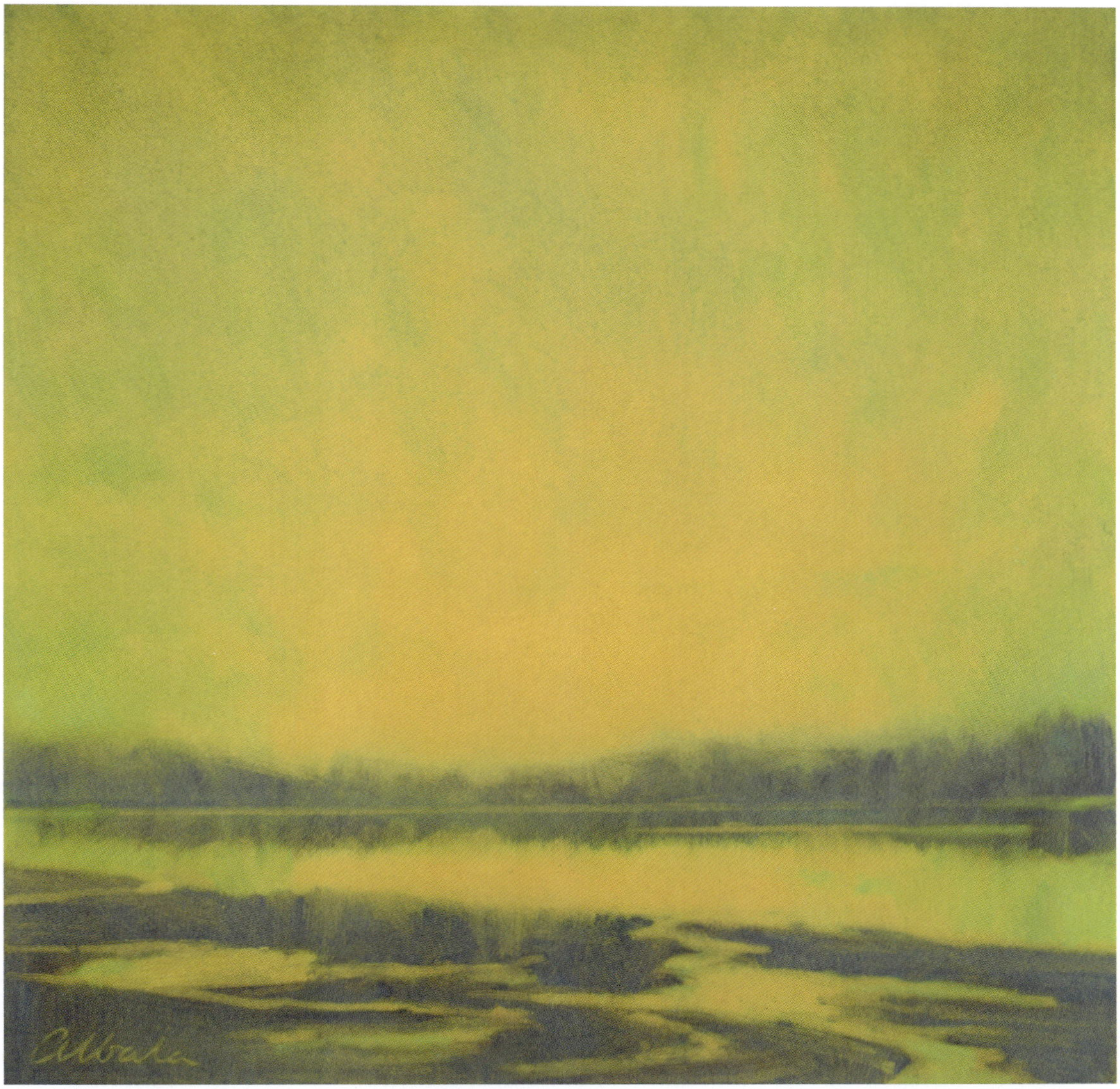

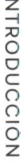

Mitchell Albala, *Estudio, laguna costera de Grassers bañada en oro*, óleo sobre base de gesso dorado, 20,5 × 20,5 cm

Todos buscamos motivación e inspiración. Esto es el combustible que alimenta nuestro motor creativo. Pero, para hacer progresos de verdad en nuestra senda creativa, para mejorar nuestras habilidades, también necesitamos prácticas y principios que sean comprensibles y puedan aplicarse fácilmente. Por eso he escrito este libro y he hecho las lecciones y los ejercicios lo más prácticos y factibles posible.

He adoptado las prácticas que transmito y, en consecuencia, se me da mejor solucionar problemas y soy mejor artista. ¡Funciona, en serio! Me he planteado las mismas preguntas que usted ahora mismo sobre la forma, la composición y el color. Y en este libro encontrará las respuestas que he descubierto. Estoy convencido de que, si pone en práctica estas lecciones y hace los ejercicios, conseguirá sus objetivos pictóricos de una manera más fácil, rápida y divertida.

MITCHELL ALBALA

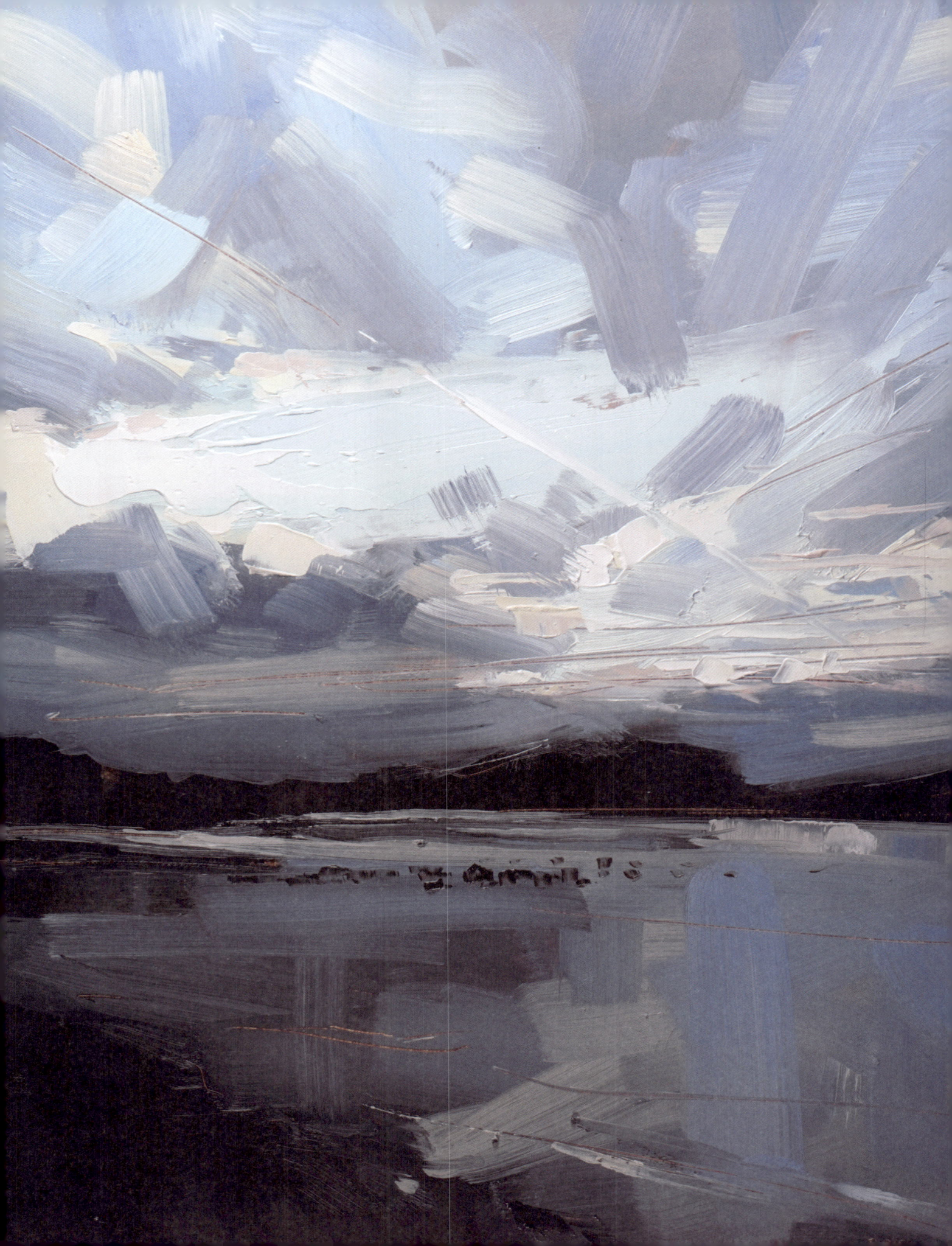

1

INTERPRETACIÓN DE LAS FORMAS

Uno de los temas recurrentes de este libro es que el paisajismo es un arte de la interpretación. Nuestro objetivo no es reproducir lo que vemos exactamente tal como lo vemos. Al contrario, todo lo que observamos (los colores, las formas y los detalles) se filtra a través de una lente interpretativa. La pintura que creamos puede parecerse a un paisaje, pero ahora es una *pintura*, una interpretación única del mundo en su propio lenguaje visual. Este proceso de traducción resulta más exigente si cabe cuando tratamos de interpretar el paisaje a partir de su nivel fundamental: la forma.

La naturaleza es sumamente compleja. Cuenta con incontables formas, de minúsculas a gigantescas, y en estado puro e íntegro puede resultar bastante abrumadora. La clave para traducir todo esto en una pintura no es capturar hasta el más mínimo detalle, sino reducirlo a formas y masas más sencillas. Es la primera tarea del paisajista y la más importante. Sorprendentemente, este planteamiento reduccionista no desmerece la impresión global, sino que realza la pintura, haciéndola más comprensible al espectador

◄ Hester Berry, *Embalse de Bosley*
Óleo sobre tabla, 30,5 × 21,5 cm

La primera tarea del paisajista y la más importante es simplificar la vastedad y la complejidad de la naturaleza en formas más nítidas y visualmente más concisas. Cada una de las expresivas pinceladas de Berry es una forma característica, definida a partir de los trazos adyacentes con diferencias de valor y color.

UN PLANTEAMIENTO REDUCCIONISTA DE LA FORMA

Cuando observamos el mundo natural en toda su magnitud, somos capaces de capturar sus numerosos valores y colores, así como todas sus partes y componentes, sin pensarlo. Sin embargo, para intentar pintarlo, hace falta mirarlo a través de una lente visual distinta. Para traducir esta abrumadora cantidad de información al lenguaje de la pintura, debemos empezar por ver el motivo en términos más sencillos.

La base de toda pintura, por complicada que sea, se construye a partir de formas simplificadas. Aun así, esto no es necesariamente lo que vemos primero. Nos distraemos en un mar de detalles, colores y contenido narrativo. Para simplificar, tenemos que ver a través de todas las capas de complejidad y bullicio. Tenemos que interpretar y extrapolar.

Nuestro objetivo no es incluir todo lo que vemos, sino saber qué excluir. Una de las mayores satisfacciones que experimenta un artista es cuando descubre que una estructura pictórica simplificada captura la esencia de un motivo con más eficacia que los pequeños componentes y detalles.

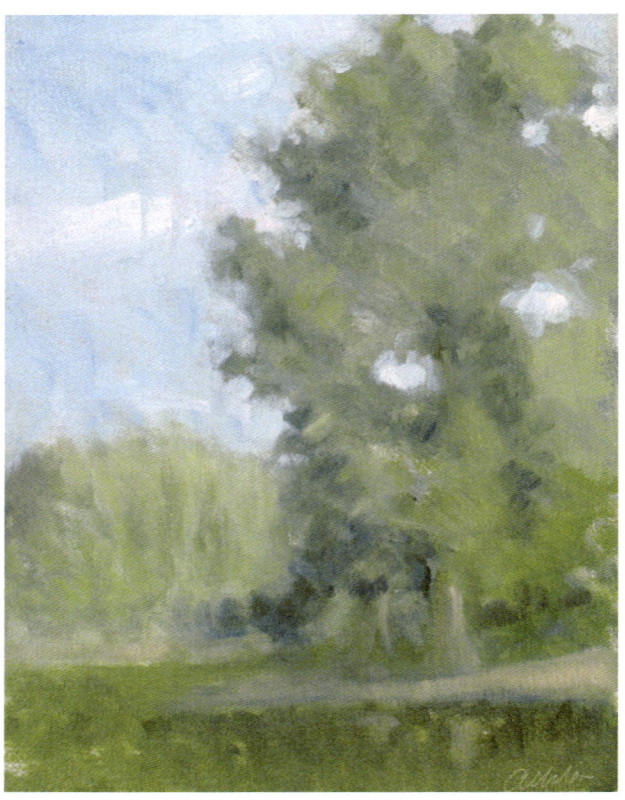

LECCIÓN DE REDUCCIONISMO
Mitchell Albala, *Mi primer caballete*
Óleo sobre papel, 30,5 × 23 cm

Hace muchos años, recibí una de mis primeras lecciones de pintura en el Central Park de Nueva York. Acababa de comprarme mi primer caballete plegable y, al cabo de una hora o así, me sentí muy perdido y decepcionado. Las formas me habían quedado irregulares, y el árbol, poco convincente. Cogí el trapo y di varias pasadas para borrar la pintura. Sin embargo, me llevé una grata sorpresa con el resultado, puesto que, una vez difuminada, la imagen mejoró mucho. Mi árbol, recargado y desigual, se había consolidado en una masa más simplificada. Al final, con el trapo logré los trazos más conseguidos de la composición.

REDUCCIONISMO

El reduccionismo es un planteamiento adoptado en muchas disciplinas, de la biología a la filosofía. En un planteamiento reduccionista, se intentan explicar ideas complejas reduciéndolas a las más fundamentales. Esto es precisamente lo que hacen los paisajistas cuando intentan simplificar las miríada de formas del paisaje en formas y diseños más sencillos.

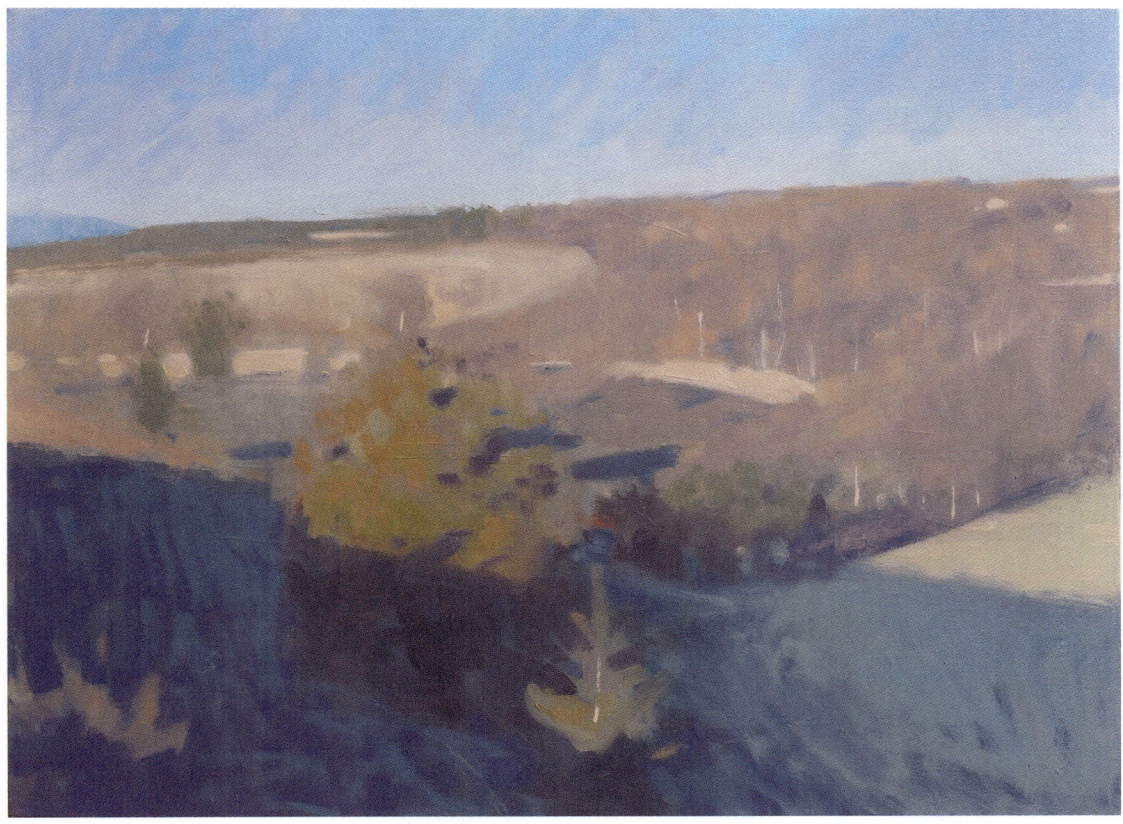

Frank Hobbs, *Condado de Augusta, Virginia, cerca de Staunton, invierno*
Óleo sobre lienzo, 46 × 61 cm

A partir de un planteamiento simplificado, el resultado global resulta mucho mejor que la suma de sus partes. *Condado de Augusta* de Hobbs está formado solo por algunas formas principales: el cielo, la colina de fondo y el árbol y la sombra de primer plano. Los elementos más pequeños, como los árboles de fondo y las hierbas de primer plano, solo se insinúan. Según Hobbs: «Sabemos que un árbol está formado por millones de hojas y ramas pequeñísimas. Solo saberlo, ya nos sentimos agobiados. Por suerte, el ojo es más perspicaz que la mente y, al final, es el que permite al artista depurar las masas básicas de la naturaleza en algo que realmente tenga sentido en el lienzo». (Véase también la pintura a partir de formas simplificadas de Hobbs en la página 36).

UNA BUENA COMBINACIÓN: FORMAS SIMPLIFICADAS Y DETALLES

Cuando los aprendices de pintura de paisajes ven que se hace tanto hincapié en la simplificación, se apresuran en preguntar qué hay de los detalles. Los detalles son un elemento fundamental del paisajismo. Tienen un gran potencial descriptivo y suelen contener información que es esencial para la historia visual. Aun así, la adopción de formas simplificadas no implica la exclusión de detalles. Al contrario, son dos aspectos que se llevan bien, siempre y cuando se creen en el orden adecuado y estén bien equilibrados. (Véase «Equilibrio de las formas simplificadas y los detalles con la regla 80/20» en la página 25).

LAS VENTAJAS DE LA SIMPLIFICACIÓN

Si ha asistido a talleres o ha leído otros libros de paisajismo, seguro que le suena la consigna *«¡simplificar, simplificar y simplificar!»*. ¿Por qué es tan importante un planteamiento reduccionista de la forma?

- **La simplificación es práctica.** El mundo natural presenta tanta información en un ámbito tan amplio que, para crear una imagen nítida y visualmente concisa de la naturaleza, no tenemos otra opción que simplificar. La simplificación es un imperativo visual.

- **La simplificación es nuestro punto de partida.** Una pintura se desarrolla en fases, de lo genérico a lo concreto. Siempre empezamos una pintura con formas básicas simplificadas, mientras que los elementos o los detalles más pequeños se integran en ellas posteriormente.

- **La simplificación es bella.** Un motivo que pasa de la complejidad a la sencillez es elegante, y no deja de ser una demostración de la poesía visual del paisajismo.

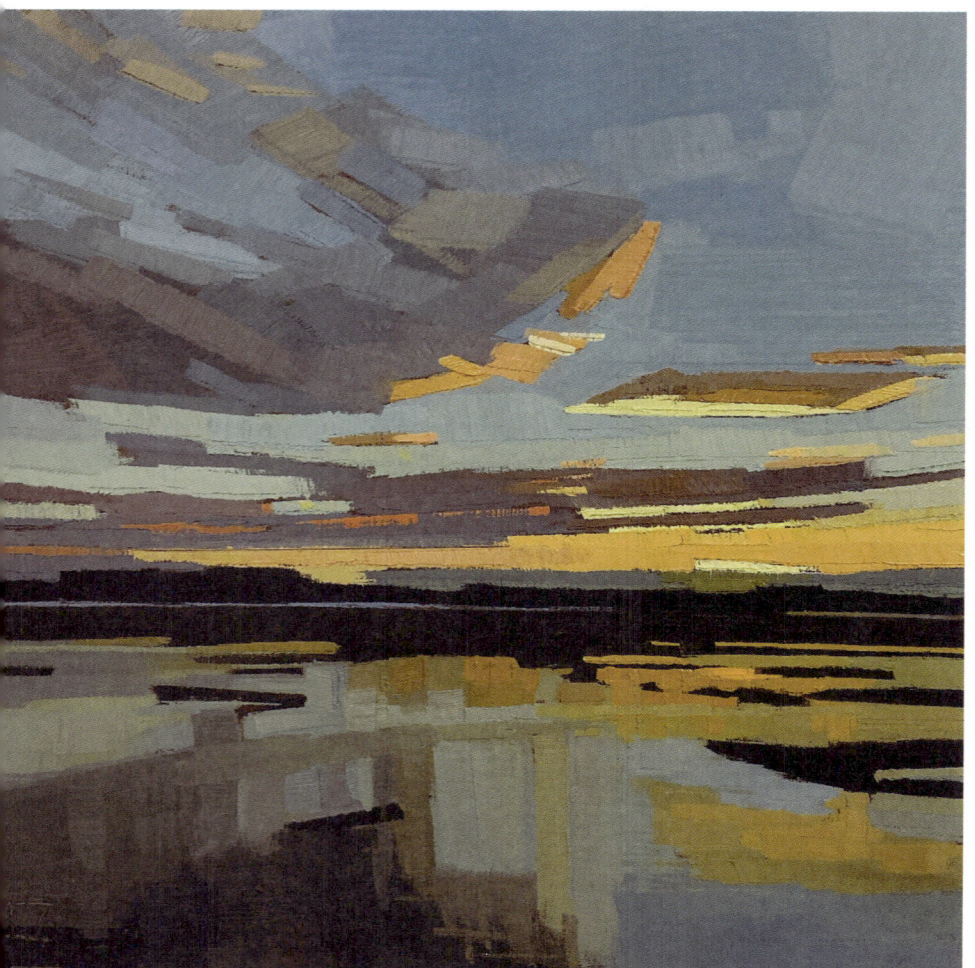

Sue Charles, *Ardiente*
Óleo sobre tablilla, 30,5 × 30,5 cm

Sue Charles domina la forma a la perfección. Cada una de sus siluetas define la estructura y la forma, incluso formas aparentemente tan amorfas y desestructuradas como las nubes. Cada forma se define con una pincelada, y cada pincelada es un color y un valor determinados. Charles se inspiró en su experiencia como vitralista: «Mi obra gira en torno al amor por las formas y el modo en que todos los elementos de la naturaleza encajan perfectamente como un rompecabezas. Cada pincelada es una forma de un color concreto meditada minuciosamente, aplicada en relación al diseño global». *Ardiente* puede apreciarse como un paisaje nuboso y como un poema visual de la forma.

LA SIMPLIFICACIÓN ES PRÁCTICA

El mundo natural y nuestras pinturas del mismo están constituidos por los mismos componentes básicos: las formas. Sin embargo, las formas de la pintura definitiva no se corresponden necesariamente con todo lo que vemos en el motivo. Ni siquiera las pinturas más detallistas replican la escena exactamente, forma por forma. Nuestro objetivo no es transcribir todas las que vemos. Hay demasiadas. Debemos ser selectivos. Combinamos formas más pequeñas dentro de las más grandes. Decidimos cuáles son esenciales para la composición y cuáles son superfluas.

Hacemos mucho hincapié en algunas y quitamos importancia a otras, incluso prescindimos de ellas por completo, hasta que logramos transmitir la esencia del motivo del modo más visualmente conciso posible.

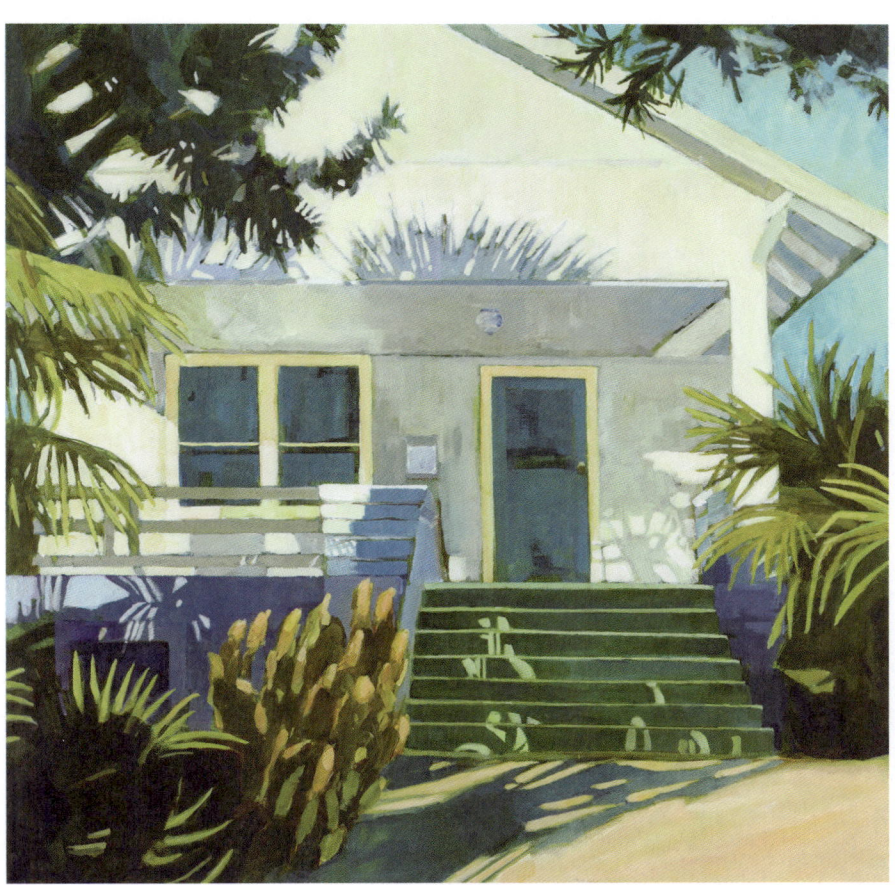

Lisa Snow Lady, *Jardín de palmeras*
Acrílico sobre lienzo, 76 × 76 cm

El estilo de Snow Lady traduce las formas naturales en siluetas planas perfectamente definidas, casi como papel recortado. *Jardín de palmeras* comprende todo tipo de elementos del paisaje (la tierra, el cielo, el suelo, la vegetación y los componentes artificiales), pero todos se reducen a formas fundamentales que encajan a la perfección. Según la artista: «Creo que una buena pintura empieza con una composición convincente y unas formas convincentes. Si voy a dedicar mucho tiempo a la obra, debo mantener vivo el interés por el diseño en todo momento».

LA SIMPLIFICACIÓN ES NUESTRO PUNTO DE PARTIDA

Las fases de una pintura tienen un flujo lógico que va de lo genérico (las formas iniciales básicas) a lo concreto (los detalles, los valores y los colores adicionales). Del mismo modo que un albañil construye primero los cimientos de una casa, el artista empieza por una base que establece la estructura y la composición básicas de una pintura.

Nunca empezamos a pintar incluyendo los detalles, aunque la obra vaya a tener muchos.

Una pintura siempre empieza por una serie de formas básicas fundamentales que siempre son sencillas. Los pequeños elementos, los detalles y los colores se añaden a dichas formas básicas con posterioridad.

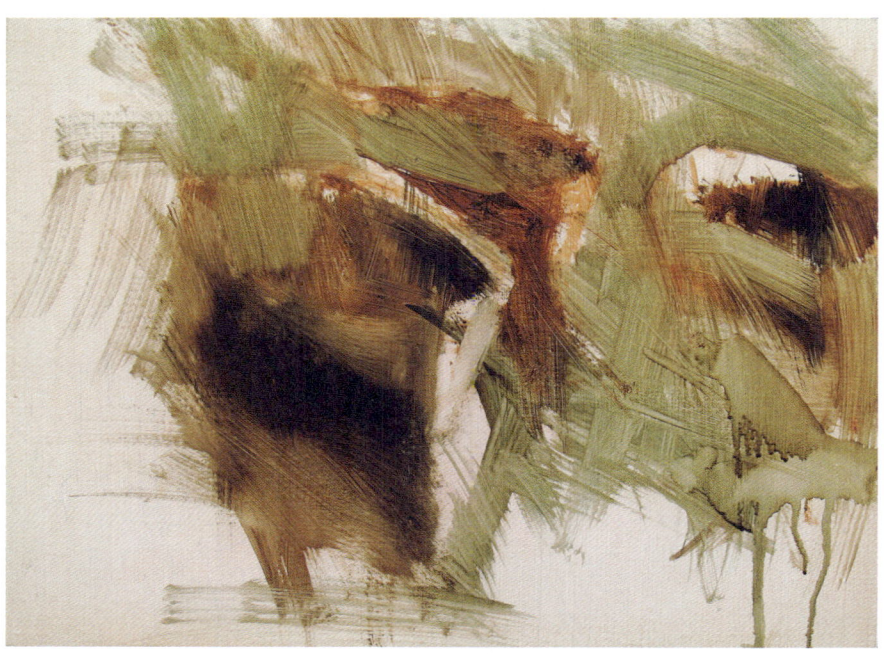

Tibor Nagy, *Una tarde apacible*
Óleo sobre lino, 30,5 × 40,5 cm

Cuando ves cómo trabajan los pintores experimentados, te das cuenta de que primero definen las formas más básicas y simples. A veces, lo hacen monocromáticamente, con un solo tono de pigmento, y otras con una combinación de valores y colores, como vemos en la primera fase de la pintura de Nagy. Sus bloques de color capturan la ubicación general de las formas y se orientan a la definición de las grandes zonas de valor. Solo después el artista aplica los detalles y las pequeñas pinceladas. Según Nagy: «Al principio, para mí lo más importante es la posición de las formas principales. En fases posteriores, procuro no perder esta base, puesto que constituye la base de toda la composición».

LA SIMPLIFICACIÓN ES BELLA

Un poeta expresa una idea o una emoción con una serie métrica de palabras minuciosamente elegidas, lo cual resulta mucho más elocuente que la misma idea expresada en un largo párrafo lleno de palabrería. Asimismo, cuando el artista transforma la «palabrería» excesiva en formas visualmente más concisas y elocuentes, se trata nada menos que de poesía visual. De hecho, lo que hace que una pintura resulte especial (lo que la convierte en una *pintura*) es la poesía visual de la interpretación de la forma.

Cuando las formas simplificadas se convierten en la impresión principal, el espectador suele percibir una emoción que suele ir más allá de las palabras y el pensamiento.

Una pintura simplificada de este modo no cuenta toda la historia. Un observador debe llenar los huecos en el ojo de la mente, que evoca una respuesta distinta a la que crea una pintura que lo cuenta todo al espectador. La participación del espectador es necesaria.

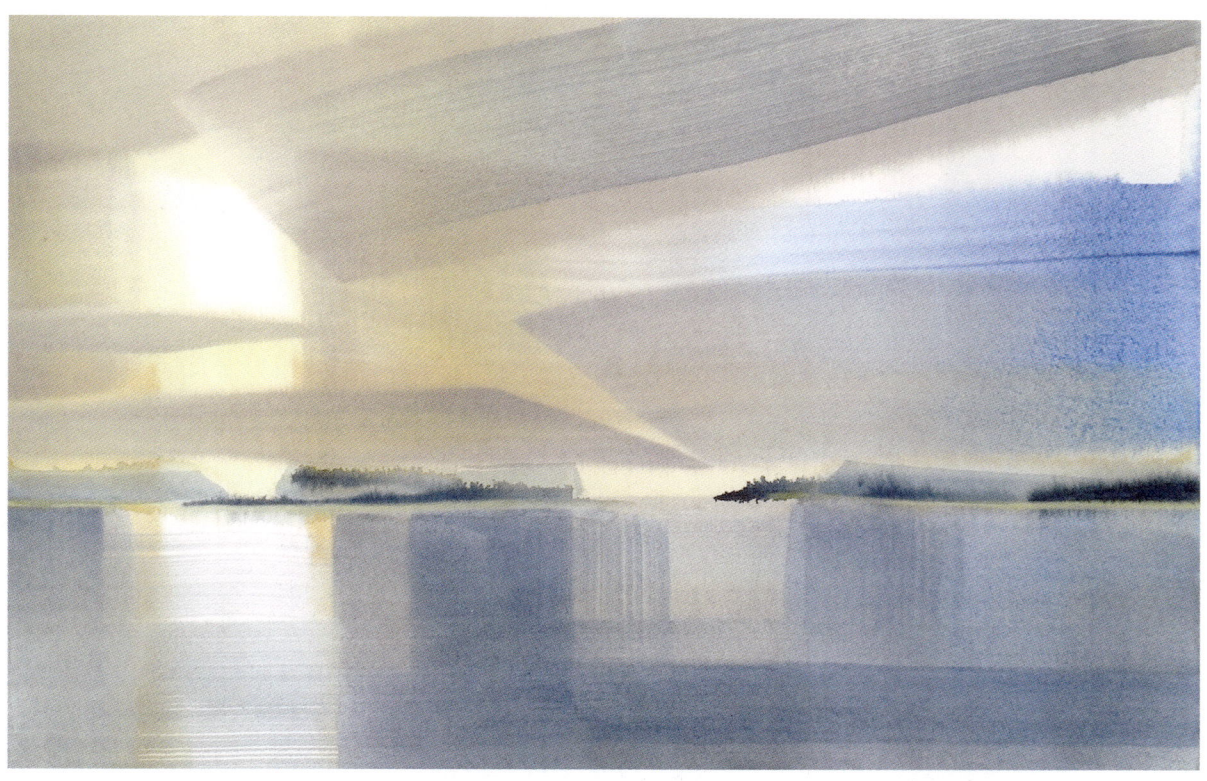

Tom Hoffmann, *Un largo día*
Acuarela, 38 × 56 cm

La simplificación no solo nos libera de los excesos de la naturaleza, sino que también imprime un mayor espíritu poético a la composición. Según Hoffmann: «Simplificar implica desprenderse de todo lo que no importa, descubrir lo que basta para que el espectador una los puntos. El artista empieza de cero y, después, va añadiendo lo menos posible, y se detiene cuando la ilusión aún se percibe incompleta». Cuando una pintura se simplifica, se es capaz de capturar las formas principales al instante (de un vistazo) sin necesidad de juntar los pequeños elementos en el ojo de la mente. Esta impresión inmediata y holística desencadena una respuesta emocional distinta a la que origina una pintura que se deja guiar por la narrativa y los detalles.

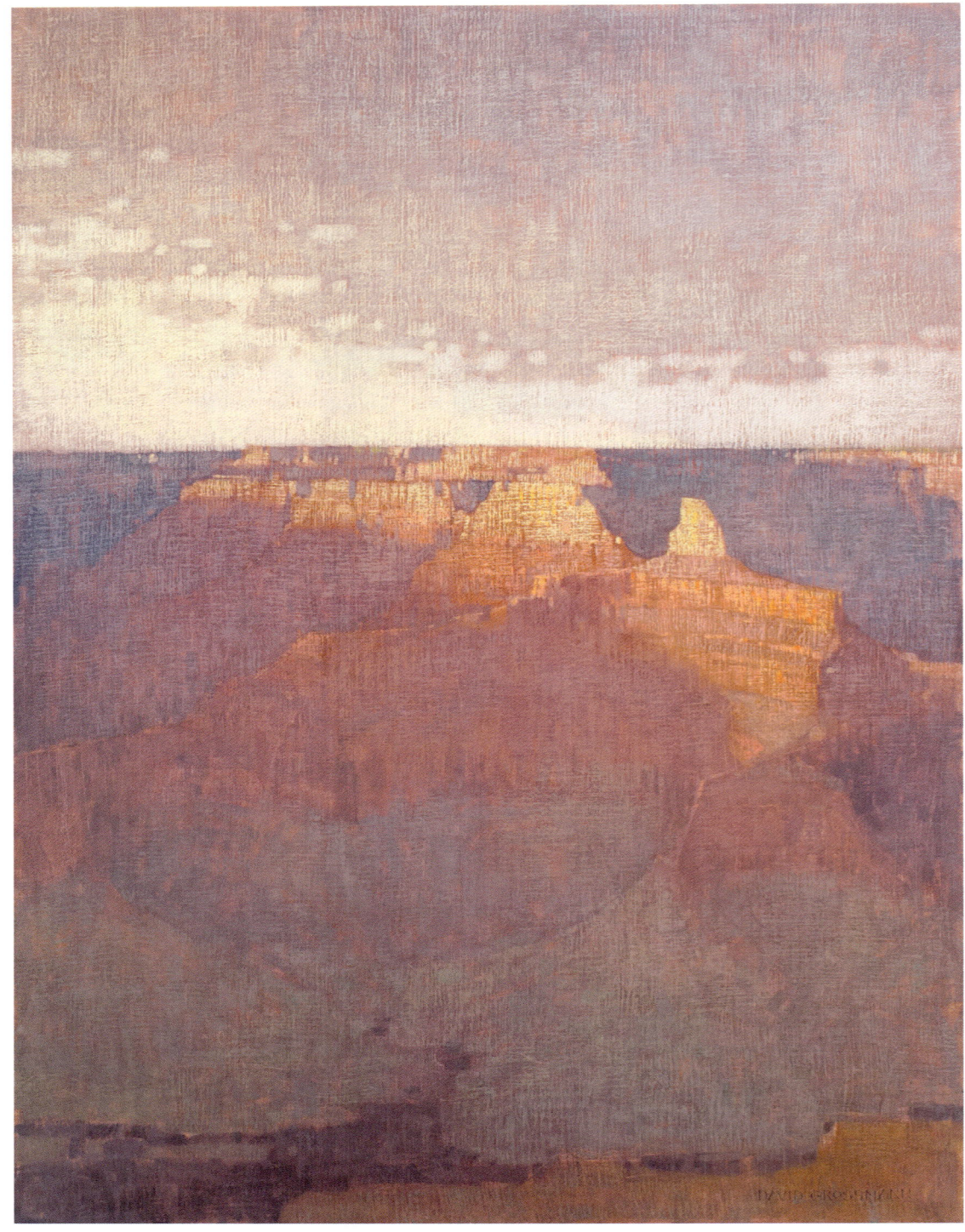

David Grossmann, *La luz del ocaso en el Gran Cañón*
Óleo sobre tablilla entelada con lino, 101,5 × 76 cm

El paisajista aspira a comunicar al espectador su respuesta emocional ante un motivo. Una manera eficaz de conseguirlo es a través de la simplificación. En la pintura de Grossmann, todos los detalles, como las sutiles texturas de las paredes del cañón, están subordinados en favor de algunas formas de gran tamaño. Este tipo de interpretación hace que el espectador experimente el cañón al atardecer de una manera sublime.

EL PAPEL DEL VALOR EN LA INTERPRETACIÓN DE LAS FORMAS

No hay taller de pintura ni libro de arte que no hable de los valores, y esto sucede por una buena razón. De las diferencias entre los valores depende, en gran medida, nuestra capacidad para lograr separar las formas. Siempre que haya una diferencia de valor, estamos en un límite, en la frontera entre dos formas o planos.

El valor es el factor clave para ver e interpretar las formas.

El espectro entre los valores claros y oscuros también es responsable de transmitir una sensación realista de la luz, la profundidad, el volumen y la atmósfera.

TENGA EN CUENTA QUE: El valor puede darse aunque no haya color (como en un dibujo), en cambio, el color, no, porque el valor es uno de los tres atributos básicos del color. Todos los colores son también un determinado valor.

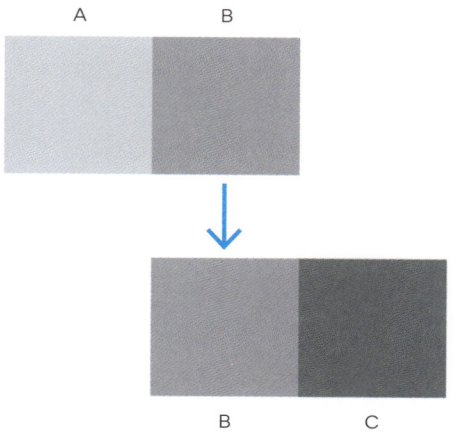

LA RELATIVIDAD DEL VALOR

El valor describe la claridad o la oscuridad relativas de un color. ¿Una zona es «clara» (más próxima al blanco) u «oscura» (más próxima al negro)? ¿O ni una cosa ni otra? Un valor nunca es claro u oscuro por sí solo, sino que es más claro o más oscuro que algo. Calibramos cada valor comparándolo con un valor adyacente. En estas muestras, el valor B es más oscuro que el A. Pero, cuando B se sitúa en un contexto distinto, junto a C, se ve más claro. Y, por supuesto, los cuatro son más oscuros que el blanco de la página.

LA CLAVE ESTÁ EN ENTORNAR LOS OJOS

El mejor método para simplificar la miríada de valores lo tenemos incorporado en nuestra cabeza y consiste en entornar los ojos. Miles de formas y valores requieren nuestra atención. ¿Cómo sabemos cuáles son más importantes y cuáles pueden omitirse? Cuando entrecerramos los ojos, los valores intermedios tienden a agruparse con los extremos claros u oscuros de la escala de valores, creando una visión simplificada del motivo con mucho contraste. Los diseños de los claros y oscuros básicos se revelan y las pequeñas diferencias de valores se diluyen.

CONSIDERE ESTO: ¿Los pequeños detalles que se diluyen cuando entornamos los ojos son una parte realmente necesaria de la estructura básica de nuestra composición?

VALORES LIMITADOS Y DEFINICIÓN DE LA FORMA

La definición de las formas a través de las diferencias de valores no es tan fácil como podría parecer. Esto se debe en buena parte a que hay que lidiar con muchos valores. En un motivo determinado puede haber 25, 50 o 100 valores, demasiados para discernirlos adecuadamente. Para sortear este problema, los artistas se limitan a trabajar con una gama mucho más reducida de valores de los que realmente ven, con tan solo cinco.

Cuando limitamos nuestros valores, las diferencias entre estos resulta más aparente, lo que, a su vez, ayuda a distinguir una forma de otra.

VALORES LIMITADOS: DECIR MÁS CON MENOS

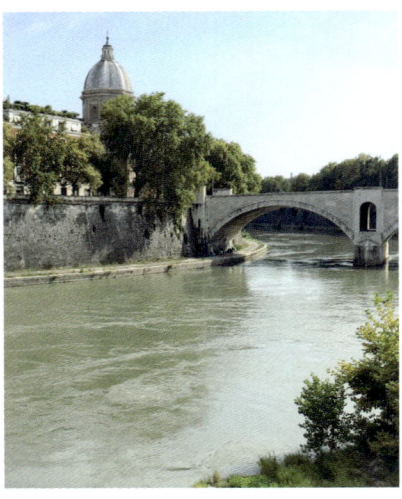

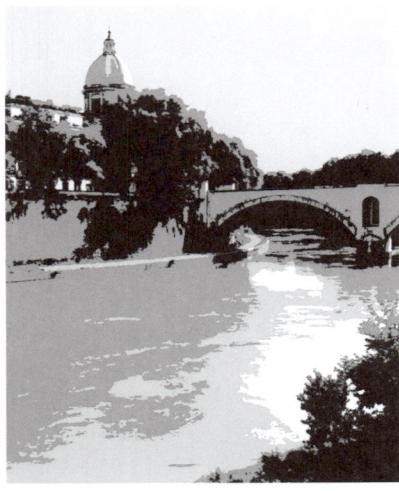

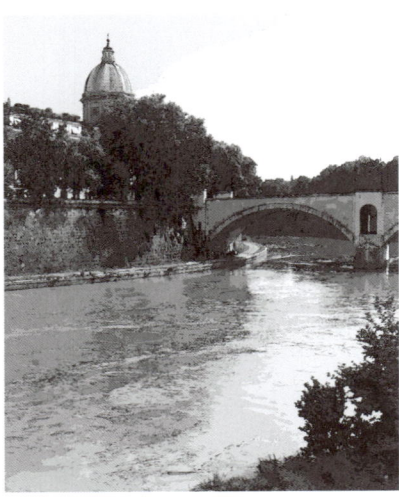

ORIGINAL: TODOS LOS VALORES

La escena original tiene toda la gama de valores, de los más claros del cielo y el agua a los más oscuros de las sombras de los árboles, pasando por los tonos intermedios. ¿Puede transmitirse la esencia del motivo con menos valores?

5 VALORES

Cuando la escena se convierte a 5 valores, es notable la cantidad de estructura, luz y profundidad que se mantienen. Esto se debe a que la esencia de un motivo no consiste en capturar todos los detalles, sino en sus formas básicas, cada una con un valor concreto.

10 VALORES

Cuando el motivo se convierte a 10 valores, hay más matices del valor y la articulación de los detalles, pero, en cuanto a la composición se refiere, no es mucho más definida que en el estudio de 5 valores. En muchos casos, más de 9 o 10 valores hacen poco por mejorar la fidelidad que puede lograrse con menos valores.

ESCALAS DE VALORES Y EXTREMOS

Para identificar mejor los valores, los artistas suelen tener una escala de valores de referencia, normalmente de 5, 7 o 10. Cada escala tiene blanco en un extremo y negro en el otro, con gradaciones escalonadas uniformemente entre ambos. Las escalas de 5 y 7 valores son limitadas. La de 10 valores no es tan limitada, sino que ofrece una gama más amplia de valores, aunque no tantos como para distinguirlos.

TENGA EN CUENTA QUE: Una escala es solo una guía, no un sistema estricto de correspondencia de valores. A fin de cuentas, hay que juzgar un valor en el contexto de la composición, donde puede compararse con los otros valores.

TENGA EN CUENTA QUE: Las escalas también pueden dividirse en segmentos claros, intermedios y oscuros. Esto sirve para recordar los valores que suelen asociarse a las zonas de luz y sombra. Los pintores colocan una impresión de la escala en su paleta para evaluar mejor los valores de sus mezclas de colores.

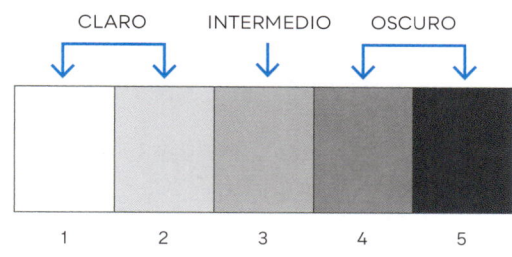

LA ESCALA DE 5 VALORES

Cuantos menos valores se utilicen, más se distinguirán unos de otros. Por ello, la escala de 5 valores es muy útil para aprender a identificar los valores. Es ideal para motivos que presentan una gama de valores que van del más claro (blanco) al más oscuro (negro). Aun así, no va tan bien con los motivos con valores intermedios. Si prescindiera del blanco y el negro, solo podría trabajar con tres valores intermedios, que normalmente no bastan para realizar un estudio de valores completo.

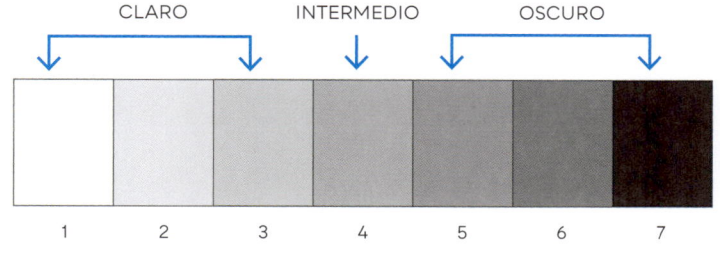

LA ESCALA DE 7 VALORES

La escala de 7 valores es algo más flexible que la de 5. Cuenta con una cantidad de valores mínima para manejarlos más fácilmente, pero suficiente para representar adecuadamente cualquier motivo. En los motivos con una gama completa de valores, del blanco al negro, se dispone de los siete valores para trabajar. Si el motivo tiene una gama de valores más comprimida, y ha eliminado los extremos blanco y negro, aún podrá trabajar con cinco valores (del segundo al sexto).

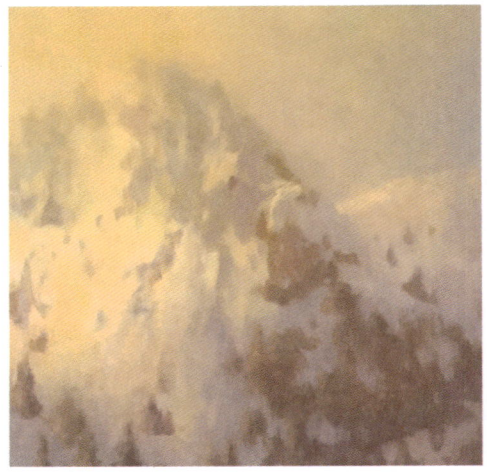

Mitchell Albala, *Ascensión, invierno*
Óleo sobre tablilla, 46 × 46 cm

Ascensión tiene una gama de tonos comprimida. Ninguno de sus valores se corresponde con el más claro (blanco) ni el más oscuro (negro). Los valores más claros, en la parte superior izquierda, corresponden a la tercera posición en una escala de diez. Los pasajes más oscuros de la parte inferior derecha equivalen a la octava posición. Una gama de valores comprimida es clave para transmitir efectos atmosféricos como la niebla, la humedad y la perspectiva atmosférica.

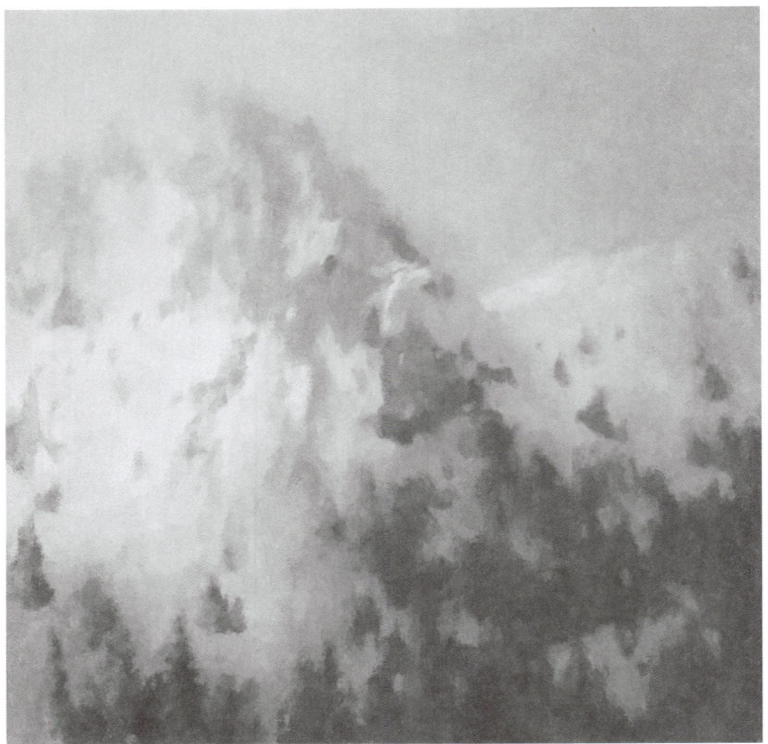

CÓMO TRABAJAR CON UNA ZONA DE VALORES COMPRIMIDA

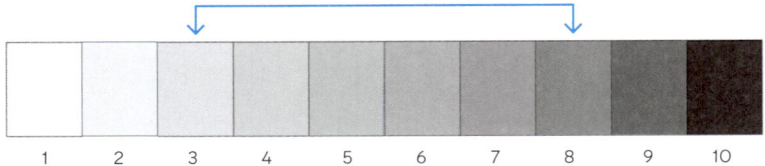

1   2   3   4   5   6   7   8   9   10

DEFINICIÓN DE LOS EXTREMOS

Toda escala de valores tiene un claro absoluto (blanco) y un oscuro absoluto (negro) en los extremos. Esto no significa que los valores de todas las pinturas deban utilizar una gama completa de valores. Muchas, como *Ascensión, invierno* (arriba a la izquierda), no tienen valores que se correspondan con el blanco o el negro. Tienen una gama de valores comprimida.

TENGA EN CUENTA QUE: Siempre que evalúe la gama de valores de un motivo, pregúntese cuál es el claro más claro y el oscuro más oscuro. ¿Se corresponden con el blanco y el negro? Normalmente, no. ¿En qué lugar de la escala pondría esos claros y oscuros? Esto determinará los extremos de su escala de valores. El resto de los valores ocupará un lugar intermedio.

TRABAJAR CON LAS ZONAS DE VALORES

En este capítulo ya hemos visto que todas las pinturas parten de una base simplificada (véase «La simplificación es nuestro punto de partida», en la página 16). Lógicamente, a medida que completamos el cuadro, querremos añadir valores, colores y detalles adicionales. ¿Cómo podemos hacerlo sin perder la base que hemos definido al principio? Trabajando dentro de las *zonas de valores*.

Los grandes planos y formas del paisaje crean zonas de valores. Para mantener la estructura de valores básica de nuestra pintura, debemos procurar que las modulaciones de valor que hagamos en una zona nunca varíen demasiado como para romper la continuidad global de la misma.

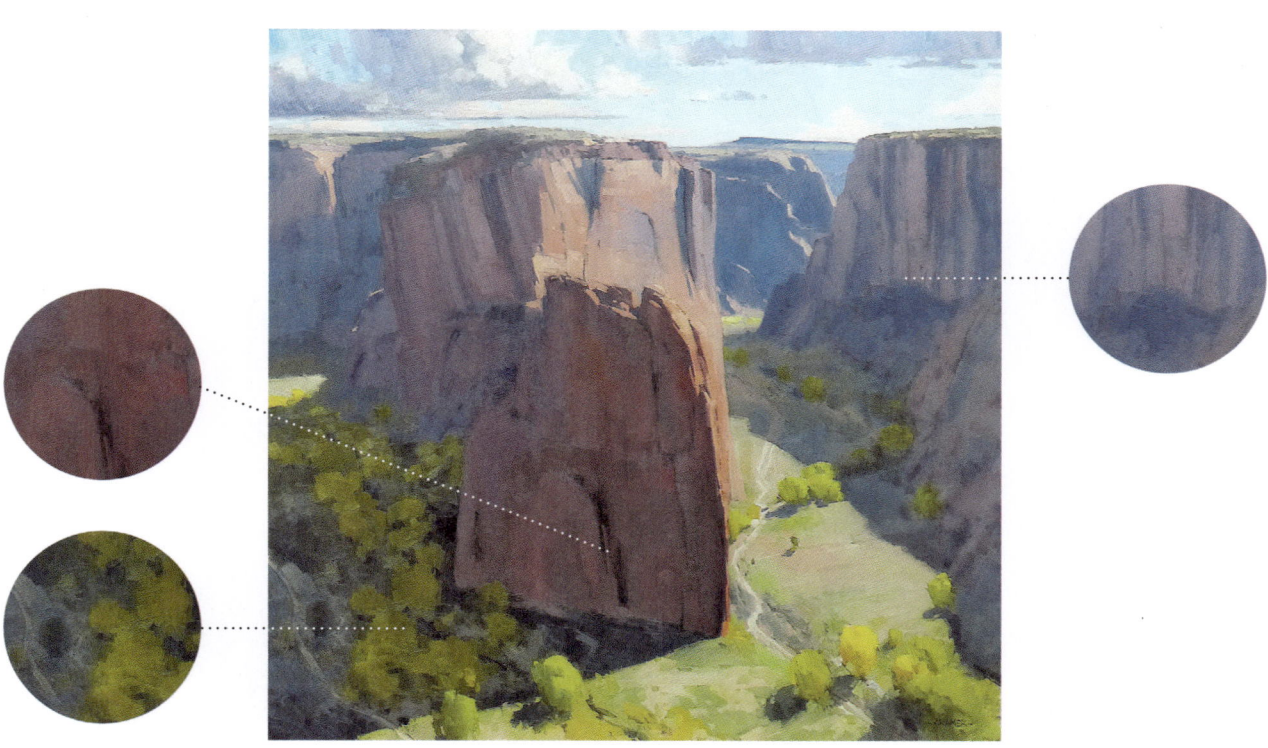

ZONAS DE VALORES EN LA NATURALEZA

Bill Cramer, *Canyon Fortress*
Óleo sobre lienzo, 91,5 × 91,5 cm

Las zonas de valores se crean con formas y planos de valores uniformes. Los círculos representan tres de las zonas de *Canyon Fortress*. El plano de tierra soleado de la parte inferior derecha y el cielo también crean zonas. Cramer mantiene un férreo control al permitir solo pequeñas modulaciones de valor en cada zona. Esta es la clave para mantener la coherencia de una zona.

ZONAS DE VALORES EN EL ENTORNO URBANO

Chien Chung Wei, *Shantou bajo la lluvia*
Acuarela, 75 × 56 cm

El paisaje urbano es el motivo más complejo y con más necesidades de dibujo al que se enfrenta el artista. Al haber tantos planos, líneas y detalles, la única manera de mantener la estructura y los valores dentro de un orden es trabajar en zonas claramente definidas. En cada una de las zonas indicadas, hay solo pequeñas variaciones de tono y color. Si estas variaciones llegaran a ser excesivas, llamarían demasiado la atención e interrumpirían la continuidad global de la zona.

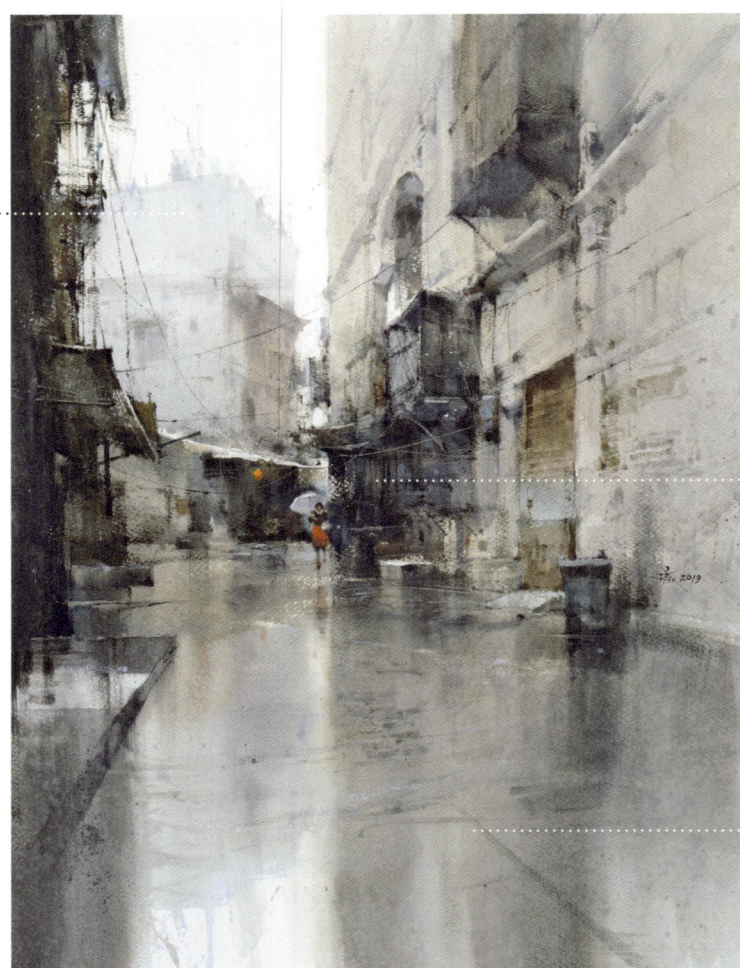

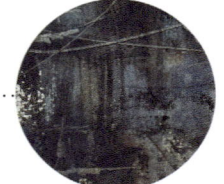

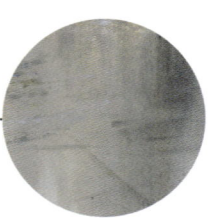

EQUILIBRIO DE LAS FORMAS SIMPLIFICADAS Y LOS DETALLES CON LA REGLA 80/20

Cuando aprendemos a plasmar las formas de la naturaleza en un cuadro, es fácil excederse con los detalles. Hace falta mucha experiencia para darse cuenta de que «las formas simplificadas capturan mejor la esencia de un motivo que los pequeños elementos y los detalles».

Aun así, estos pequeños elementos y detalles son importantes. Comprenden información que podría ser esencial para la historia visual. Además, ofrecen un convincente contrapunto visual a los elementos más grandes del motivo. Pero ¿cómo podemos saber cuándo sobran o faltan detalles? La respuesta puede ser tener en cuenta el equilibrio entre las formas básicas de mayor tamaño y los detalles. En general, las masas principales deberían concentrar en torno al 80% de nuestro foco visual y, los detalles, en torno al 20%.

La regla 80/20 nos recuerda que las formas básicas grandes y los detalles se rigen por una jerarquía visual. Los espectadores deberían identificarse primero con las formas y las masas grandes y, después, con los detalles.

Si experimentamos el efecto contrario, es decir, percibimos antes los detalles, el espectador tendrá una experiencia perceptiva distinta. Aunque son importantes, los detalles siempre deben estar subordinados a las masas dominantes.

80/20: PONER O QUITAR

Como es lógico, el porcentaje 80/20 es aproximado. En función del motivo y del interés por los detalles, este equilibrio podría variar. Podría ser 90/10 o 75/25. Lo que interesa es que percibamos las formas de mayor tamaño en primer lugar. La regla 80/20 es sencillamente una manera de comprobar que nos guiamos por las formas básicas grandes.

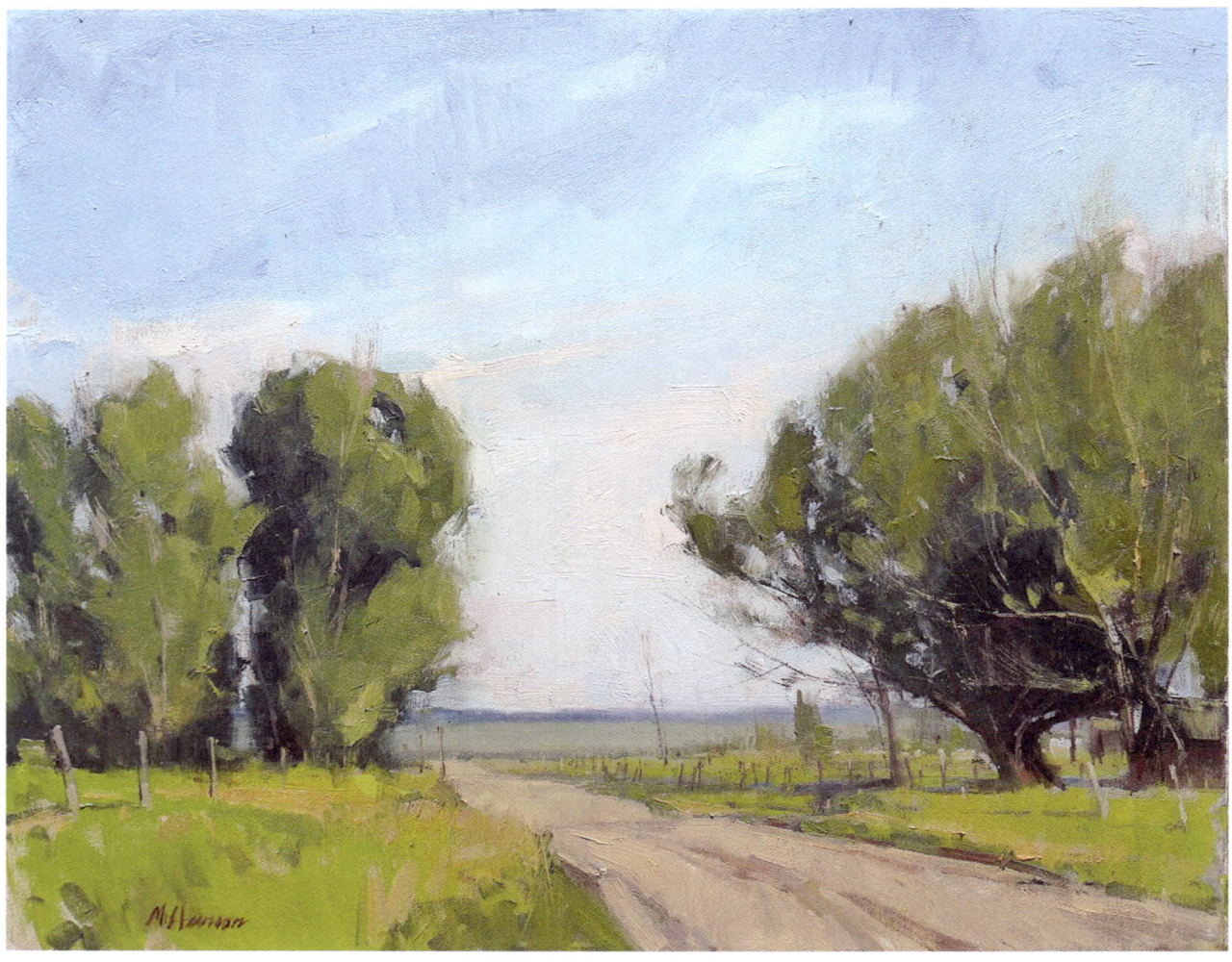

LA REGLA 80/20 EN EL ENTORNO NATURAL

Marc Hanson, *Mormon Row*
Óleo sobre tablilla, 40,5 × 51 cm

Los árboles son unos de los elementos de la naturaleza que presentan más detalles. Por ello son un motivo excelente para la regla 80/20. Un árbol tiene muchas hojas, ramitas y pequeños huecos por los que se ve el cielo. Son partes esenciales del árbol, pero ¿tenemos que pintarlas todas para transmitir su esencia? La respuesta es no. En *Mormon Row*, en torno a un 85% de nuestra atención recae en las masas tridimensionales básicas de los árboles y solo un 15% en las hojas, las ramas y los huecos del cielo. Es sorprendente los pocos detalles que hacen falta para pintar un árbol determinado.

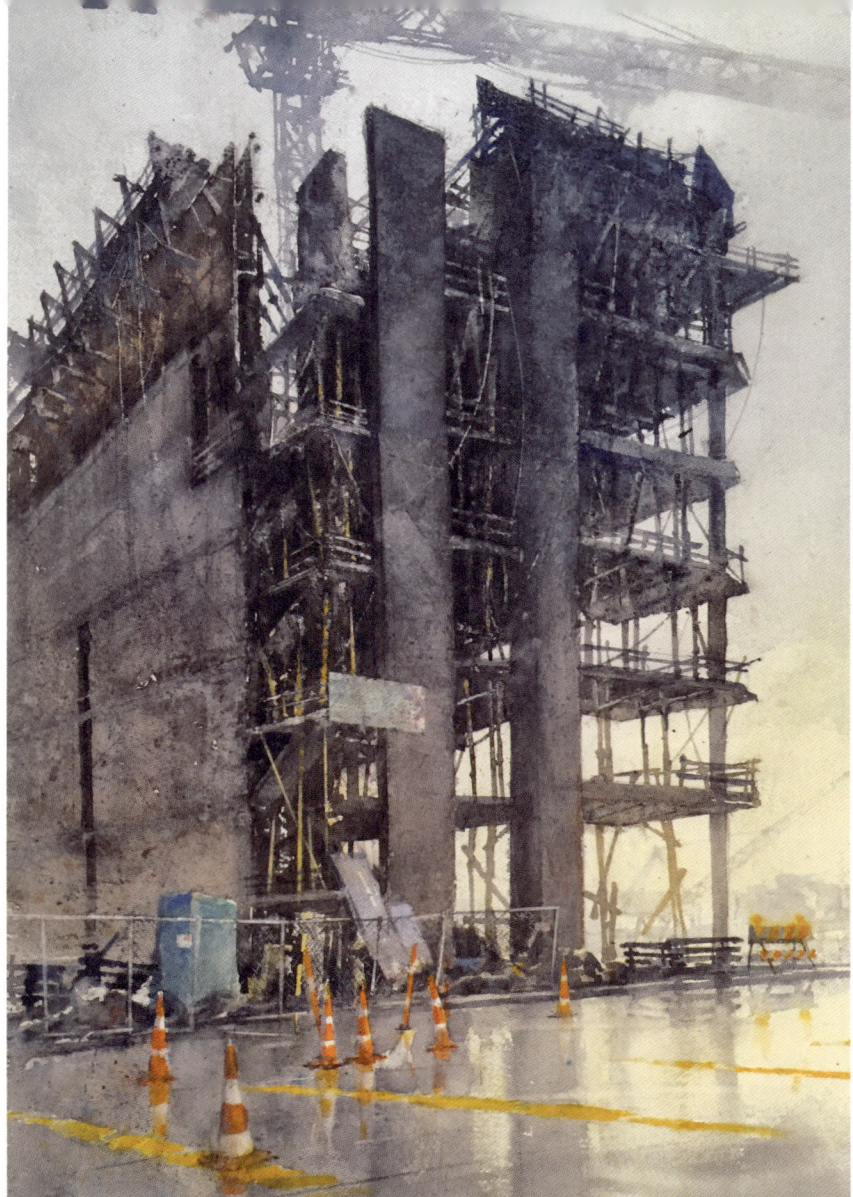

LA REGLA 80/20 EN EL ENTORNO URBANO

William Hook, *Subiendo,* 2020
Acuarela, 53,5 × 35,5 cm
Esbozo, 10 cm de ancho

Se mire por donde se mire, *Subiendo* es una pintura llena de detalles. Pero, por importantes que sean estos detalles para un entorno urbano, los puntos de interés dominantes de Hook son las grandes masas claras y oscuras. Los detalles pueden integrarse en cada centímetro cuadrado de una pintura siempre y cuando estén subordinados a las masas dominantes.

El estudio en miniatura de *Subiendo* de Hook revela su interés por priorizar las masas principales. Según el artista: «Me interesa mucho la forma de las masas claras y oscuras en mis obras. Suelo hacer un pequeño estudio para acordarme de esta distribución mientras pinto el cuadro».

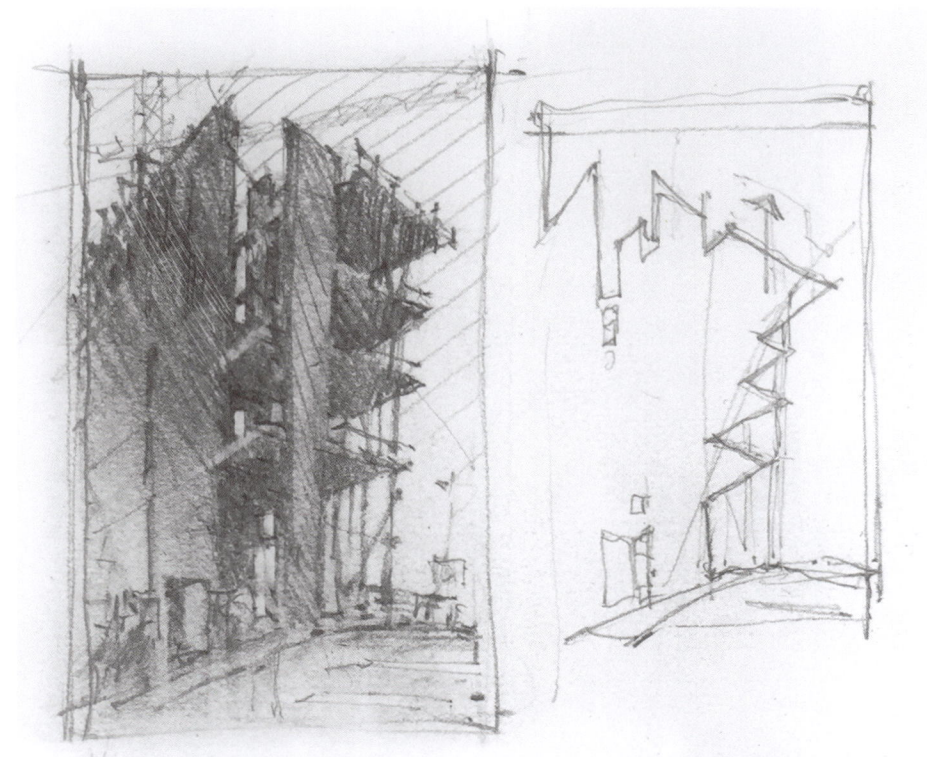

INTERPRETACIÓN DE LAS FORMAS

SIMPLIFICACIÓN

¿Empieza la pintura con formas básicas grandes?

¿O con pequeñas formas y detalles que desvían la atención de la estructura básica de la pintura? Sea cual sea el grado de detallismo que vaya a incluir en la obra, empiece siempre por una base de masas claras y oscuras simplificadas.

¿Entorna los ojos para distinguir mejor los claros y oscuros básicos?

Los detalles y las pequeñas variaciones de valor desaparecen al entrecerrar los ojos, revelando la estructura clara y oscura de la composición. Esta estructura básica es el punto de partida.

¿Qué cantidad de formas se precisa?

¿Qué formas son esenciales para la historia visual y cuáles son superfluas? ¿Se resentirá la composición si elimina una forma determinada o combina varias en una?

¿Cómo hay que abordar los detalles?

Los detalles son una parte importante de la pintura de un paisaje, pero si hay demasiados pueden resultar un incordio para usted, que tiene que pintarlos todos, pero también para el espectador. Aplique la regla 80/20 para lograr un equilibrio adecuado entre las formas básicas y los detalles (página 25). Para aplicar los detalles, trabaje con zonas de valores (página 23).

VALORES Y DIFERENCIACIÓN

¿Las formas del motivo están bien diferenciadas?

Tanto si pinta del natural como a partir de una fotografía, hay fragmentos en los que cuesta discernir dónde empieza una forma y dónde termina otra. La separación de las formas debe destacarse, principalmente a través de las diferencias de valores y colores.

¿Está utilizando valores limitados?

Los valores limitados son una manera fiable de diferenciar las formas. Cuanto más se ciña a un plan de valores limitado, más definidas quedarán las formas.

¿Ha definido los extremos de la escala de valores?

No todos los motivos tienen valores que van del más claro (blanco) al más oscuro (negro). ¿Cuál es el claro más claro y el oscuro más oscuro de la pintura? Identifíquelos en su escala de valores. Estos serán los extremos entre los que se moverá.

¿Trabaja con zonas de valores para controlarlos mejor?

Las formas y los planos de gran tamaño del paisaje crean zonas de valores. Para controlar mejor los valores, procure que los cambios de valor que haga en una zona nunca varíen demasiado como para romper la continuidad global de dicha zona.

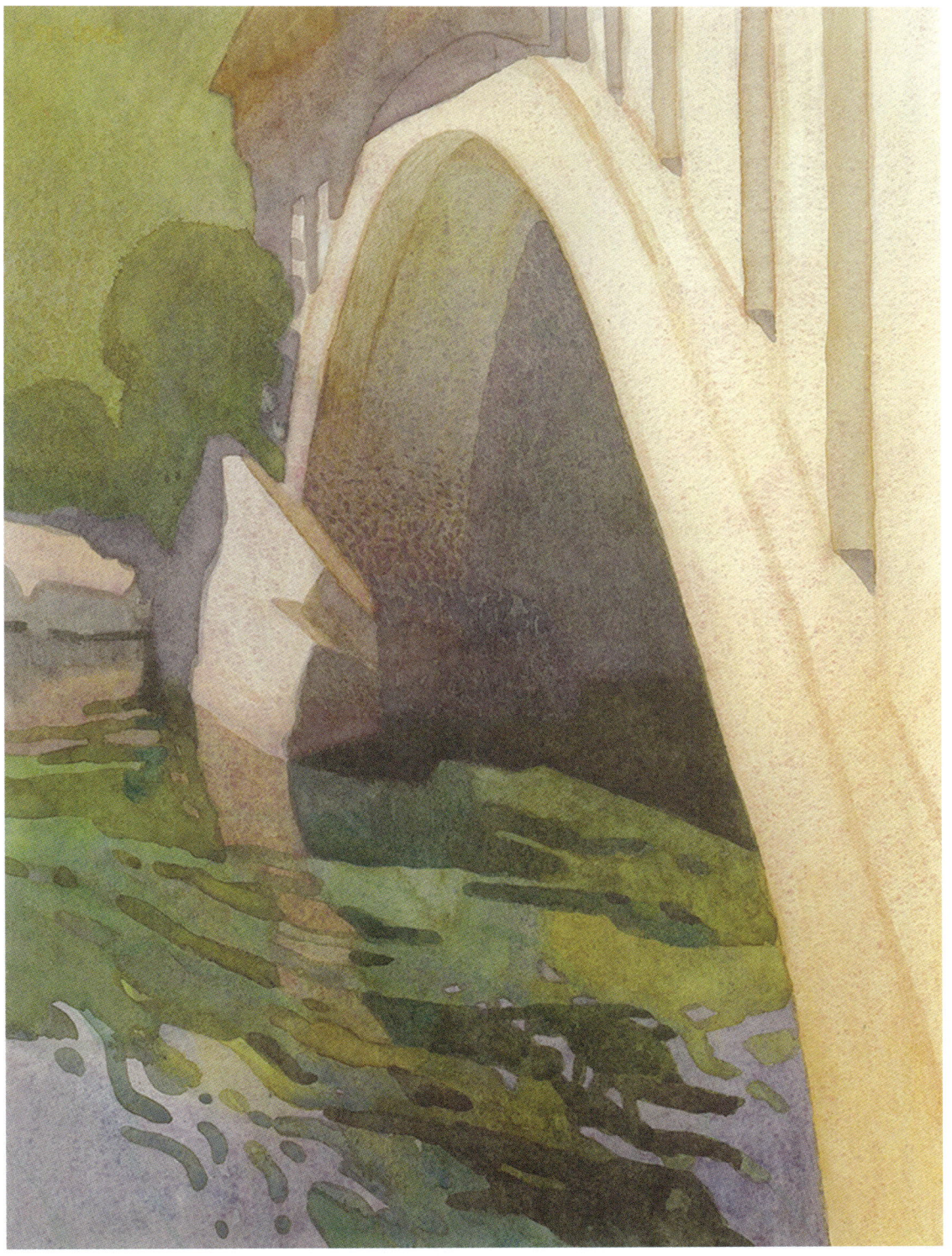

Carolyn Lord, *Puente sobre aguas tranquilas, río de Estados Unidos*
Acuarela, 38 × 28 cm

El riguroso planteamiento de Lord para dar definición no solo confiere estructura y forma al motivo, sino que también dota de un estilo propio a su obra.

EJERCICIO: **SIMPLIFICACIÓN Y DIFERENCIACIÓN CON VALORES LIMITADOS**

PLANTEAMIENTO: En este ejercicio, pintará una composición en blanco y negro con solo cinco valores. Se trata del ejercicio de formas más llamativo porque lo expone a tres claves esenciales de la interpretación de formas. Primero, aprenderá a controlar las combinaciones de valores mezclando cinco valores en una escala uniforme. A continuación, al trabajar con valores limitados, se verá obligado a diferenciar las formas y simplificarlas. Y, por último, el ejercicio le será de ayuda para tener en cuenta las zonas de valores, ya que cada forma concreta de la composición se corresponde con una zona.

TÉCNICA: Este ejercicio puede realizarse con cualquier técnica, pero obtendrá mejores resultados con acrílicos, aunque no sea su especialidad. Es más fácil modificar las formas y los valores con acrílicos porque se secan enseguida y se prestan a correcciones rápidas.

MATERIALES: Foto de referencia | Acrílicos | Pinceles | Paleta de papel (blanca) | Espátula | Superficie para pintar (papel, lienzo o tablilla)

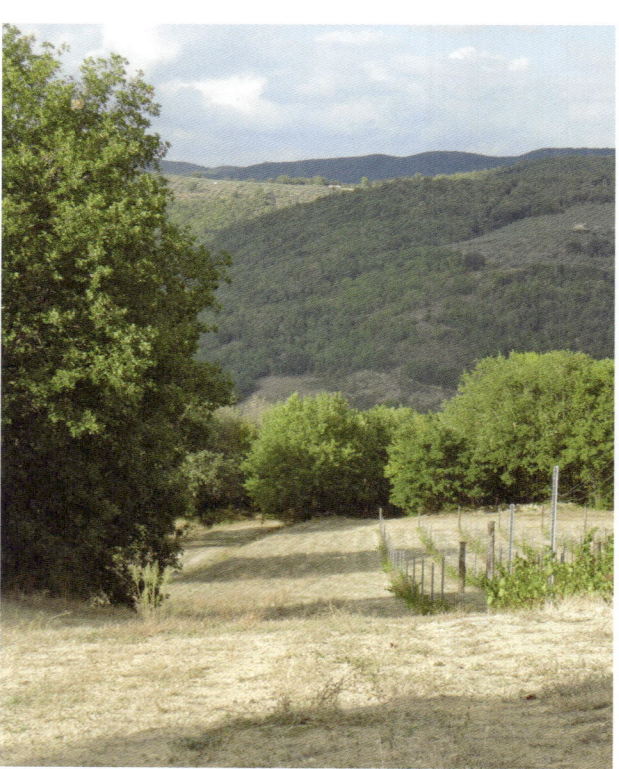 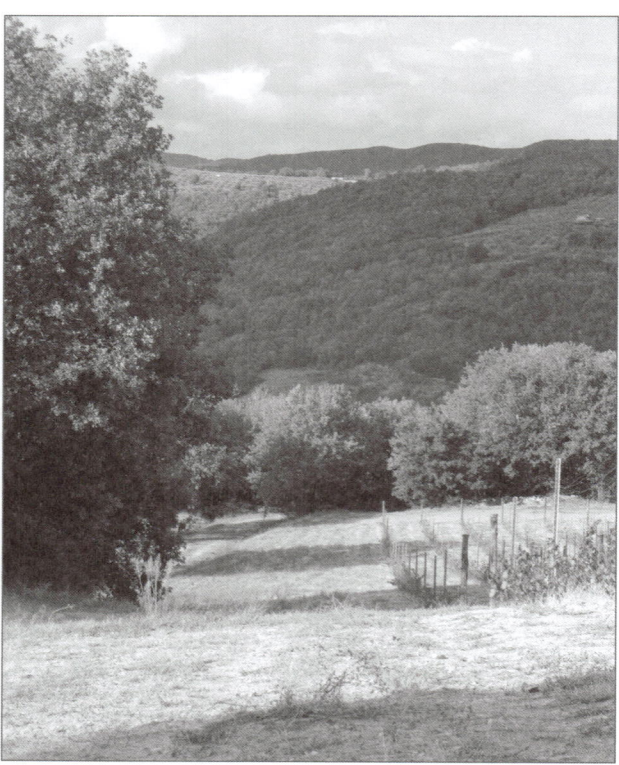

PASO 1: ELECCIÓN DE LA FOTO

Elija una foto e imprímala en blanco y negro y en color. Procure que las formas estén bien diferenciadas y que las luces y sombras estén bien definidas.

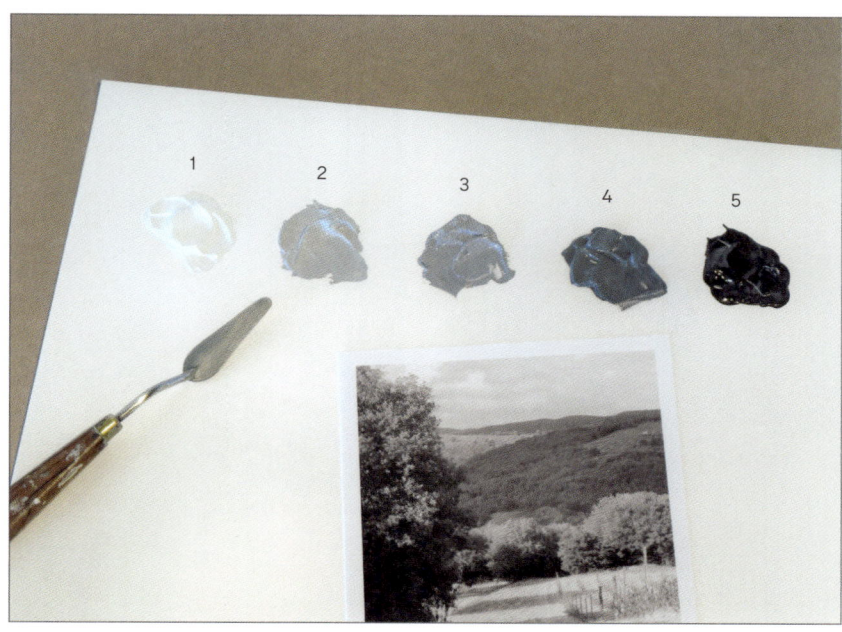

CONSEJO

No empiece las mezclas con negro y luego intente aclararlas con blanco. Para ello necesitaría cantidades ingentes de blanco. Es mejor empezar con blanco e ir añadiendo negro. Mezcle una buena cantidad de pintura, así tendrá suficiente para todo el cuadro.

PASO 2: MEZCLA DE VALORES

Los valores blanco y negro pueden utilizarse puros, directamente del tubo. Pero los tres valores intermedios (2, 3 y 4) tendrá que mezclarlos. Si es la primera vez que lo hace, verá que no es tan fácil como parece. Hace falta un control preciso para que los cinco valores queden uniformemente escalonados sin que los que estén juntos se parezcan demasiado. Por ejemplo, si los valores 4 y 5 son demasiado iguales, perderá uno de ellos. La clave para diferenciar cada uno de los valores de los demás consiste en crear una escala uniforme.

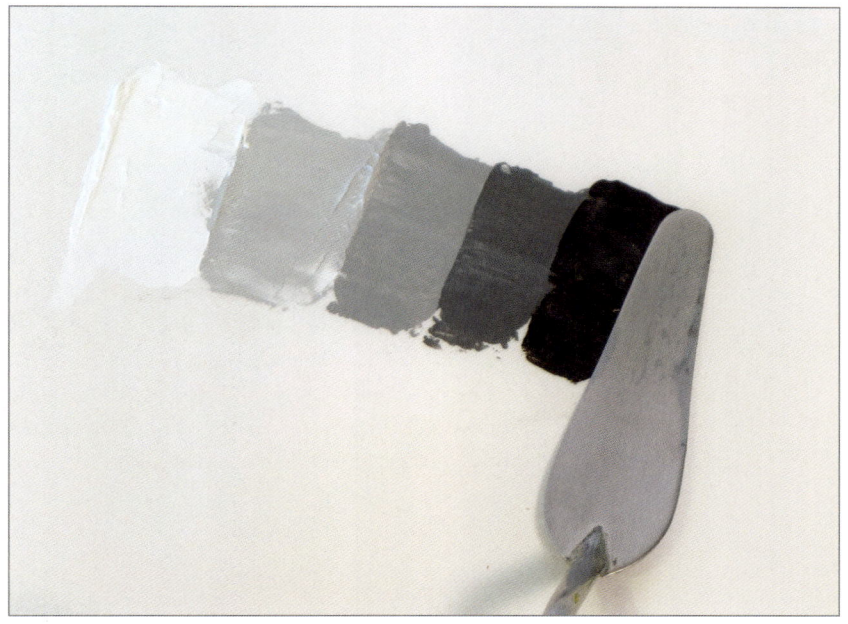

CONSEJO

El valor es relativo, por eso la mejor manera de comprobar si la escala está bien definida es poner las muestras juntas. Puede hacerlo en la paleta o en una hoja de papel aparte.

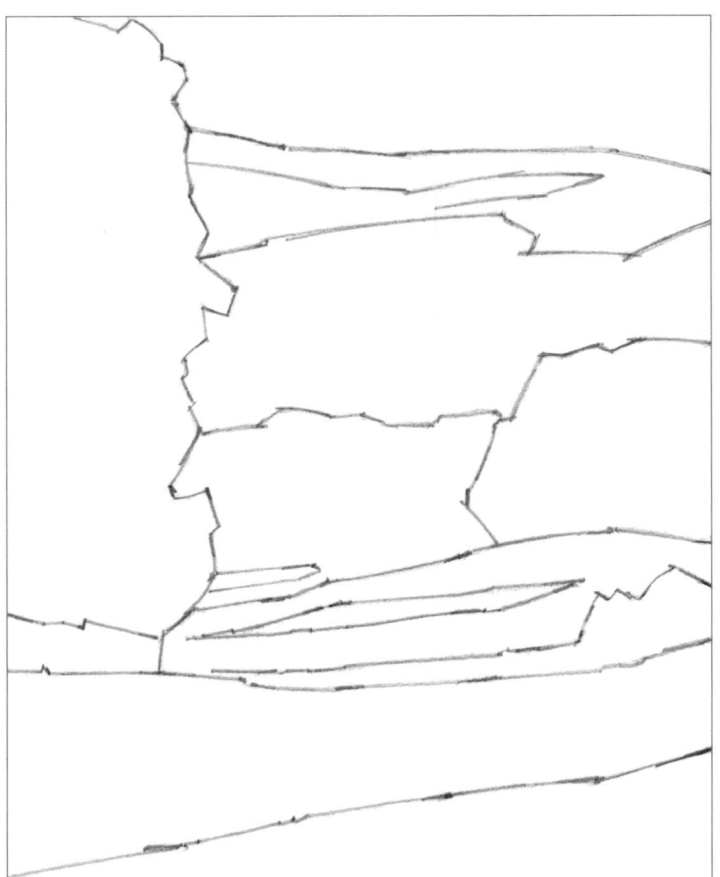

PASO 3: DIBUJO

Trabaje a pequeña escala, en torno a 20,5 × 25,5 cm. Para empezar, dibuje las formas principales a modo de bloques: estas serán las formas básicas de la composición. Este paso es todo un reto, puesto que la tendencia es dibujar formas menores como ramas, postes u hojas Dibuje con un pincel pequeño o a lápiz.

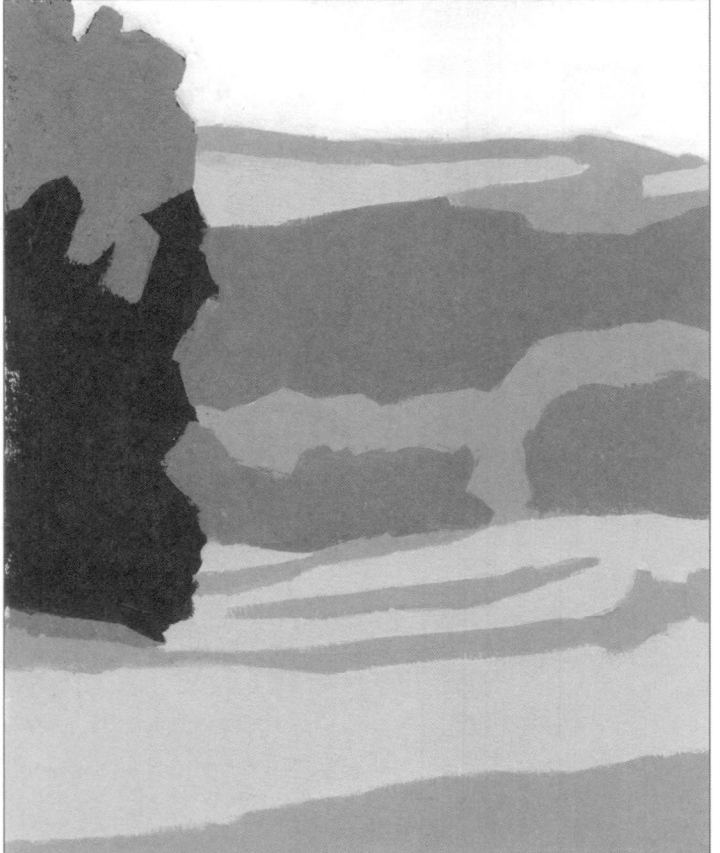

PASO 4: BLOQUES DE COLOR INICIALES

Empiece pintando las zonas de valores. Si entrecierra los ojos, le será más fácil distinguirlas. Como la foto tiene muchos valores, y solo puede utilizar cinco, no dispondrá de todos los valores que precisa. De modo que tendrá que elegir, lo que forma parte del ejercicio. Mantenga las formas y las zonas de valores lo más diferenciadas posible para distinguirlas con facilidad. Evite mezclar demasiado. Con los acrílicos le será fácil porque se secan enseguida.

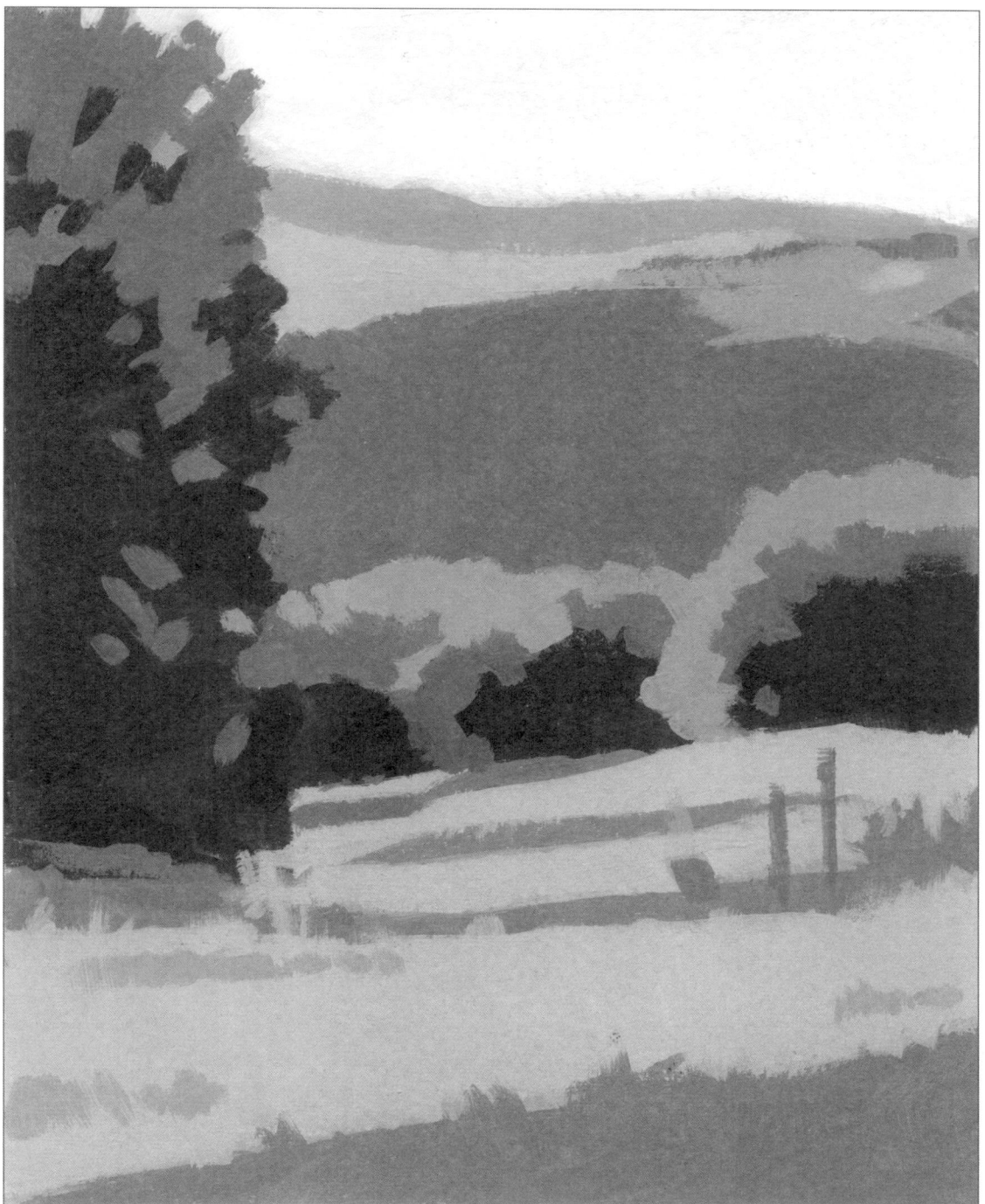

PASO 5: DESARROLLO Y FINAL

Para lograr la diferenciación necesaria, tal vez tenga que dar a algunos elementos un valor distinto al que aparece en la foto. Aquí, el cielo de la foto tiene el valor 2. Sin embargo, si en la pintura se le diera el mismo valor, no se distinguiría lo bastante de las colinas adyacentes, por eso se convierte en un valor 1, el más claro del cuadro. En la foto, el fondo soleado es casi blanco, pero si se le hubiera dado un valor 1 en la pintura, habría quedado demasiado claro y no se habría distinguido bien del cielo, por eso se convierte en un valor 2.

Cuando termine, pregúntese lo siguiente: Si hubiera algún valor adicional que pudiera añadir que no fuera del 1 al 5, ¿cuál sería? En este caso pintaría el primer plano soleado algo más claro, más próximo a 1,5 que a 2.

EJERCICIO:
PINTURA DE FORMAS SIMPLIFICADAS

PLANTEAMIENTO: Uno de los mejores métodos para interpretar las formas con precisión es adoptar un estilo pictórico que simplifique al máximo y defina las formas con bordes marcados. Aunque no sea su estilo, emularlo puede resultar muy instructivo. Así experimentará lo mucho que puede transmitirse con muy pocas formas bien elegidas. Para muchos, hay que probarlo para creerlo. En la **Primera parte**, hará el original. En la **Segunda parte**, intentará aplicar el mismo tipo de simplificación y definición rigurosa de las formas a su propia pintura.

PRIMERA PARTE: ORIGINAL

Haga una copia de una o más de las pinturas de Sue Charles, Tony Allain o Frank Hobbs de estas páginas. Encontrará más obras de Charles y Allain en las páginas 14 y 147, respectivamente, o en internet. Remítase también a la obra de Fairfield Porter, un pintor figurativo del siglo XX que tenía un estilo basado en las formas similar.

Trabaje a pequeña escala, aproximadamente 20,5 × 25,5 cm. Tal vez desee capturar el color, aunque en este ejercicio la precisión del color no es tan importante como experimentar cómo se piensa en términos reduccionistas.

TENGA EN CUENTA QUE: Los tres ejemplos de estas páginas están hechos con distintas técnicas: óleo, gouache y pastel. Pero puede copiar cualquier pintura con la técnica de su elección.

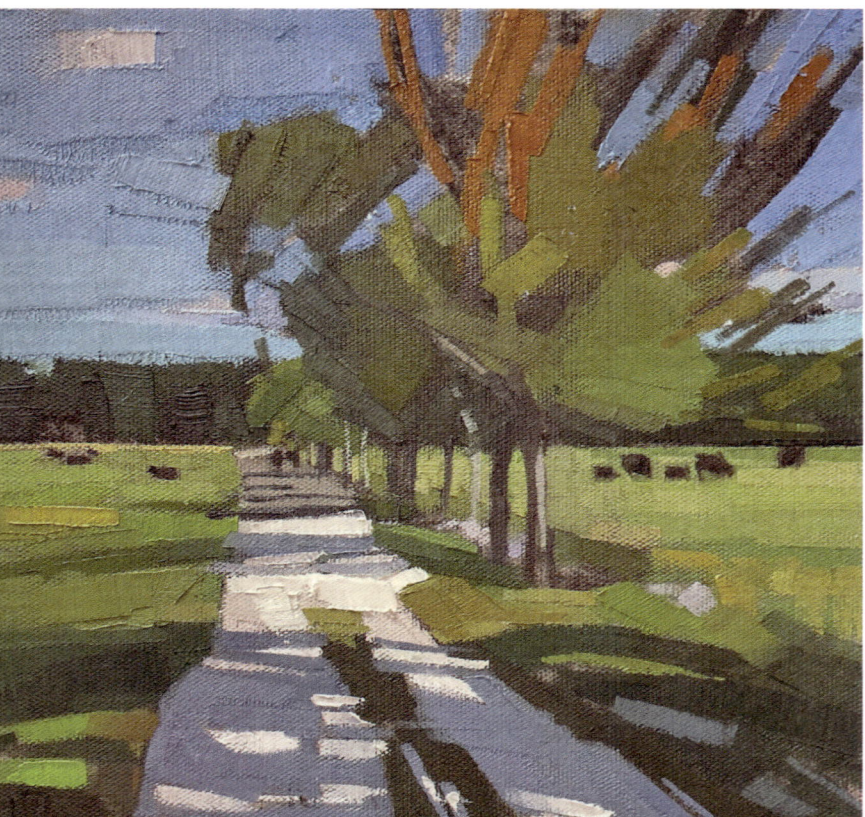

Sue Charles, *Campos en verano*
Tablero con bastidor, 25,5 × 25,5 cm

La simplificación de la pintura de Charles es el resultado de la conversión radical de las formas. Los detalles de la escena original se han condensado en una cantidad mucho más pequeña de formas claramente definidas. Pese a la gran condensación, Charles transmite la esencia de la escena original.

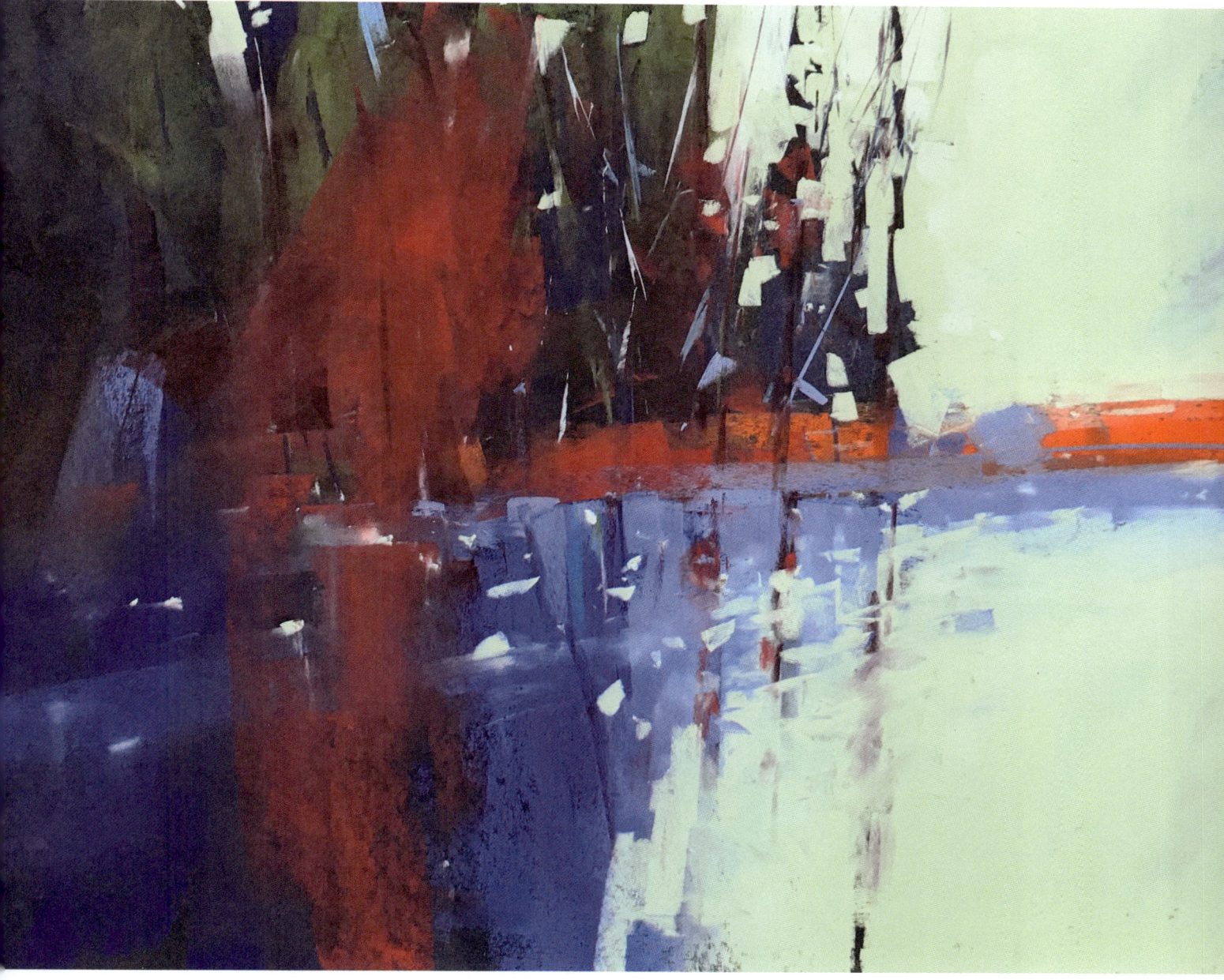

Tony Allain, *Rayo de sol*
Pastel sobre papel Canson, 28 × 35,5 cm

Allain maneja sus pasteles como si pintara con un pincel muy grande. Los aplica lateralmente para crear amplias pinceladas, muchas de las cuales se corresponden con las formas dominantes del cuadro.

SEGUNDA PARTE: CONVERSIÓN DEL NATURAL

PLANTEAMIENTO: En el original que ha hecho en la **Primera parte** de este ejercicio, las formas ya estaban simplificadas y diferenciadas. Ahora, intentará interpretar las formas del mismo modo sin ninguna guía. Aunque este tipo de pintura parece muy gráfico y sencillo, es exigente. No hay que plasmar cada una de las formas de la fuente, sino omitir algunas y tal vez combinar varias formas más pequeñas en una sola. Plantéese este estudio como un rompecabezas visual. ¿Cuál es la menor cantidad de formas y pinceladas que puede utilizar para expresar la esencia del motivo?

TENGA EN CUENTA QUE: Aunque puede hacer este ejercicio del natural o a partir de una foto, tal vez prefiera trabajar primero con una foto. Así tendrá más tiempo para valorar su composición y tal vez revisar la pintura en el transcurso de unos días.

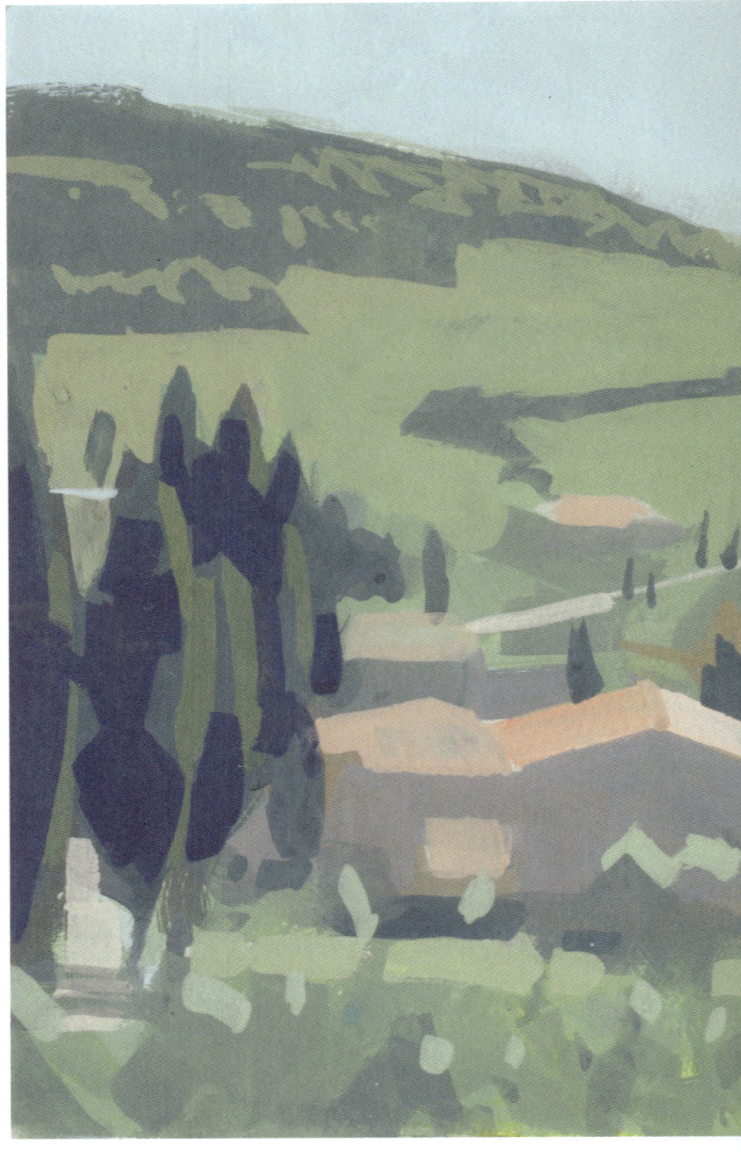

Frank Hobbs, *Monticchiello*
Gouache sobre papel secante, 23 × 15 cm

Como es lógico, hay similitudes entre la pintura y la foto de referencia. Sin embargo, las diferencias son lo más revelador. Permita que la vista se mueva entre la pintura y la foto, comparando atentamente cada zona. ¿Qué ha omitido Hobbs? ¿Cómo ha logrado simplificar los fragmentos complejos, como los árboles y las casas del primer plano? ¿Qué detalles han quedado absorbidos por masas de mayor tamaño? Según Hobbs: «Simplificar consiste en depurar. Es la búsqueda de la jerarquía visual esencial: los eventos estructurales principales, los contrastes más marcados de claros y oscuros, y las masas de color más grandes y expresivas. Un estudio bien planteado puede transmitir más sensación de integridad y unidad que una pintura más elaborada cargada de detalles».

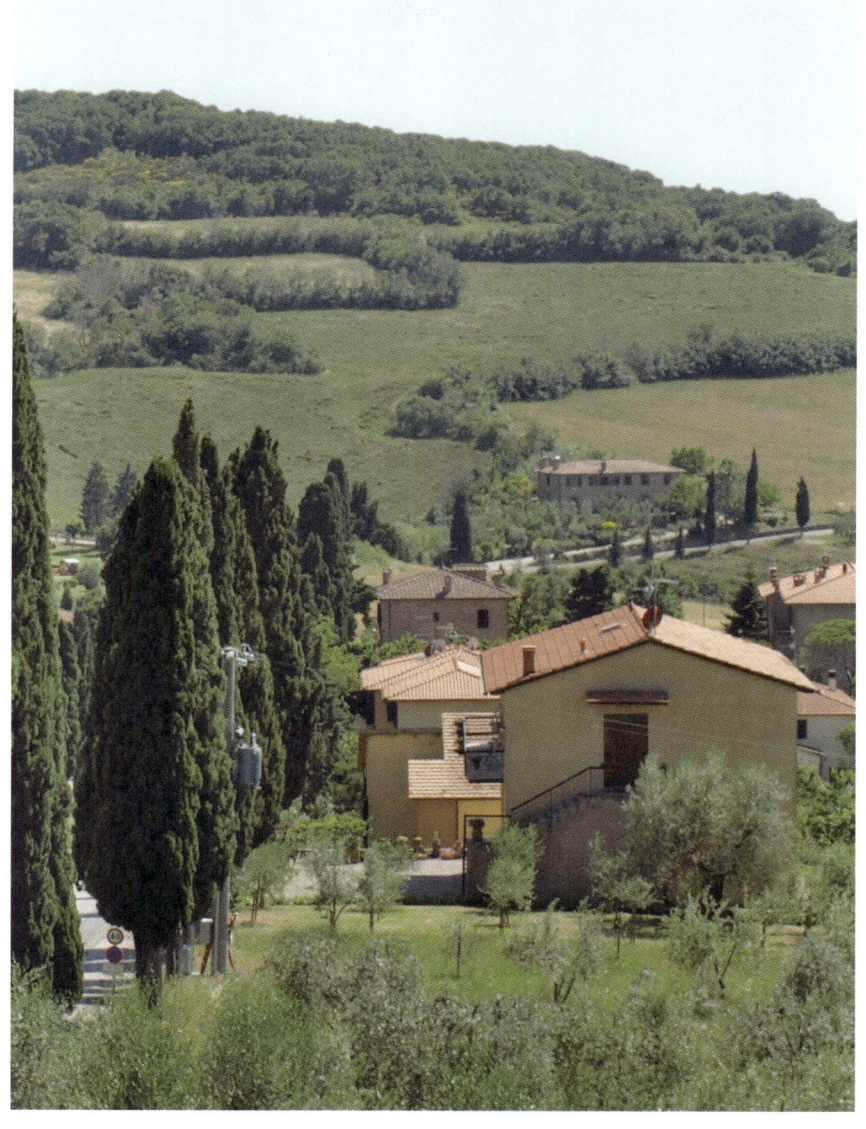

TENGA EN CUENTA QUE:
Las formas definidas de Hobbs también son el resultado de su técnica. El gouache, que se seca enseguida, le permite trabajar húmedo sobre seco. Si pinta al óleo e intenta obtener formas nítidas, plantéese hacer el ejercicio con una técnica que se seque más rápido, como los acrílicos o el gouache.

LA IMPORTANCIA DE LA ELECCIÓN DEL MOTIVO

Hobbs es un hábil intérprete de las formas, pero su capacidad de llevar a cabo esta elegante conversión está respaldada por la calidad del material original. *Monticchiello* se pintó al aire libre, pero en la foto se aprecia que la escena tiene zonas de valores definidos y formas bien diferenciadas. No siempre es así. Si un motivo es ambiguo en algún sentido, si tiene valores que no se distinguen entre sí o luces y sombras poco definidas, ¿cómo va a tener toda esta información necesaria nuestra pintura? Tanto si pinta al aire libre como a partir de una foto, antes de nada valore la calidad del motivo. Si el motivo carece de estas pistas necesarias y tuviera que inventárselas, plantéese si es un buen punto de partida. No hay que desestimar la importancia de elegir un buen motivo.

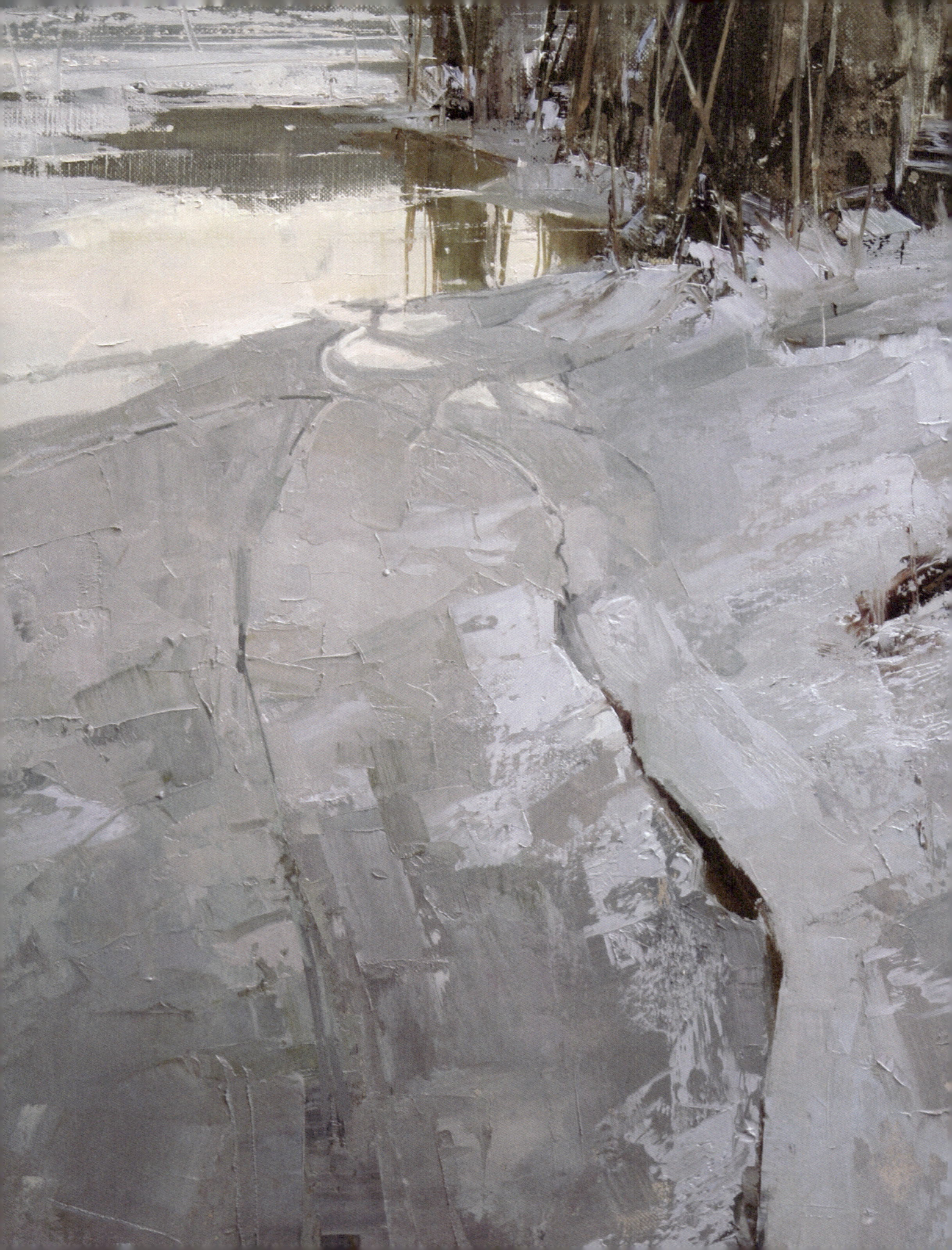

2

EL ENCUADRE
Y SU FORMATO

En el primer capítulo hemos visto lo importante que es sintetizar la complejidad del entorno natural en formas simplificadas y visualmente más concisas. Ahora, nos centraremos en la ubicación y la distribución de estas formas, lo que se conoce como *composición*.

El mundo natural es tan vasto y global que sería realmente imposible componer un paisaje sin ser selectivos. Por tanto, el primer paso de toda composición es tener en cuenta el papel o el lienzo rectangular que rodea nuestro motivo, es decir, el *encuadre*. La posición del marco nos indica lo que incluiremos y lo que omitiremos en nuestra composición. ¿Qué pequeña parte del mundo se convertirá en el motivo de nuestra pintura? La forma, o el *formato*, del propio marco (si es horizontal, vertical o cuadrado) también impone su propia energía direccional a la composición.

En este capítulo consideraremos el encuadre como el primer paso de la composición y veremos los atributos únicos de cada uno de los formatos.

◄ Tibor Nagy, *Luz mortecina*
Óleo sobre lino, 40,5 × 30,5 cm

Todos los formatos de una pintura (horizontal, vertical o cuadrado) imponen una energía direccional determinada a la composición. *Luz mortecina* está enmarcada en un formato vertical. El formato impone un movimiento direccional (hacia dentro y hacia arriba) que da la sensación de profundidad espacial.

EL ENFOQUE LIMITADO
Y EL ENCUADRE

El rectángulo, o el encuadre, que imponemos alrededor de nuestro motivo es básicamente el marco de nuestra composición. El encuadre (o recorte, si se quiere utilizar el término menos formal) determina qué elementos del motivo formarán parte de nuestra composición, cómo se relacionan estos elementos entre sí y cómo se relacionan con los cuatro lados del marco. El concepto enfoque limitado describe a la perfección la dualidad del encuadre: por un lado, limita lo que incluimos en nuestra pintura, pero, al mismo tiempo, mejora la composición al focalizar nuestra intención visual.

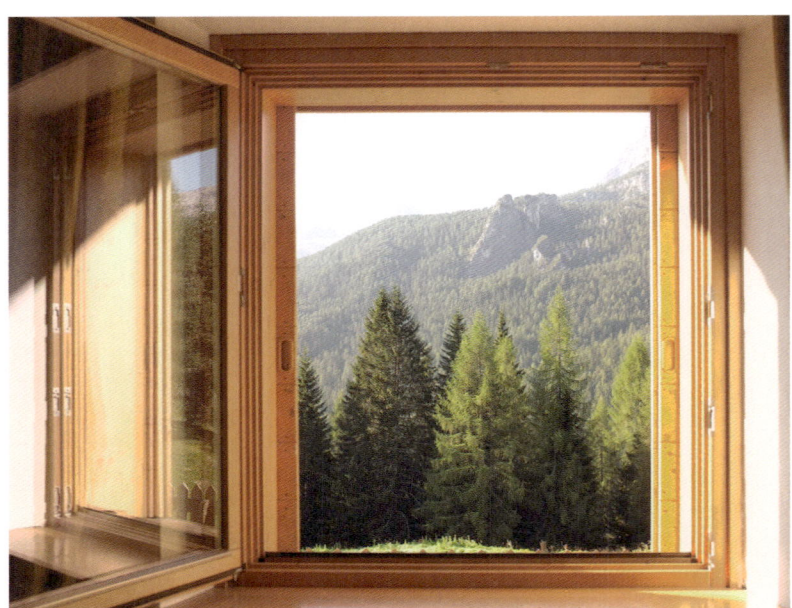

EL ENCUADRE

Cuando miramos por una ventana, solo vemos una pequeña parte del vasto mundo exterior. Asimismo, el rectángulo, o el encuadre, que imponemos alrededor de nuestro motivo es básicamente el marco de nuestra pintura. Una composición siempre depende del marco que la rodea.

ENFOQUE LIMITADO EN ACCIÓN: MENOS ES MÁS

Mitchell Albala, *Ascensión, Cascadas del Norte*
Óleo sobre tablilla, 46 × 46 cm

El motivo original, como se aprecia en la foto, encierra la semilla de una idea visual: la montaña coronada de nieve captura la luz y la neblina que se eleva cielo arriba. Sin embargo, esa idea se pierde en un mar de información excesiva y repetitiva que no aporta nada a la historia visual. Un enfoque limitado nos permite decidir cuál es la historia visual y eliminar todo lo que no aporte nada a la misma.

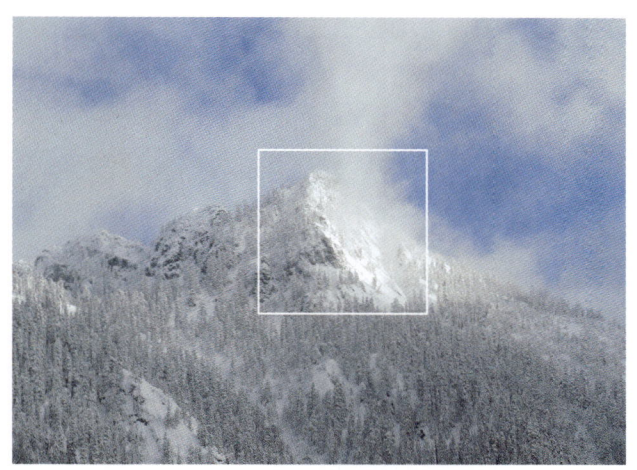

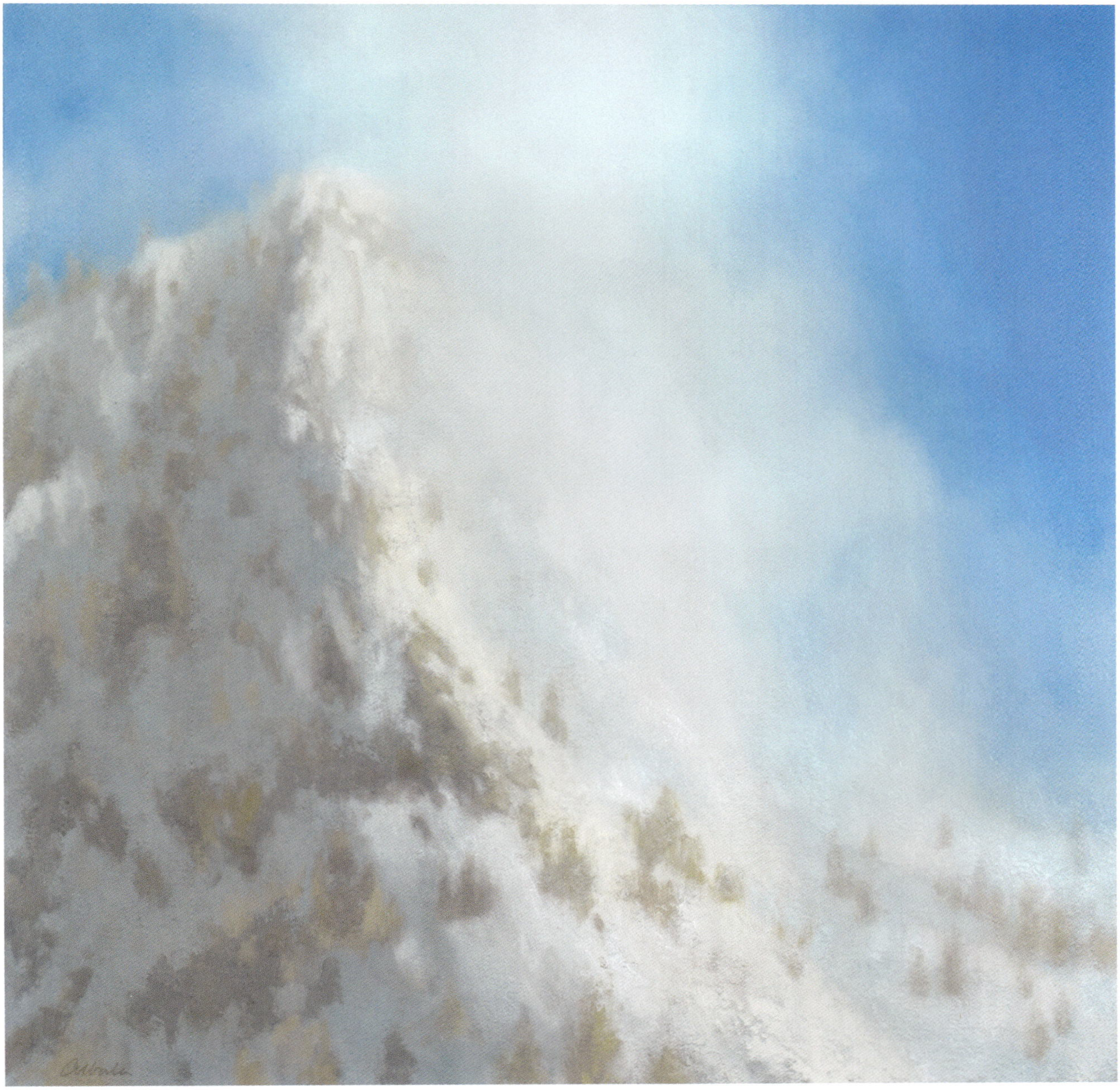

APLICACIONES DEL ENFOQUE LIMITADO

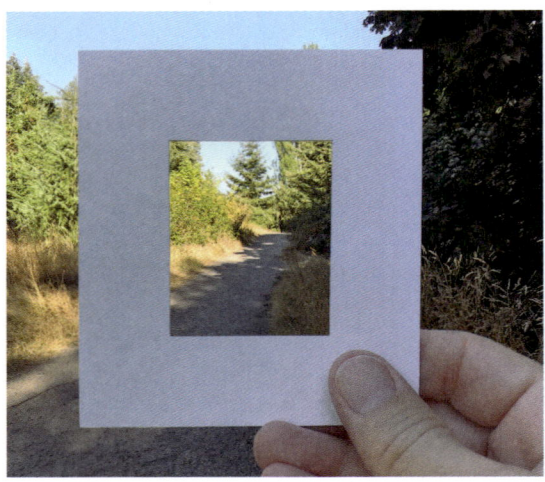

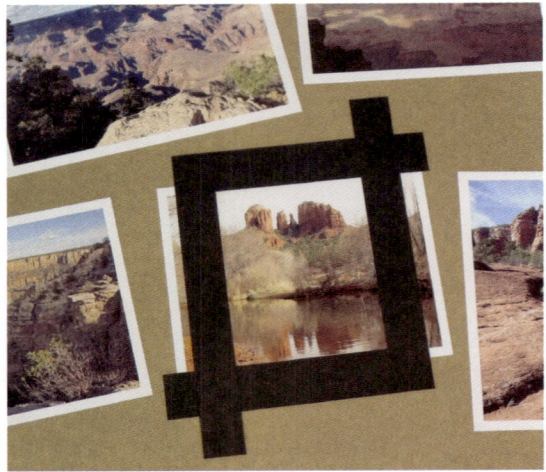

ENFOQUE LIMITADO AL AIRE LIBRE

Para aplicar un enfoque limitado cuando se trabaja al aire libre, va bien utilizar un visor de plástico o de cartón, así como cualquier tipo de cámara. Si prefiere un método más práctico, plantéese hacer un esbozo en miniatura. Al contrario del visor, que enmarca el motivo, en las miniaturas hay que situar el motivo dentro de un marco *existente* dibujado en el papel. Esto es más complicado porque hay que decidir cómo se colocarán los elementos con relación a los límites del encuadre. (Véase el ejercicio «Notan a partir de la observación» en la página 98).

ENFOQUE LIMITADO EN EL ESTUDIO

Cuando trabaje con fotos de referencia en el estudio, puede probar distintas composiciones con un par de visores de recorte en forma de L. También puede recortar las fotos digitalmente con una aplicación de edición de imágenes.

CONSEJO

Cuando haga una foto, tómese la libertad de componerla tan perfectamente como quiera, como si fuera una postal, pero procure abarcar más espacio del que crea que va a necesitar. Esta es su foto de trabajo sin componer, de la que puede extraer múltiples composiciones. Una buena foto de referencia preservará sus opciones, no las eliminará. (Véase el ejercicio «Un motivo, distintos formatos» al final de este capítulo, página 53).

FOTOS: PREPARACIÓN PARA EL ENFOQUE LIMITADO

Es curioso que, en la era digital, los pintores que trabajan con fotos de referencia no suelan cuestionarse la composición capturada por la cámara. ¿Por qué? Cuando miran por el visor y pulsan el obturador, la confirman como la composición definitiva. Después, cuando imprimen la fotografía con sus bordes definidos, se reafirma una vez más la inviolabilidad de la composición. Una de las muchas maneras de hacer un uso incorrecto de una foto es dar por sentado que es una composición completamente resuelta. Puede que lo sea, pero, en muchos casos, no es así.

FORMATOS DEL ENCUADRE Y ENERGÍA DIRECCIONAL

Dado que el encuadre influye tanto en una composición, es lógico que la forma, o el formato, del marco (horizontal, vertical o cuadrado) también lo haga. Y, de hecho, así es. Cada formato encierra un tipo de energía direccional concreto. El apaisado reafirma el movimiento horizontal. El vertical potencia el movimiento hacia dentro y hacia arriba. Y el cuadrado, con sus lados simétricos, no hace ni una cosa ni otra, sino que reafirma la presión uniforme en todos los lados.

Si el mismo motivo se compusiera dentro de cada uno de los formatos, obtendría tres composiciones muy distintas. Este es el ejercicio que hará al final del capítulo.

Cuando entendemos las propiedades de cada formato, nos damos cuenta de que el formato no es arbitrario. Elegimos el que más se adapta a nuestra intención compositiva para un determinado motivo.

FORMATO DEL ENCUADRE Y MOVIMIENTO

El formato del encuadre influye directamente en uno de los aspectos más importantes de la composición: el movimiento. El movimiento está guiado por los elementos internos de la composición, pero también por la forma del marco, que define su propia energía direccional. Por ello es tan importante el formato del encuadre, que nunca debería escogerse arbitrariamente.

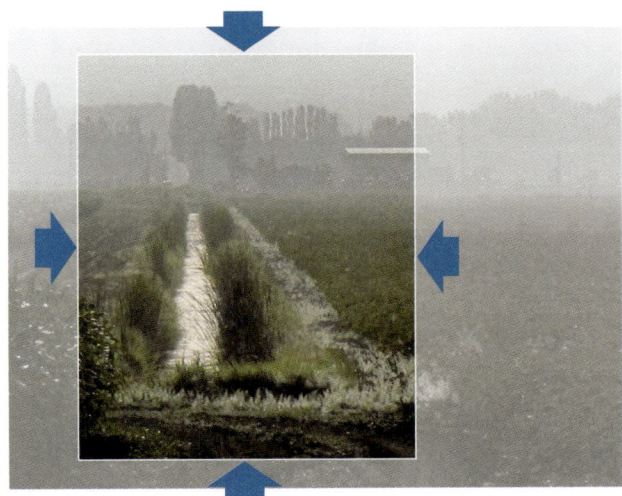

LOS ELEMENTOS CON MÁS FUERZA

Cuando hablamos de la composición en mis talleres, suelo señalar el cuadro en cuestión y pregunto: «¿Qué elementos compositivos tienen más fuerza?». Las respuestas suelen ser «la perspectiva de la carretera», «el contorno de la colina» o «el peso visual» de un elemento determinado. Aunque estos elementos afectan a la composición, la respuesta correcta no siempre es obvia. Los elementos que tienen más fuerza son la parte superior e inferior y los lados derecho e izquierdo del encuadre.

EL FORMATO APAISADO: MOVIMIENTO HORIZONTAL

El formato apaisado u horizontal es el más habitual en el paisajismo. Si analizamos la historia de este género pictórico a partir de los siglos XVIII y XIX, vemos que la mayoría de las pinturas de paisajes son en formato apaisado. ¿Cuál es la razón?

Un formato más ancho se presta de una manera natural a la horizontalidad del paisaje. Estamos rodeados por todas partes de elementos del paisaje, tanto naturales como artificiales. Unos están más cerca de nosotros y otros, más lejos. Cuando consideramos la globalidad de todo lo que nos rodea, la energía direccional predominante es horizontal: de izquierda a derecha, de este a oeste, y viceversa.

Además, tenemos tendencia a otear el paisaje en horizontal, de izquierda a derecha, en algún segmento de los 360º que nos rodean. La línea del horizonte, que suele tener una marcada presencia en muchos paisajes, también potencia el movimiento horizontal. Aunque quede oculta, siempre está implícita por los elementos que descansan sobre ella y siguen su curso.

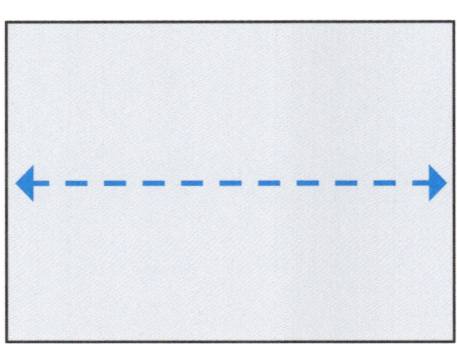

DE ESTE A OESTE

El formato apaisado reafirma la energía direccional a lo largo del eje horizontal. Esto tiende a potenciar cualquier movimiento horizontal que el motivo pueda contener.

HORIZONTALIDAD, PERO CON MESURA

Un pintor puede optar por el formato apaisado por varias razones. Hay motivos tan expansivos que sencillamente no encajarían en un formato vertical o cuadrado. El mayor potencial del formato apaisado es su estabilidad. Como los humanos están tan anclados en el plano horizontal, este formato puede tener un efecto constante y relajante, como un río que fluye con parsimonia. Sin embargo, también puede haber un exceso de energía horizontal.

Cuando un motivo que fluye horizontalmente se inserta en un formato que potencia el movimiento horizontal, puede producirse un exceso de energía horizontal.

Esto puede limitar la capacidad de la composición de sugerir profundidad. La clave para evitarlo es añadir verticales y/o diagonales a la composición.

COMPENSACIÓN DEL MOVIMIENTO HORIZONTAL CON VERTICALES

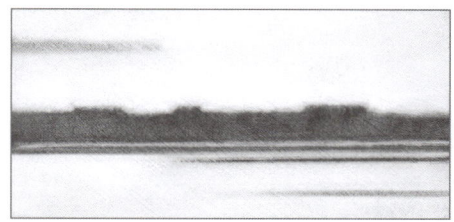

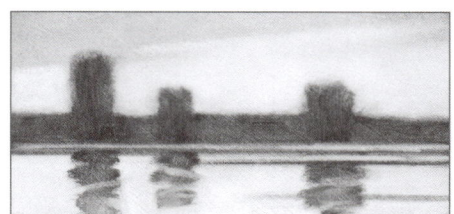

Una manera de contrarrestar el exceso de horizontalidad es con verticalidad. Cada una de estas composiciones apaisadas están ancladas en una larga orilla horizontal. A la izquierda, la tenue nube, los reflejos en el agua y la orilla fluyen de izquierda a derecha, y viceversa. Es una composición tranquila y estable, pero, al no haber verticales ni diagonales, se ve estática. A la derecha, los árboles más grandes y sus reflejos forman tres ejes verticales. La composición es relativamente tranquila, pero ahora está más activa. La mirada puede moverse en distintas direcciones.

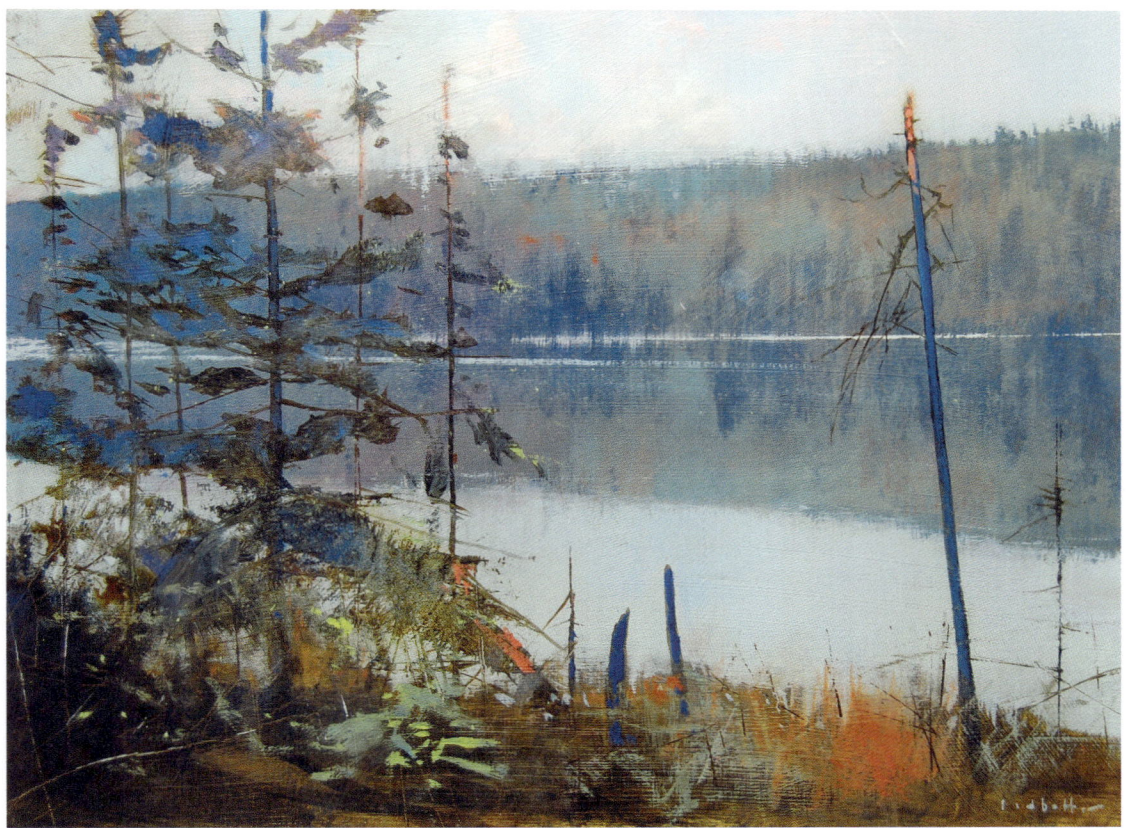

David Lidbetter, *Mañana, lago Brewer*
Óleo sobre tablilla, 30,5 × 40,5 cm

Mañana, lago Brewer es un buen ejemplo de cómo recurrir a las verticales para contrarrestar la horizontalidad impuesta por el motivo y el formato. Los ejes verticales que forman los árboles fluyen en dirección contraria al eje horizontal de la orilla. Fíjese también en las leves desviaciones de estos ejes: la inclinación del enjuto árbol azul de la derecha, y las sutiles diagonales de la orilla y el primer plano. Aunque superficiales, estas diagonales aportan algo de variación que es de agradecer dada la estricta estructura horizontal de la composición.

COMPENSACIÓN DEL MOVIMIENTO HORIZONTAL CON PERSPECTIVA LINEAL

Kim Matthews Wheaton, *La promesa de la abundancia*
Óleo sobre lienzo, 61 × 122 cm

Matthews Wheaton suele trabajar con un formato horizontal extendido. En manos expertas, este recurso puede ser una solución al exceso de horizontalidad. Sin embargo, la artista ofrece un contrapunto efectista al formato y las numerosas líneas horizontales del motivo. Un vasto campo verde penetra como una flecha en el espacio horizontal con una perspectiva efectista. Fíjese también en que la alternancia de claros y oscuros de los campos hace que la mirada se desplace adelante y atrás de un lado a otro del cuadro.

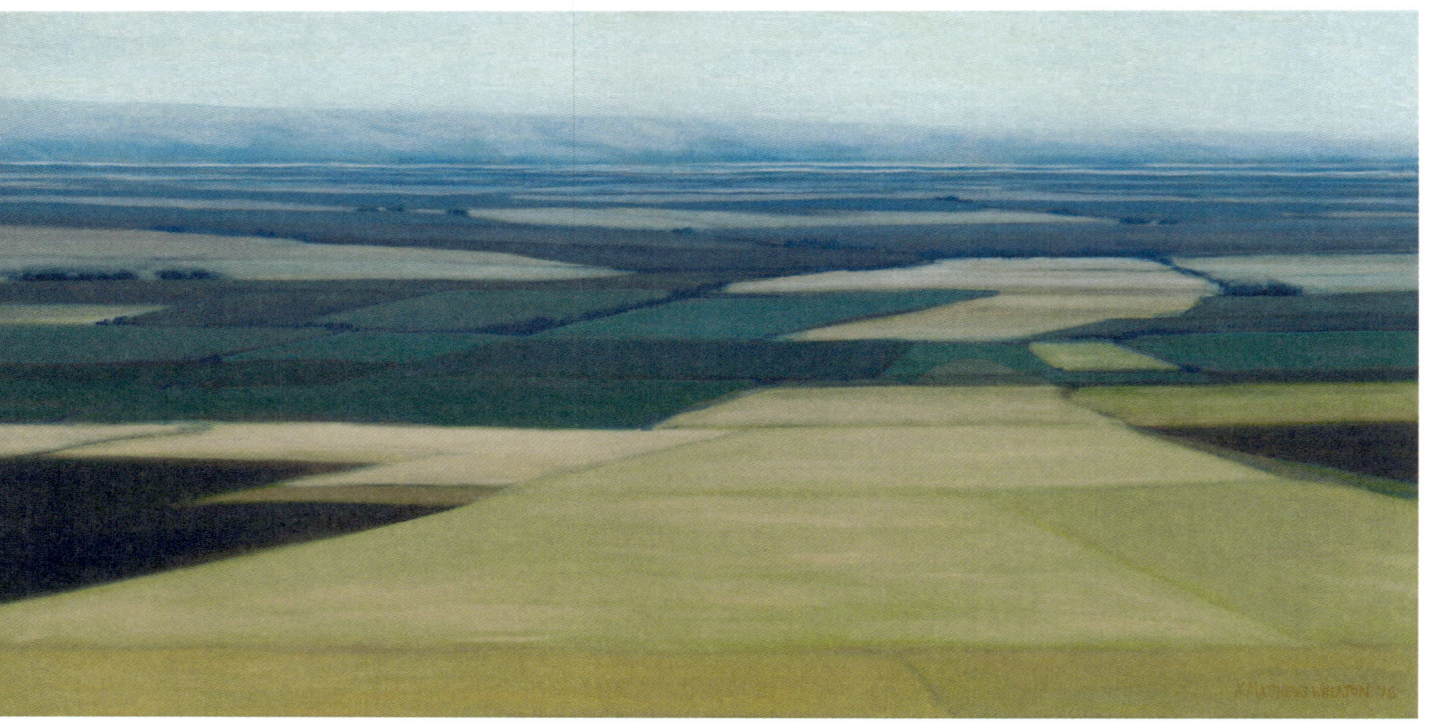

EL FORMATO APAISADO: HACIA DENTRO Y HACIA ARRIBA

Igual que el formato apaisado potencia el movimiento a lo largo del eje horizontal, el formato vertical potencia el movimiento a lo largo del eje vertical. En términos de la composición, esto se traduce en un movimiento hacia dentro y hacia arriba que, en un plano horizontal, puede sugerir profundidad. Por esto el formato vertical resulta tan útil para el paisajista que se encuentre ante una composición que tiene demasiado movimiento horizontal o carece de profundidad. Al situar el motivo en un formato vertical, permitimos que este proporcione una parte de la profundidad que no ha aportado el motivo.

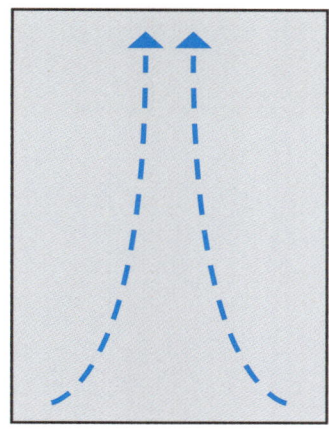

HACIA DENTRO Y HACIA ARRIBA

La energía direccional impuesta por el formato vertical es hacia dentro y hacia arriba. Este efecto se potencia aún más cuando el motivo tiene elementos de perspectiva lineal.

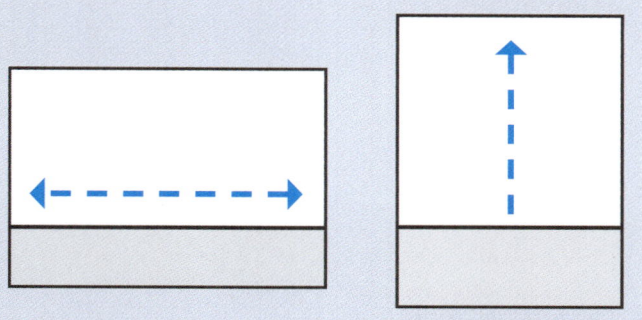

HORIZONTAL Y VERTICAL

Una comparación de los formatos apaisado y vertical demuestra cómo influyen en el movimiento. Cuando un plano de tierra horizontal se encierra en un formato apaisado, se potencia la sensación de movimiento en horizontal. Cuando el mismo plano se encuentra dentro de un formato vertical, su horizontalidad es contrarrestada por la verticalidad del formato y el movimiento se redirecciona hacia arriba.

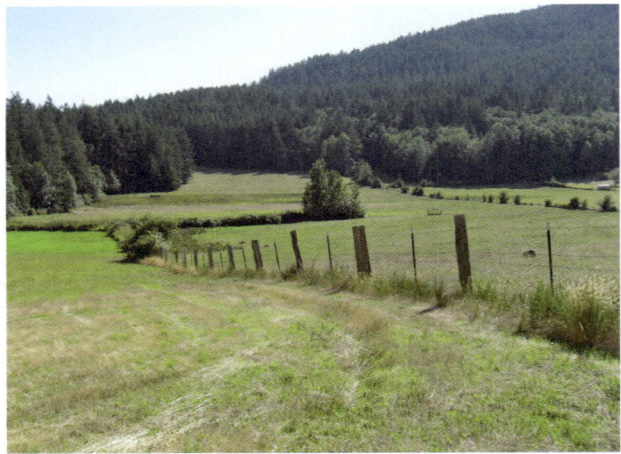

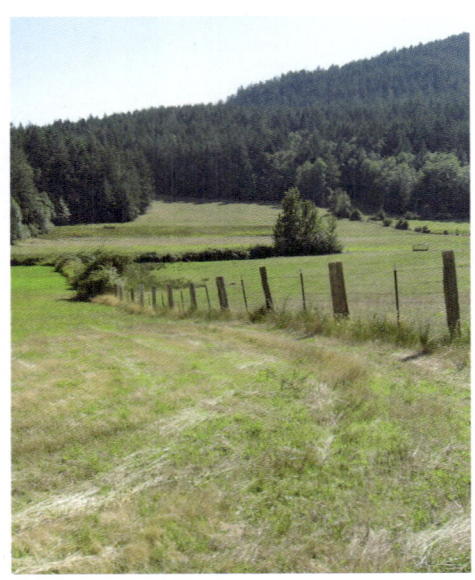

Lo más característico de este motivo son las líneas del suelo y la valla que se pierden a lo lejos. Esto resulta evidente tanto en el formato vertical como en el horizontal. Sin embargo, en el vertical se crea una mayor sensación de profundidad. Es como si los lados verticales de la imagen apretaran el motivo hacia dentro y lo empujaran hacia arriba. Esta acción del formato vertical es más acusada si cabe cuando los motivos tienen mucha perspectiva lineal.

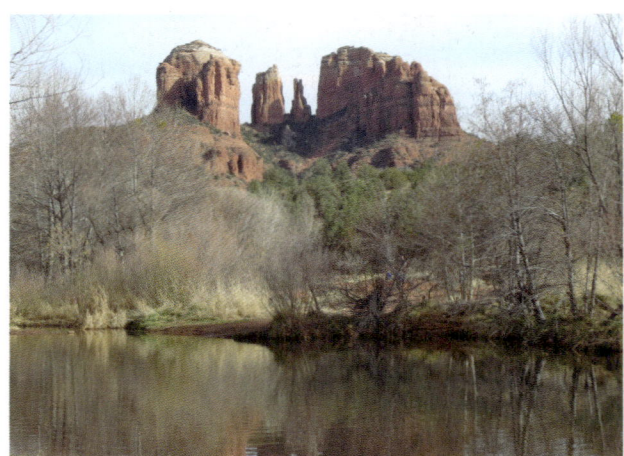

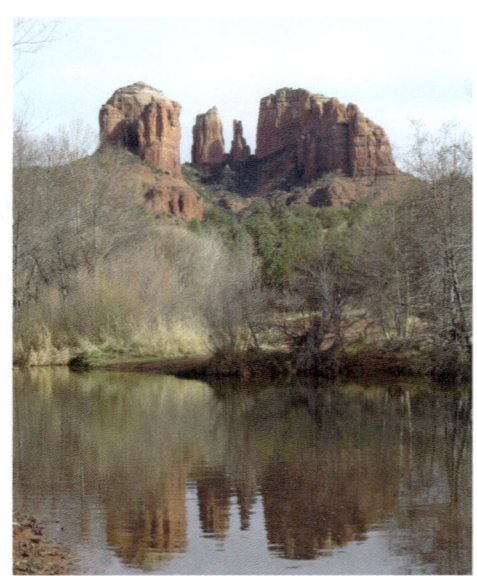

El centro de atención de este motivo es la formación de rocas rojas que se elevan a lo lejos. En el formato apaisado, percibimos el impulso ascendente, pero esta sensación se diluye porque la mayor parte de la energía direccional va de izquierda a derecha. En el formato vertical, el movimiento horizontal se ve restringido. La mirada se dirige hacia dentro y hacia arriba, potenciando la sensación de altura de las rocas.

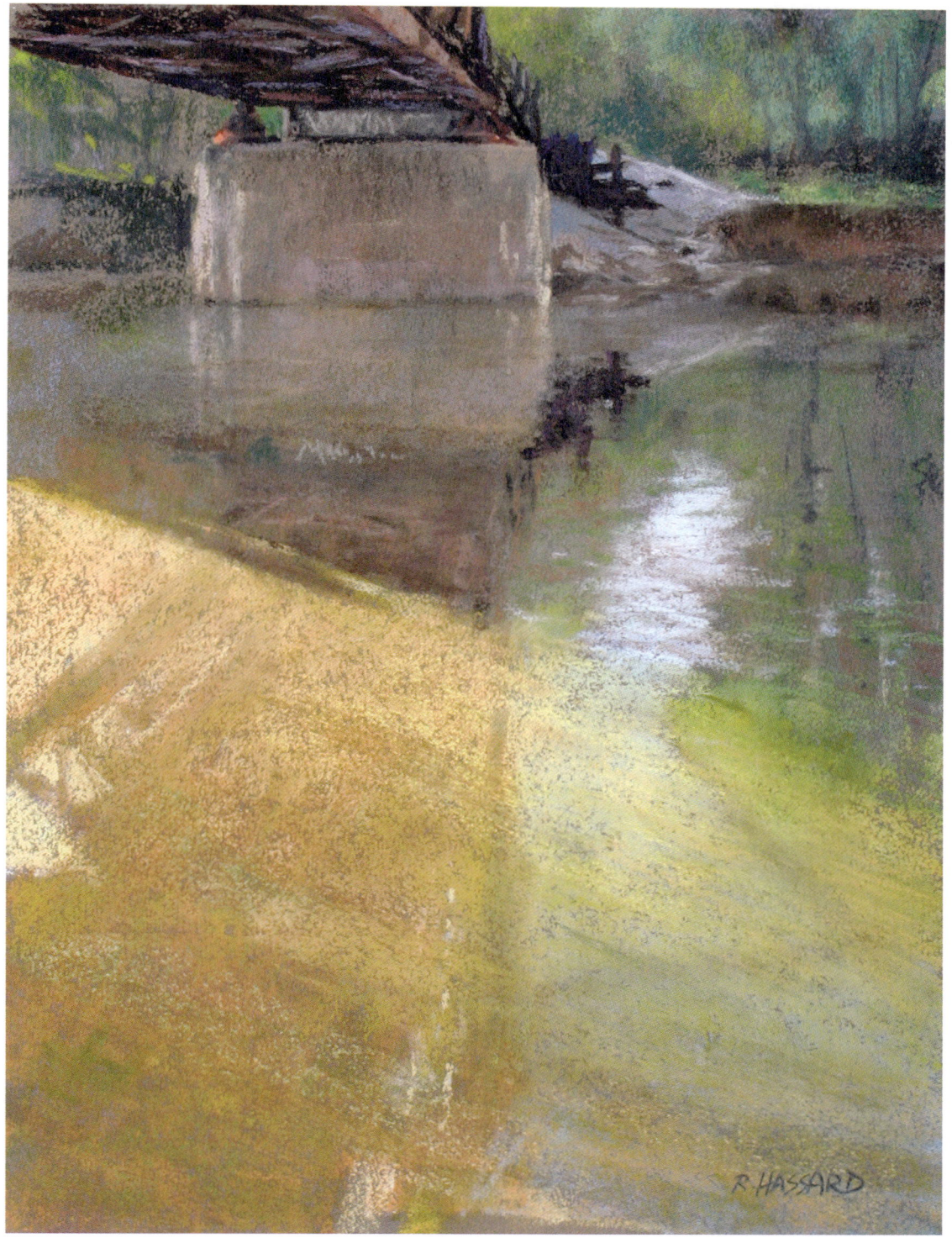

Ray Hassard, *Torrente de luz*
Pastel sobre tablilla pulida, 40,5 × 30,5 cm

En *Torrente de luz*, Hassard utiliza una serie de diagonales y líneas de perspectiva para crear una marcada sensación de profundidad. El gran plano de luz amarillo (que ocupa más de la mitad de la superficie pictórica) nos atrae rápidamente hacia el espacio. Fíjese en las sutiles líneas de perspectiva que Hassard añade a esta zona. Después, dando a su composición un formato vertical, que imprime al motivo un movimiento hacia dentro y hacia arriba, potencia aún más la ilusión de profundidad.

EL FORMATO CUADRADO: CONTENCIÓN

Si el formato apaisado potencia el movimiento horizontal y el vertical sugiere movimiento hacia dentro y hacia arriba, ¿qué efecto crea el formato cuadrado? Como cabría esperar, ni una cosa ni otra. Al ejercer una presión uniforme en los cuatro lados, no imprime ninguna energía direccional a la composición. De modo que, para sugerir movimiento, un pintor debe confiar plenamente en los elementos internos de la composición.

Según Scott Gellatly, cuya obra aparece en las páginas 107 y 160: «El encanto del formato cuadrado es su neutralidad. Carece de las connotaciones del sosegado formato horizontal y del impulso ascendente del formato vertical. Con el formato cuadrado, la pintura pasa de ser un encuadre a convertirse en objeto. El formato cuadrado reafirma plenamente el carácter abstracto de la pintura».

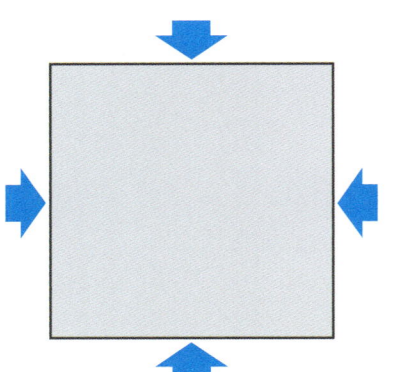

CONTENCIÓN

Al contrario que los formatos apaisado y vertical, el cuadrado ejerce una presión uniforme en los cuatro lados. Esto actúa como una fuerza de contención. El movimiento se concentra en la parte central y, en algunos casos, incluso puede suprimirse.

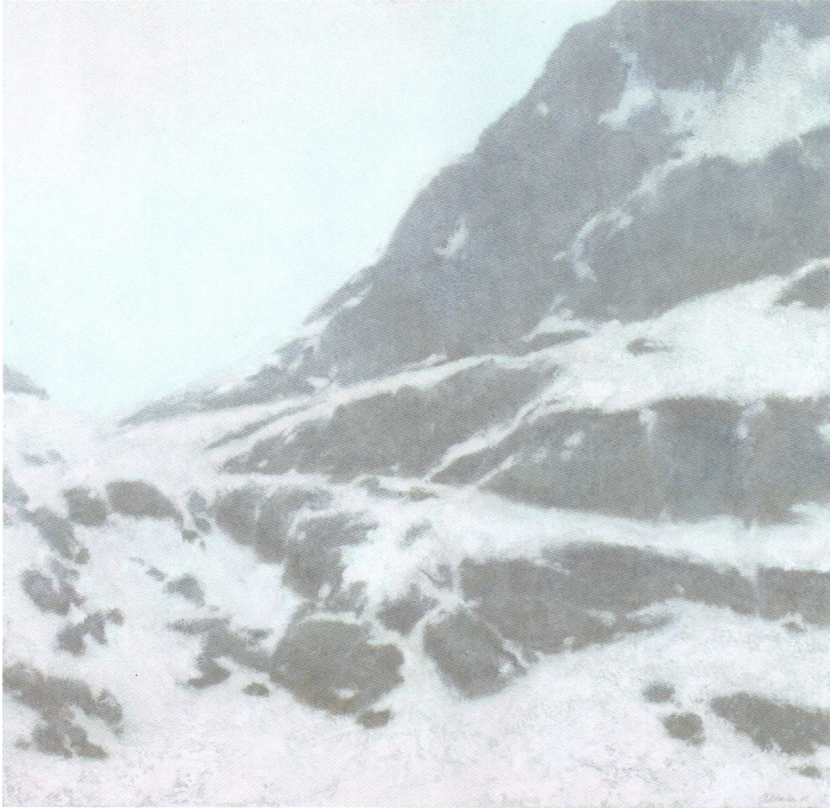

Mitchell Albala,
Cresta nevada
Óleo sobre tablilla
46 × 46 cm

Si este motivo se hubiera enmarcado en formato apaisado, habría más movimiento de izquierda a derecha. Sin embargo, en este formato, el movimiento creado por la nieve y las rocas se ve restringido por los confines simétricos del cuadrado. La sensación de quietud de *Cresta nevada* se debe, en parte, al propio cuadrado.

EL FORMATO CUADRADO: ¿INTENCIONADO O ARBITRARIO?

En las últimas décadas, el formato cuadrado está ganando muchos adeptos. Los pintores se sienten atraídos por su equilibrio y su simetría. Es diferente. El hecho de que haya tantas tablillas y lienzos de este formato también ha contribuido a su difusión. Muchos sitios web y redes sociales obligan a los usuarios a utilizar miniaturas cuadradas, lo que estandariza aún más la pulcra formalidad del cuadrado.

Por muy atrayente que resulte el cuadrado, nunca debería elegirse arbitrariamente. El pintor siempre debería preguntarse: «¿Cómo va a ayudarme el formato cuadrado a crear esta composición?».

La elección del formato cuadrado simplemente por la disponibilidad de soportes o porque le guste no es razón de peso suficiente. Como cualquier otro formato, debería elegirse porque se adapta a nuestro planteamiento de la composición. No fuerce un motivo en un cuadrado si cree que obtendría mejores resultados en un formato apaisado o vertical.

Mitchell Albala, *Puente Ballard, bajo una luz dorada*
Óleo sobre papel
30,5 × 30,5 cm

En *Puente Ballard*, el cielo es el punto de interés principal de la composición. Los tonos más oscuros que rodean la periferia forman un círculo, atrayendo la mirada a la parte central. El formato cuadrado ejerce de fuerza de contención y hace que miremos hacia el interior, potenciando la centralidad del motivo.

PREGUNTAS DE REPASO:
EL ENCUADRE Y SU FORMATO

Cuando trabaja con una foto de referencia, ¿acepta la composición como definitiva?

Todas las escenas ocultan muchas composiciones posibles. Si trabaja con un enfoque limitado y prueba distintos formatos, a menudo puede descubrir mejores composiciones que la que se capturó en la foto original. (Véase «Fotos: Preparación para el enfoque limitado» en la página 42).

¿Se ha planteado usar otros formatos aparte del apaisado?

Aunque es el más utilizado, el formato apaisado no es el ideal para todo tipo de motivos. ¿Cómo reaccionaría su composición en un formato vertical? ¿Y cuadrado? ¿Alguno de ellos se ajusta más a su composición?

¿Cómo influye el formato del cuadro en el movimiento del motivo?

Cada formato tiene su propia energía direccional, que puede potenciar o anular el movimiento.

Cuando se trabaja en un formato apaisado, ¿hay también líneas verticales y/o diagonales que contrarresten la horizontalidad?

El formato apaisado impone una marcada energía direccional horizontal. ¿Qué elementos de la composición permiten que la mirada se mueva en otras direcciones?

¿Un formato vertical ayudaría a sugerir más profundidad?

El formato vertical tiene la capacidad inherente de sugerir movimiento hacia dentro y hacia arriba.

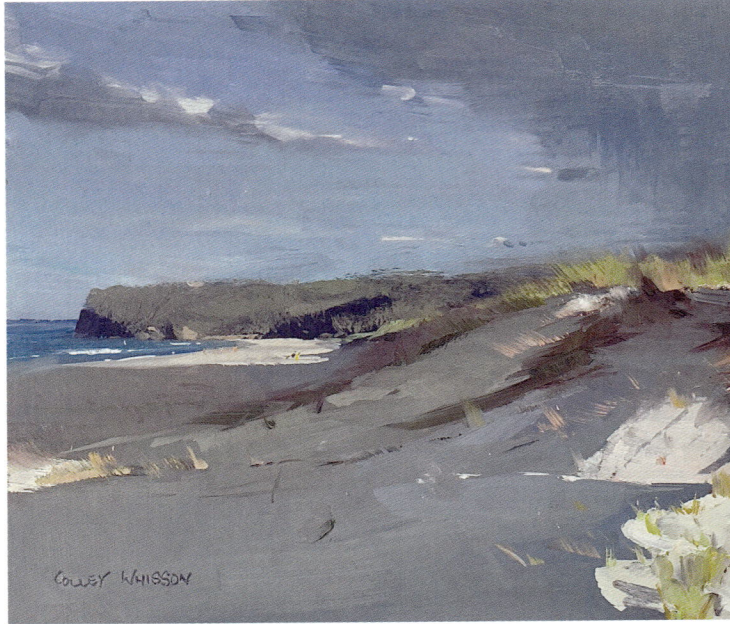

Colley Whisson, *Chaparrón a la vista, Australia*
Óleo sobre tablilla, 25,5 × 30,5 cm

Si elige un formato cuadrado, ¿ha tenido en cuenta sus cualidades únicas?

Este formato carece de energía direccional. Ejerce una presión uniforme en los cuatro lados. ¿Anula el movimiento dentro de la composición? Si es así, ¿funcionaría mejor un formato vertical o apaisado? No elija un formato cuadrado arbitrariamente.

UN MOTIVO, DISTINTOS FORMATOS

PLANTEAMIENTO: Un paisajista experimentado sería capaz de identificar una buena composición enseguida, ya sea con un estudio en miniatura o una ojeada por el visor. Por el contrario, para la mayoría de nosotros será revelador descubrir que un mismo motivo puede dar lugar a muchas composiciones posibles. En este ejercicio, desarrollará tres composiciones a partir del mismo motivo en los tres formatos: apaisado, vertical y cuadrado. Al tener varias opciones, verá el efecto que crea cada uno en la composición y podrá elegir el que proporcione mejores resultados.

MATERIALES: Foto de referencia | Papel vegetal | Lápiz blando 2B a 6B o rotuladores | Cinta adhesiva | Visor de recorte en forma de L

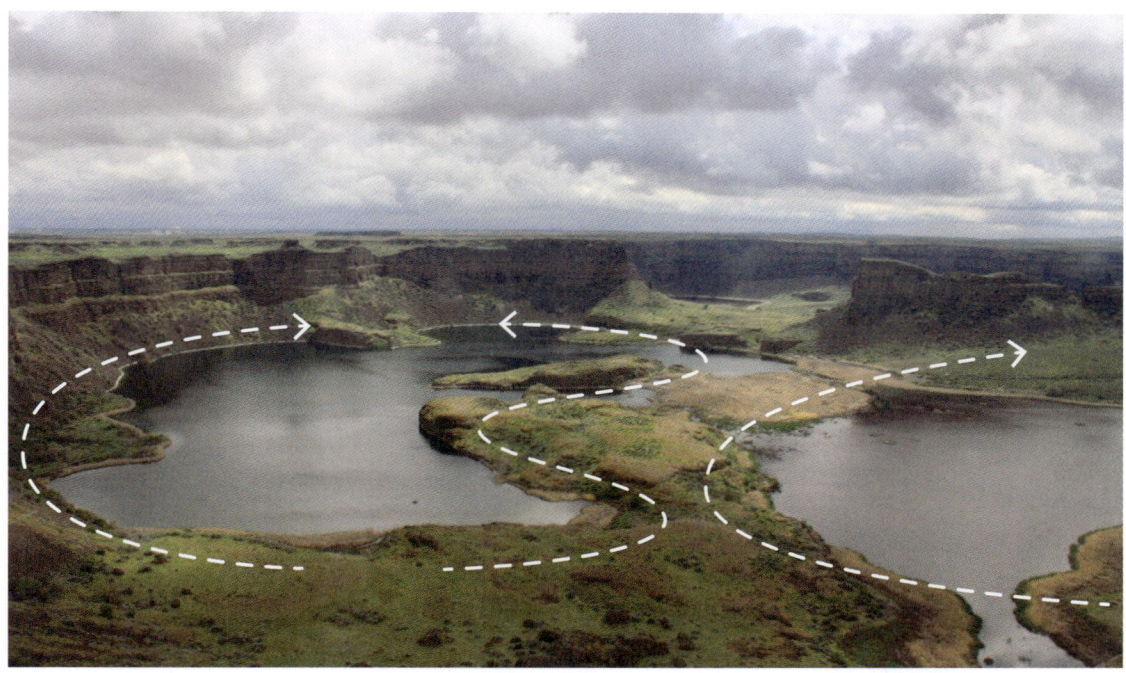

PASO 1: ELECCIÓN DEL MOTIVO

No elija un motivo de «postal» cuya composición ya sea casi perfecta. Escoja alguno que abarque más espacio del que incluiría normalmente en una misma pintura. Así tendrá más opciones para explorar distintas composiciones. Este motivo expansivo en gran angular ofrece muchas opciones, indicadas por las líneas de movimiento.

Foto: Charles Sharpe

CONSEJO

No trabaje con fotos demasiado grandes (21,5 × 28 cm). Con una fotografía más pequeña (13 × 18 cm) obtendrá miniaturas de menor tamaño, que son más rápidas y fáciles.

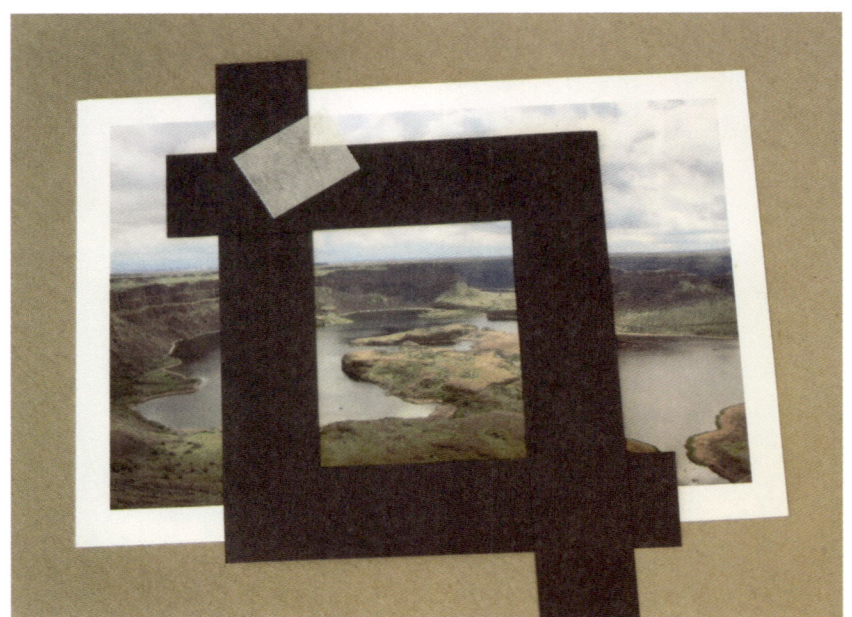

PASO 2: COMPOSICIÓN

Coloque el visor de recorte en forma de L sobre la foto y empiece a buscar una composición **vertical**. Póngalo sobre distintas zonas del motivo, abriendo y cerrando la ventana. Para hacerse una mejor idea de los aspectos de la composición que debe buscar, véase el capítulo 3. Cuando explore distintas composiciones, llegará a una que le convencerá de verdad. Pegue el visor de recorte en el lugar elegido con cinta adhesiva.

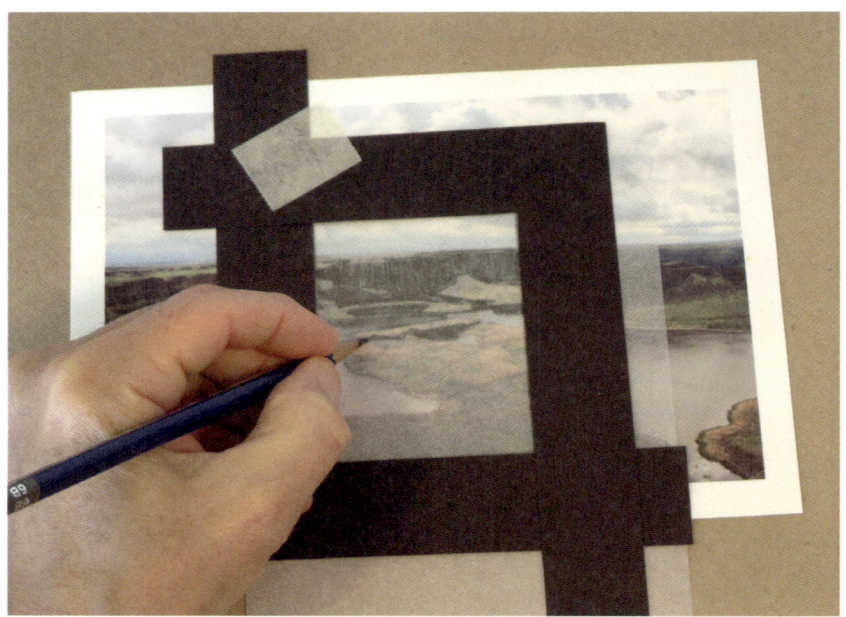

PASO 3: CALCO

Deslice un trozo de papel vegetal debajo del visor de recorte y, a continuación, dibuje el borde del encuadre, definiendo el formato. Después, en una miniatura orientada a la forma, calque la composición a lápiz o rotulador. No se entretenga plasmando los detalles o cada uno de los valores. Bastan dos o tres valores para definir las formas principales y las manchas grandes de luz y oscuridad. Aquí, hice una miniatura con la técnica notan con solo dos valores. (Para obtener consejos sobre los estudios en miniatura, véase «Claves para realizar un mejor estudio: la técnica notan» en la página 91).

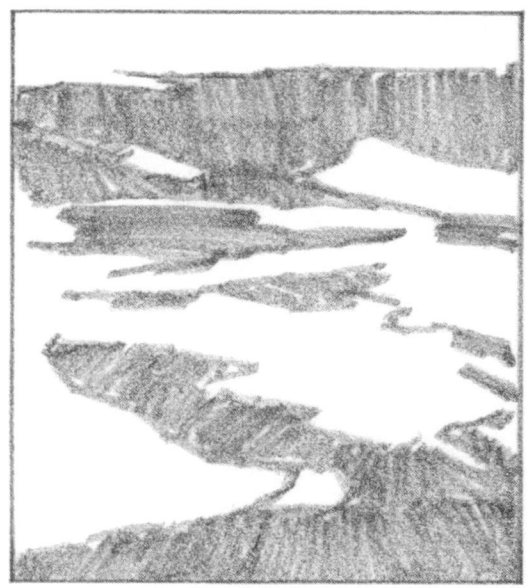

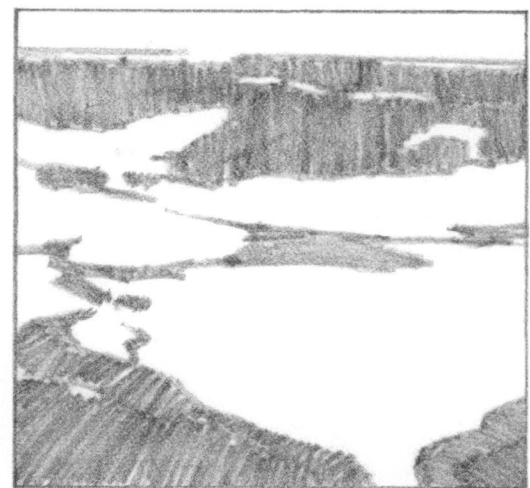

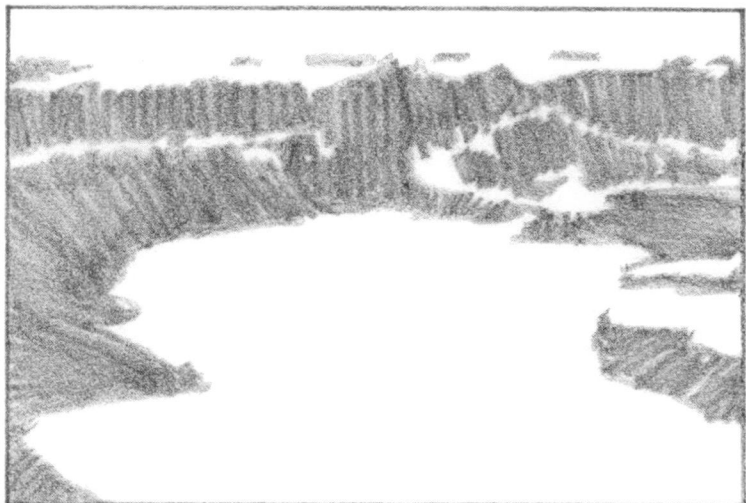

PASO 4: TODOS LOS FORMATOS

Haga también estudios en los formatos **apaisado** y **cuadrado** y valórelos. ¿Cómo afectan los distintos formatos a la composición? ¿Alguno de ellos tiene más personalidad? Si es así, ¿cuál? El cuadrado captura el movimiento mediante la forma triangular que apunta hacia abajo creada por el agua. El apaisado es el más sencillo de los tres y el que da una mejor idea de la distancia de los acantilados. El formato vertical tiene un zigzag que atrae la mirada hacia arriba, pero no es tan sencillo como las composiciones apaisada y cuadrada. Los tres capturan el movimiento curvilíneo y la profundidad de la escena original, pero de distintas maneras.

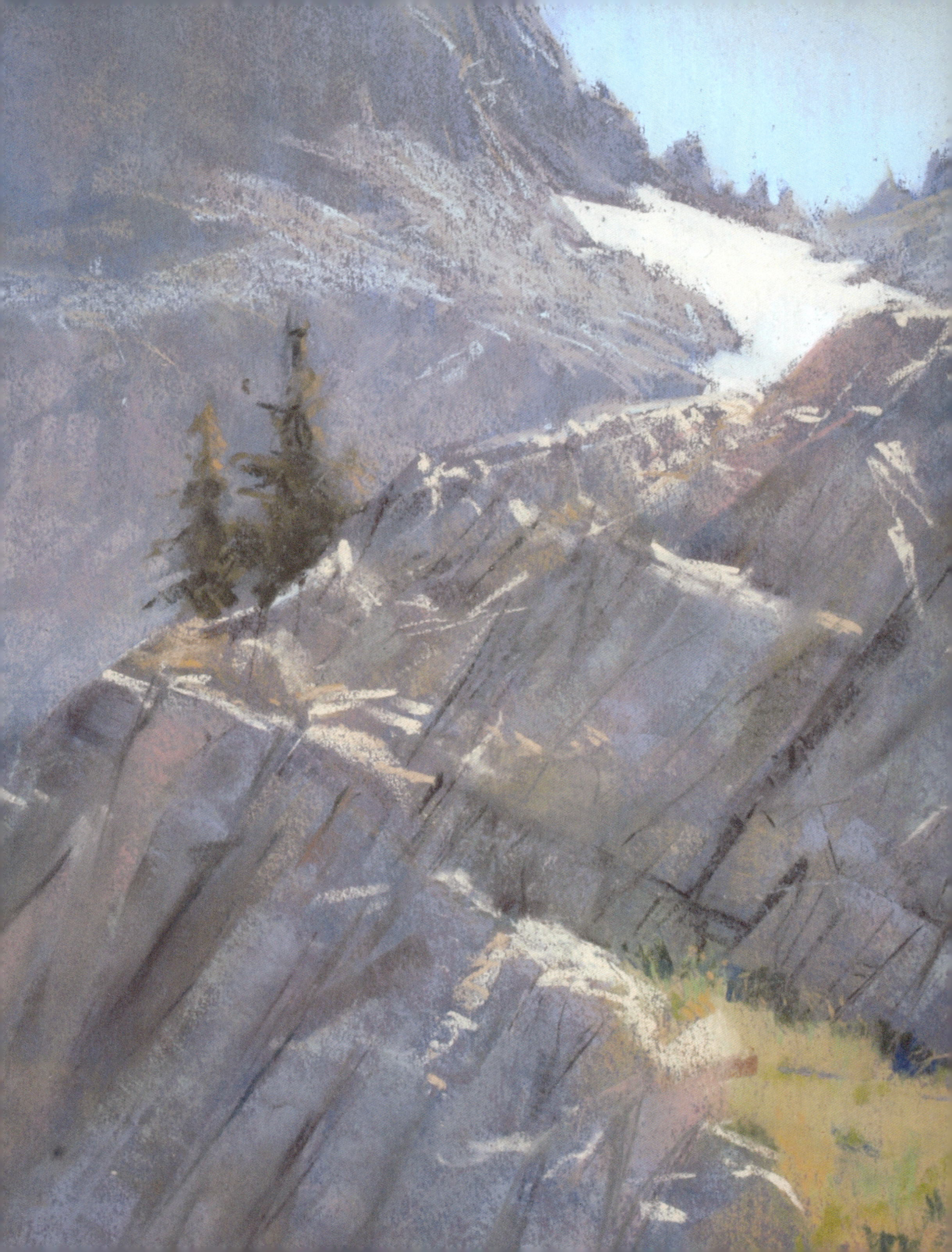

3

LA COMPOSICIÓN EN ACCIÓN

En el capítulo anterior hemos aprendido acerca del encuadre y la utilización de un enfoque limitado para delimitar el fragmento del mundo que se convertirá en nuestro motivo. Ahora, nos centraremos en lo que va dentro de dicho encuadre. ¿Cómo se relacionan entre sí los elementos que solemos asociar con una composición, es decir, las distintas partes del motivo? ¿Cómo mantienen el interés del espectador? ¿Cómo sugieren movimiento?

Para muchos, la composición sigue siendo la parte que más se les resiste de la práctica pictórica. Esto no es porque no sepamos distinguir entre una buena y una mala composición. Tenemos una sensibilidad innata que nos permite hacerlo. El problema es que no estamos acostumbrados a abordar cada aspecto de la composición como una indagación. Y, cuando lo hacemos, inevitablemente encontramos las respuestas que buscamos. En este capítulo, veremos los tres aspectos principales de la indagación compositiva: la variación y las diferencias, el movimiento y el espacio negativo activo.

◄ Bill Cone, *Mirando arriba*
Pastel sobre papel, 30,5 × 23 cm

El objetivo principal de la composición es mantener la mirada del espectador activa y absorta. Para ello, uno de los recursos más efectivos es el movimiento. En *Mirando arriba*, un camino zigzagueante hace que miremos en dirección ascendente. Este movimiento es tan decisivo que se convierte en el punto de interés principal de la composición.

VARIACIÓN: LA REGLA FUNDAMENTAL DE LA COMPOSICIÓN

Como en muchos aspectos de la vida, en la variedad está el gusto. Somos reacios al aburrimiento y buscamos variedad a toda costa. Lo mismo ocurre con la composición pictórica.

La variación comprende muchos aspectos, los cuales conspiran para hacer lo mismo: mantener la mirada del espectador activa y absorta. Si no existe una variación adecuada, los espectadores pueden perder enseguida el interés. Instintivamente, ven la diferencia entre una composición que habla en un tono monótono y otra que varía el tono y el volumen.

Si hay una regla fundamental de la composición, es esta: la variación y las diferencias dan vida a una composición y la hacen interesante.

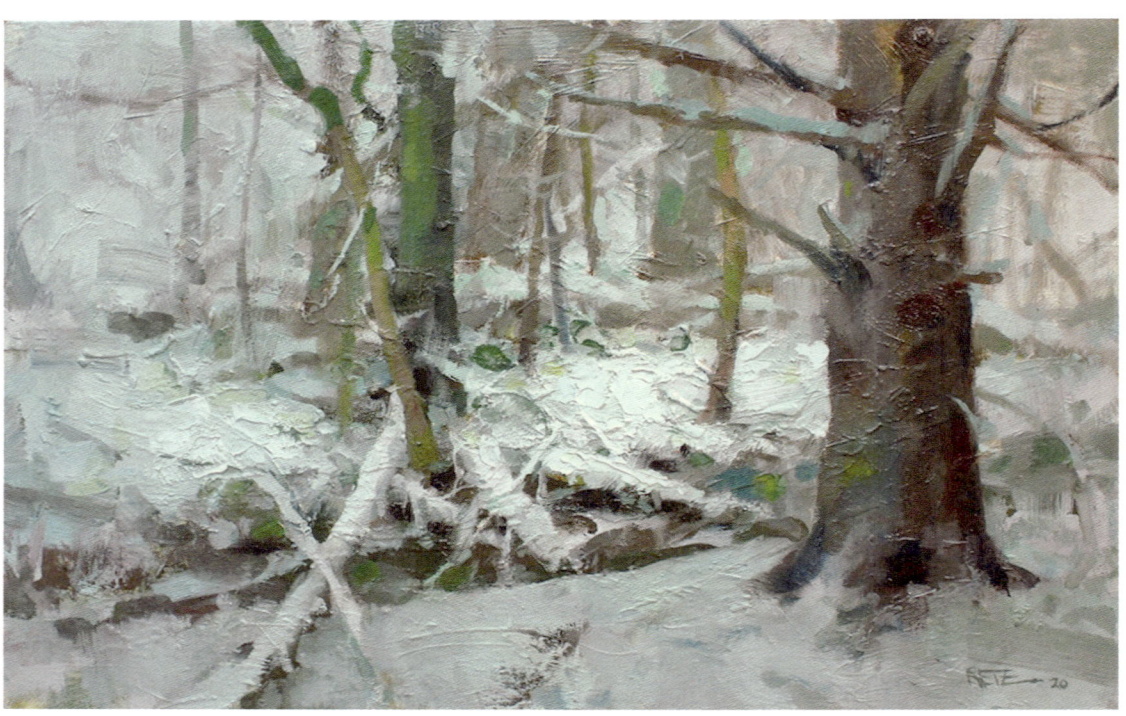

Tad Retz, *Una fina capa*
Óleo sobre tablilla, 30,5 × 46 cm

Los aspectos de la variación en las miniaturas del «bosque» de la página siguiente cobran vida en esta pintura de Tad Retz. En este bosque, entran en juego todos ellos. Hay notables diferencias de grosor (peso visual) entre los troncos y las ramas. Hay diferencias en los ángulos de las ramas, incluidos los árboles caídos de primer plano. Hay diferencias en la altura de los árboles y los intervalos entre ellos. Y hay diferencias de color y valor. Unos árboles son muy oscuros, otros tienen un valor intermedio y otros son tan claros como la nieve.

ASPECTOS DE LA VARIACIÓN

Cuantos más aspectos de variación comprenda una composición, más interés despertará. En esta secuencia de miniaturas de un grupo de árboles, la composición va ganando interés paulatinamente a medida que se añaden más aspectos de variación.

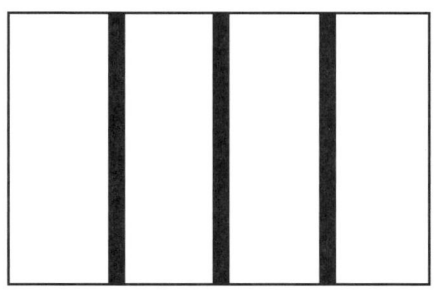

SIN VARIACIÓN

En la primera secuencia, todo es igual. Los espacios que separan las barras o los árboles son idénticos, al igual que su grosor, ángulo y longitud. El resultado es equilibrado y simétrico, pero la composición es estática.

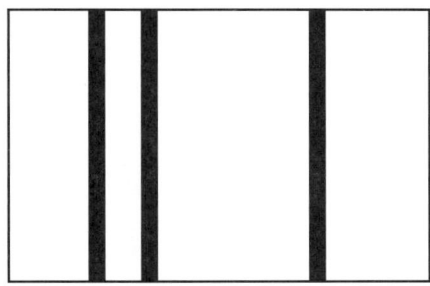

INTERVALOS

Los intervalos son «el espaciado y el ritmo» entre los elementos. ¿Son iguales o varían? Al variar los intervalos, nuestro «bosque» resulta algo menos estático.

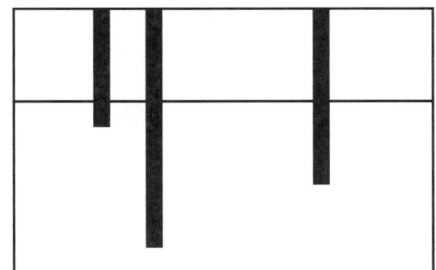

LONGITUD Y ALTURA

Al cambiar la longitud de los árboles y añadir un plano de tierra, la composición empieza a sugerir profundidad. Ahora existen longitudes e intervalos distintos, así como profundidad.

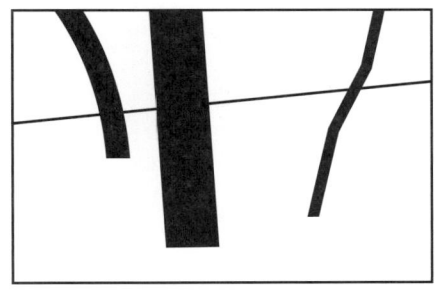

ÁNGULOS Y PESO

Se han añadido dos aspectos de variación. El grosor (peso visual) de cada árbol es distinto. Y cada elemento (incluido el plano de tierra) está en un ángulo diferente. Ahora tenemos variación de intervalos, longitudes, peso visual y ángulos.

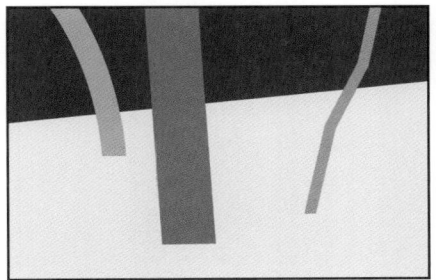

COLOR Y VALOR

En la última secuencia, el color de los elementos cambia. Fíjese en que los espacios negativos gris y negro que rodean los árboles tienen tamaños y proporciones distintos. Con la variación de intervalos, longitudes, peso visual, ángulos, formas y colores se consigue la composición más interesante.

LA VARIACIÓN EN ACCIÓN

Greg Hargreaves, *Campos invernales*
Acrílico sobre lienzo, 76 × 61 cm

La variación y las diferencias son tan importantes en el paisajismo abstracto como en el figurativo. El principal aspecto de variación de *Campos invernales* es la distinta cantidad de espacio asignado a los claros y los oscuros. El color más claro ocupa mucho más espacio. Las bandas más oscuras de la parte superior están formadas por un mosaico de formas de tamaño irregular. A grandes rasgos, fluyen de izquierda a derecha, pero también se desplazan en vertical. La mitad inferior es un área amplia, pero dista mucho de estar vacía. Está dividida en cuatro formas más pequeñas, cada una de un tamaño. (Véase «Espacio negativo activo» en la página 70).

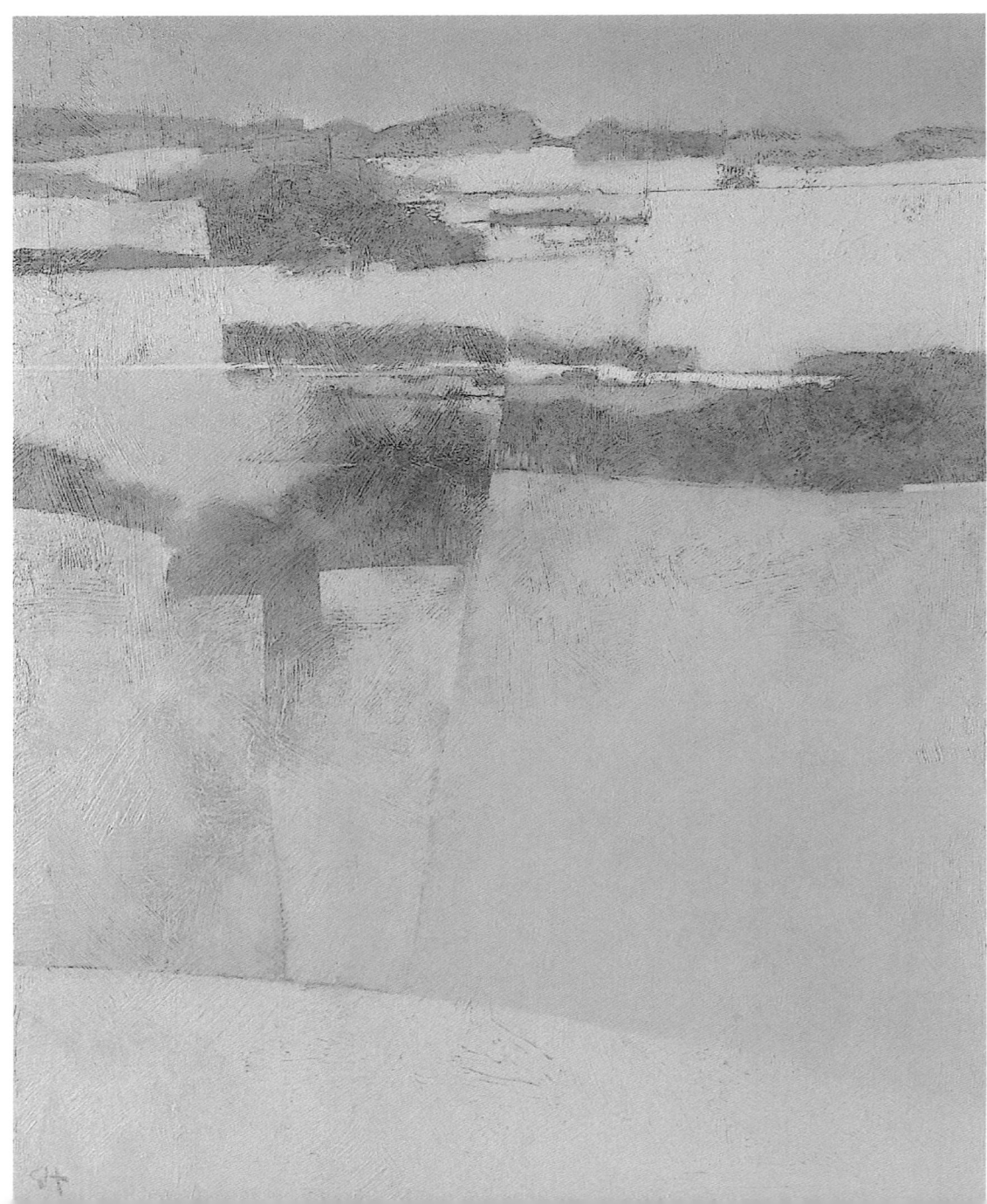

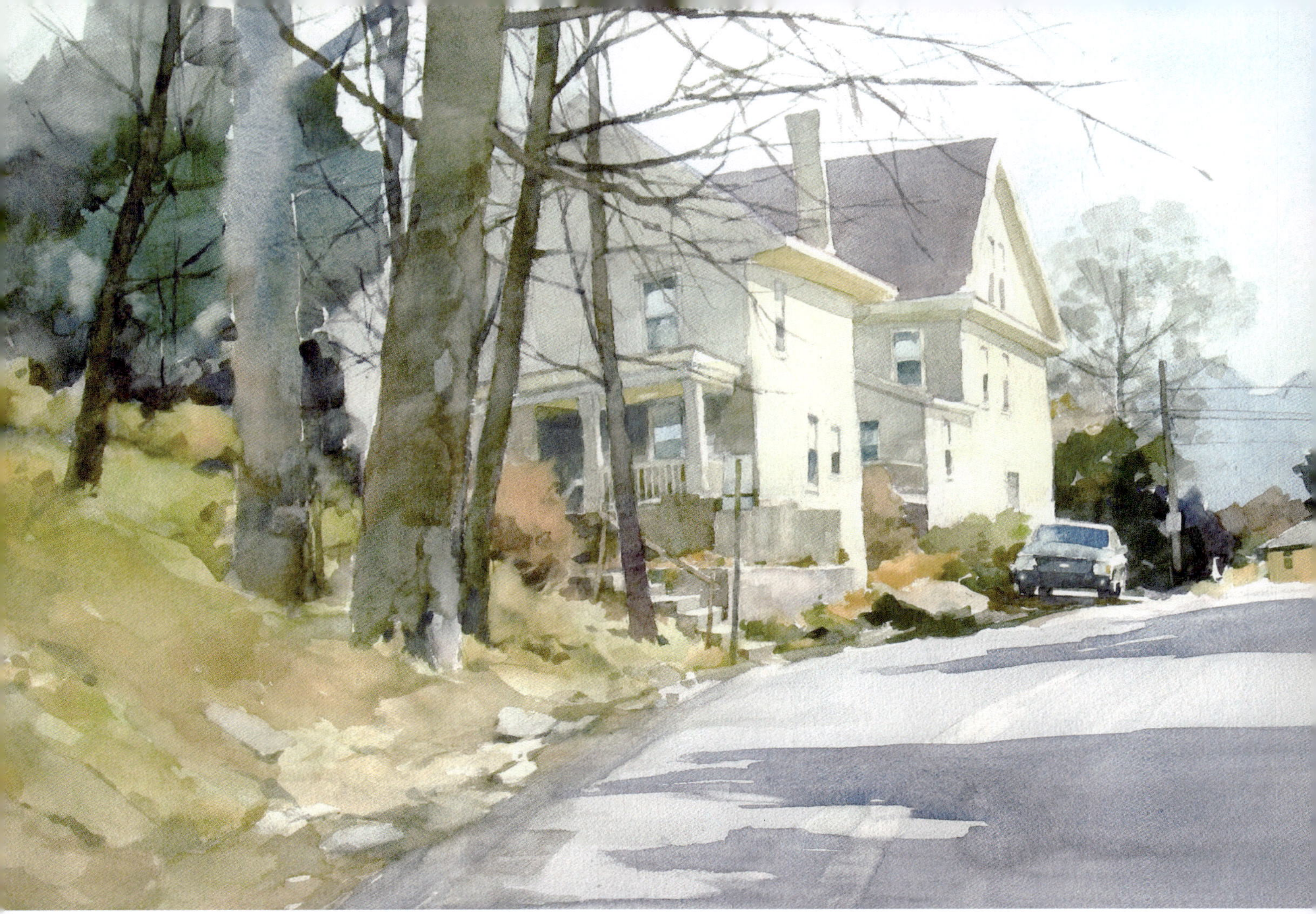

Bill Vrscak, *Mayormente soleado, High 76*
Acuarela, 43 × 58,5 cm

La variación y las diferencias abundan en la
composición brillantemente ejecutada de
Vrscak. Un aspecto de variación de *Mayormente
soleado* es el *tipo* de formas: las orgánicas
irregulares de la izquierda se contraponen a
las arquitectónicas de la derecha. El tamaño
de las formas también varía: las grandes de la
pendiente de vegetación y la calle contrastan
con las más pequeñas de las casas, el coche
y los detalles del fondo de la calle. Estas
diferencias de escala crean una sensación de
cercanía y proximidad. La *cantidad* de color
utilizada también es un tipo de variación. El
grupo amarillo verdoso es más dominante en
primer plano. Una pequeña mancha aparece
delante de las casas y, finalmente, hay una
pequeña pincelada en la casa del fondo.

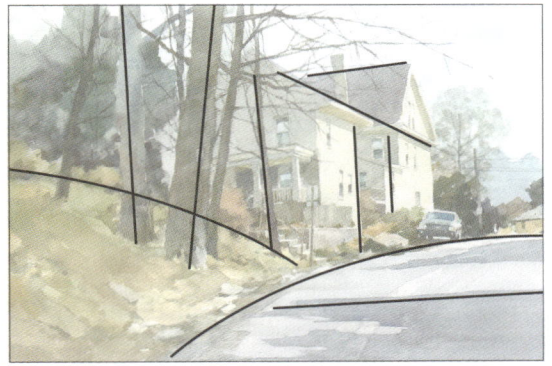

ÁNGULOS

En *Mayormente soleado* hay una animada interacción de ángulos: los árboles algo inclinados,
las diagonales arqueadas de la calle y la pendiente con vegetación, y la perspectiva diagonal
de las casas. La escena al completo está algo
descentrada de la rigidez de las verticales y
horizontales del encuadre. Ni un solo ángulo de
la pintura es estrictamente horizontal o vertical.

DEMOSTRACIÓN:
EQUILIBRIO DE LA TIERRA/EL AGUA Y EL CIELO CON LA VARIACIÓN DE TAMAÑO

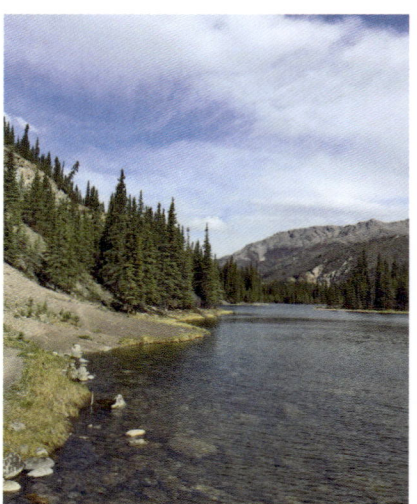

En un paisaje, el mayor potencial de la variación de tamaño suele encontrarse en la diferencia de la cantidad de espacio destinada al cielo y al suelo. Un motivo como este, con formas bien diferenciadas y un contenido efectista, puede convencernos fácilmente de que una composición está resuelta del todo. Aun así, en la foto original, las áreas principales reclaman la misma atención. ¿El cuadro será del agua? ¿Del cielo? ¿O de los árboles intermedios y las colinas? Una falta de variación conduce a una falta de punto de interés. Lógicamente, una pintura puede tener varios puntos de interés, pero hay que dar prioridad a uno de ellos.

Foto: Dirk Greeley

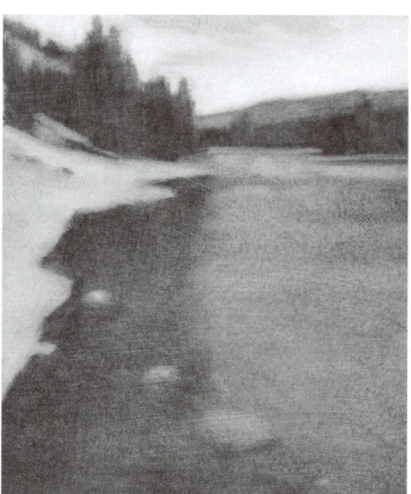

DOMINIO DE LA TIERRA/EL AGUA

En esta versión, el agua ocupa en torno al 80% de la composición. Al centrarnos en esta zona, captamos varios puntos de interés dinámicos: la perspectiva lineal de la orilla, el arco de la sombra reflejada en el agua y el movimiento implícito a lo largo de las rocas.

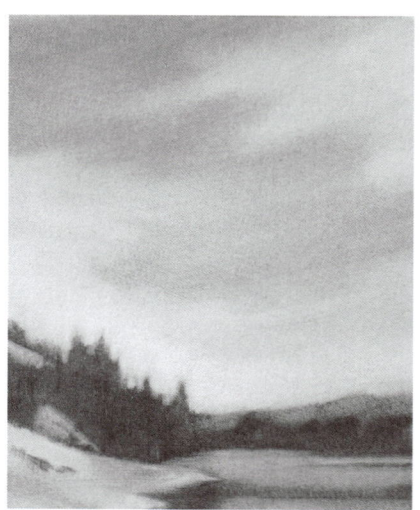

DOMINIO DEL CIELO

En esta versión, el cielo es el punto de interés principal. La gran diferencia de tamaño entre el cielo y el agua imprime una tensión dinámica a la composición. Cuando analice el tamaño relativo del cielo y la tierra o el agua, procure que uno de ellos sea notablemente mayor que el otro.

MOVIMIENTO: ANIMANDO LA COMPOSICIÓN

El movimiento es lo que da vida y energía a una composición. Nuestra mirada se mantiene activa y absorta mientras se mueve alrededor y a través del cuadro. Solo una superficie pictórica en blanco, carente de marcas o formas, presenta una ausencia absoluta de movimiento. Pero, en cuanto añadimos formas, colores y líneas, la mirada tiende a encontrar vías y buscar conexiones entre los elementos. En el paisajismo, el movimiento puede ser rápido o lento, intenso o sutil, constante o vacilante, pero siempre es deseable.

Prácticamente, todo lo que hay en el cuadro podría utilizarse para sugerir movimiento. Los generadores de movimiento más habituales son las líneas, las vías visibles que caen a lo largo de los bordes de los elementos pictóricos.

La mirada se desliza por el contorno de la montaña o el arco de la rama de un árbol. Sigue el recodo del río o vuela hasta una pared de roca. Es lo que se conoce como movimiento directo. Menos obvio, pero igual de importante, es el movimiento implícito. No sigue los contornos o los bordes visibles, sino que se crea a medida que la mirada hace conexiones entre distintos elementos del cuadro, como si uniera una serie de puntos.

Un criterio para elegir un motivo es si sugiere bastante movimiento. Hay motivos que comprenden vías de movimiento obvias. Lo único que tenemos que hacer es procurar incluirlas en nuestra composición. Otros motivos sugieren menos movimiento. Podemos prescindir de ellos, o tal vez amplificar el movimiento desplazando ligeramente los elementos o modificando los colores y los valores para acentuar un borde o un contorno.

PUNTO DE INTERÉS VERSUS MOVIMIENTO

Según una de las reglas fundamentales de la composición, toda pintura debería tener un punto de interés, es decir, una zona que llama especialmente la atención. Aun así, esto parece contradecir la idea del movimiento, según la cual nuestra mirada debería moverse por todo el cuadro, sin detenerse ni entretenerse demasiado en un lugar determinado. Sin embargo, una pintura puede tener tanto un punto de interés como movimiento, siempre y cuando el primero no retenga la mirada en un lugar y evite que se desplace por el resto del cuadro. Al contrario, es un punto del que podemos partir y al que podemos regresar repetidamente mientras la mirada recorre la pintura.

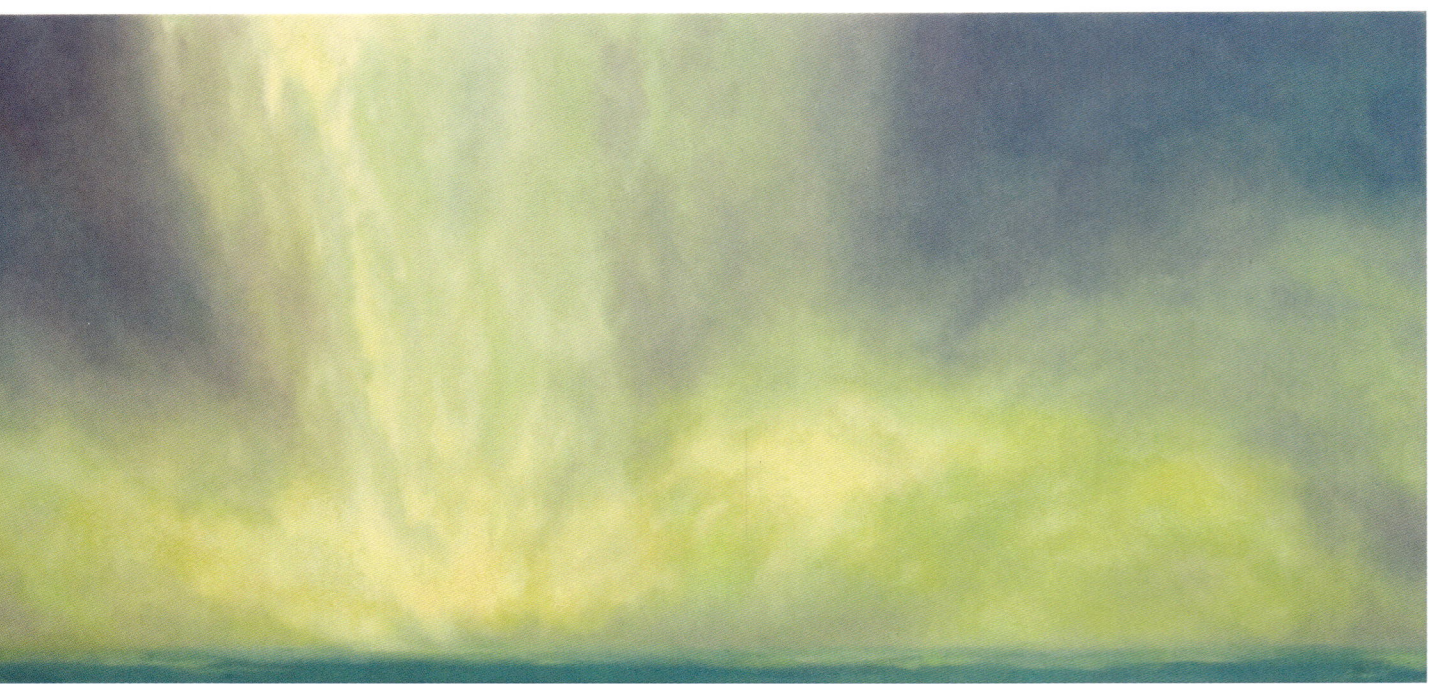

Mitchell Albala, *Cascadia*
Óleo sobre lienzo, 51 × 107 cm

En *Cascadia*, el movimiento fluye
en dos direcciones: en vertical, a
través del impulso descendente
de la cascada, y en horizontal,
mediante la expansión externa
del agua a izquierda y derecha.
La columna vertical de agua sirve
de contrapunto a la horizontalidad
extendida del formato. Aunque el
movimiento suele fluir a lo largo
de líneas o bordes bien definidos,
en *Cascadia* solo hay contornos
sutiles. Las líneas del diagrama
no se corresponden con bordes
marcados, sino que indican la
dirección en la que fluye el agua.

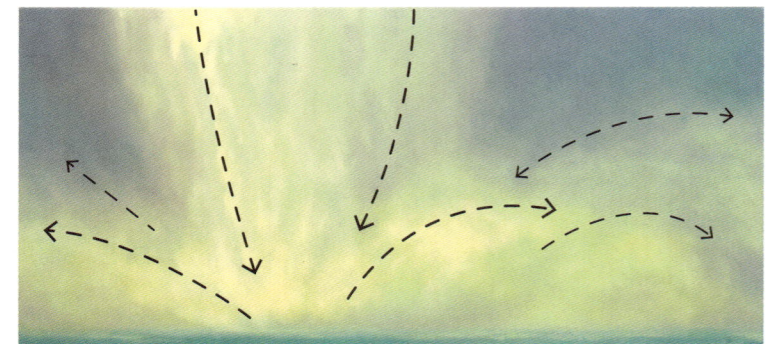

EN LA TERCERA DIMENSIÓN: DIAGONALES Y PERSPECTIVA LINEAL

Como hemos visto en el segundo capítulo, las líneas horizontales guían la mirada de izquierda a derecha. En cambio, las verticales la llevan de arriba y abajo. Y el impulso horizontal o vertical propio del formato del cuadro potencia estos movimientos. Son las energías direccionales fundamentales de la composición, pero solo nos mueven en dos dimensiones.

Para experimentar todo el movimiento de un cuadro, también necesitamos diagonales. En una imagen plana bidimensional, las diagonales se desmarcan de la rígida horizontalidad y verticalidad del encuadre y nos permiten movernos en todos los ángulos y direcciones. Resultaría difícil conseguir movimiento dinámico en un cuadro si no hubiera diagonales.

Las diagonales también crean líneas de perspectiva. Esta técnica es la manera más poderosa de crear la ilusión de profundidad, de llevar la mirada a la tercera dimensión.

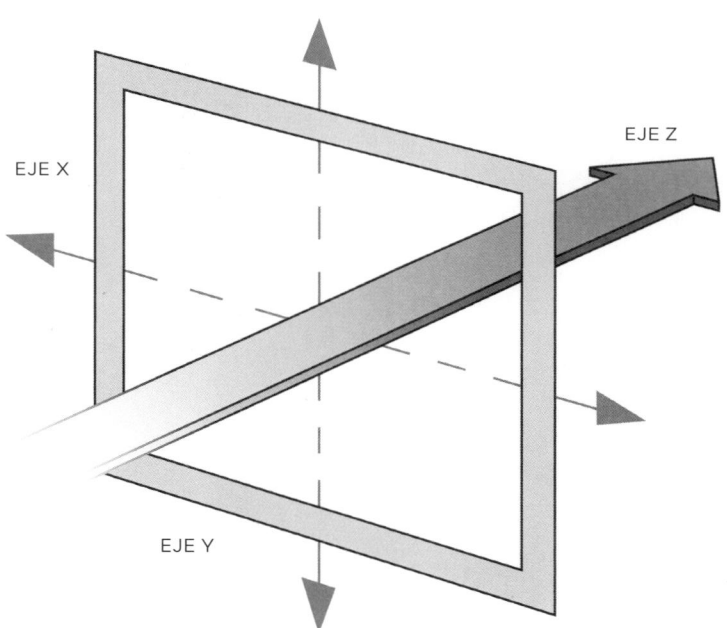

EJE X

EJE Z

EJE Y

DIAGONALES Y EJE Z

Una pintura es plana y bidimensional, por lo que cualquier sugerencia de profundidad siempre es una ilusión. Podemos dar a entender el movimiento en la tercera dimensión con diagonales y perspectiva lineal. En geometría, el eje X representa la horizontalidad y el eje Y, la verticalidad. Definen el movimiento en dos dimensiones. El eje Z (que se corresponde con las líneas de perspectiva de nuestra pintura) *atraviesa* el plano de la imagen definido por los ejes X e Y, y guía la mirada por la tercera dimensión imaginaria.

PROFUNDIDAD A TRAVÉS DE LA PERSPECTIVA LINEAL

David Lidbetter, *Deshielo*
Óleo sobre tablilla, 30,5 × 23 cm

No hay nada que compense mejor la horizontalidad del plano bidimensional y sugiera más eficazmente la profundidad que la perspectiva lineal. Empezando por la esquina inferior derecha, Lidbetter nos arrastra bruscamente al espacio con la perspectiva inclinada del arroyo. La profundidad que se sugiere a través de la perspectiva lineal se potencia aún más con el formato vertical, que dota a la composición de un movimiento hacia dentro y hacia arriba.

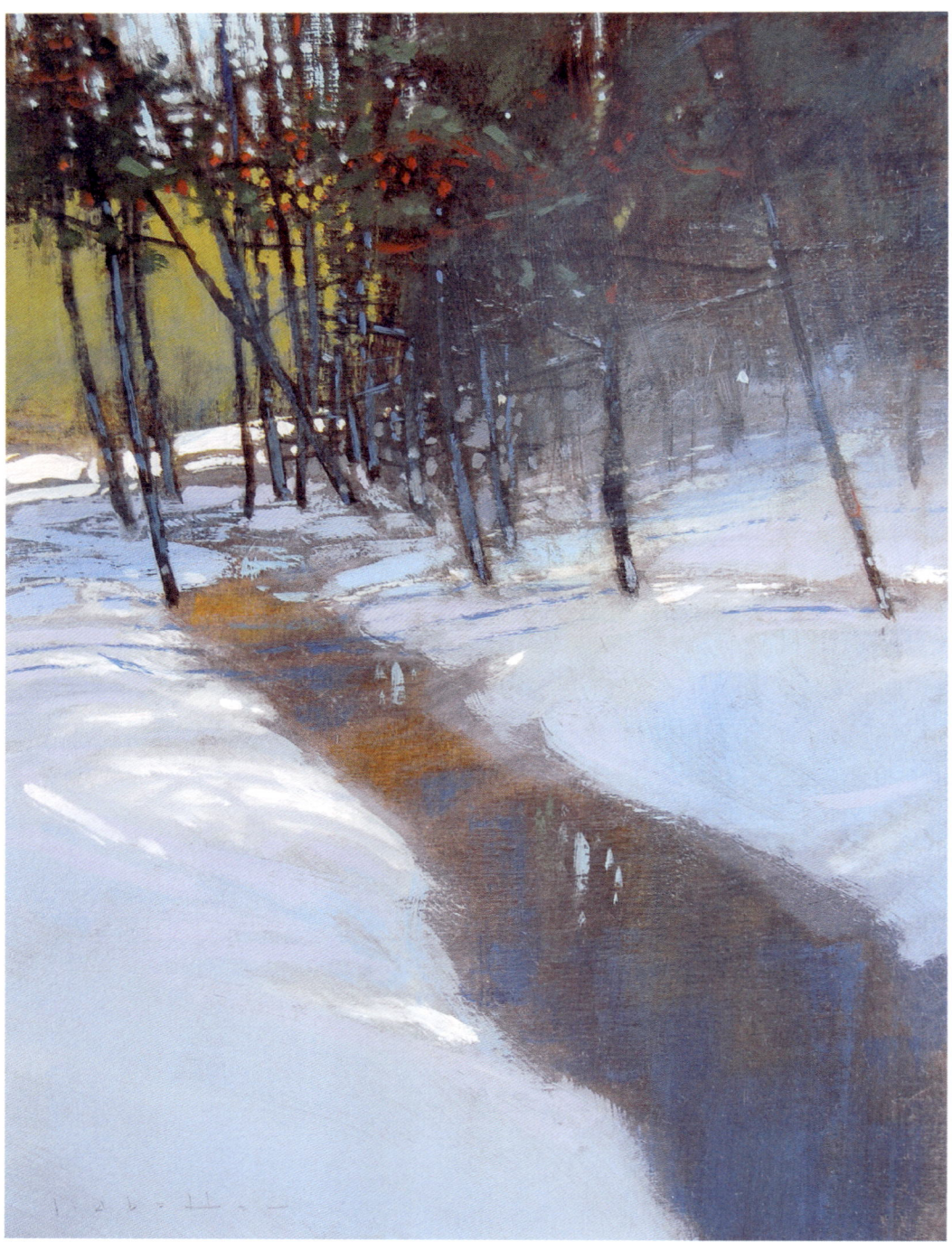

MOVIMIENTO A TRAVÉS DE LÍNEAS DIAGONALES

Cindy Baron, *Pasaje primaveral*
Acuarela, 38 × 24 cm

La perspectiva lineal se consigue con líneas diagonales, aunque no todas las diagonales crean una perspectiva lineal. En la espléndida obra de Baron encontramos una serie de diagonales que, a través de múltiples vías, guían nuestra mirada hasta los picos más altos. En combinación con el formato vertical extendido, Baron consigue un marcado movimiento ascendente. Aparte de los árboles minúsculos de la base, en el cuadro no hay ni una línea horizontal o vertical, ni siquiera una línea del horizonte.

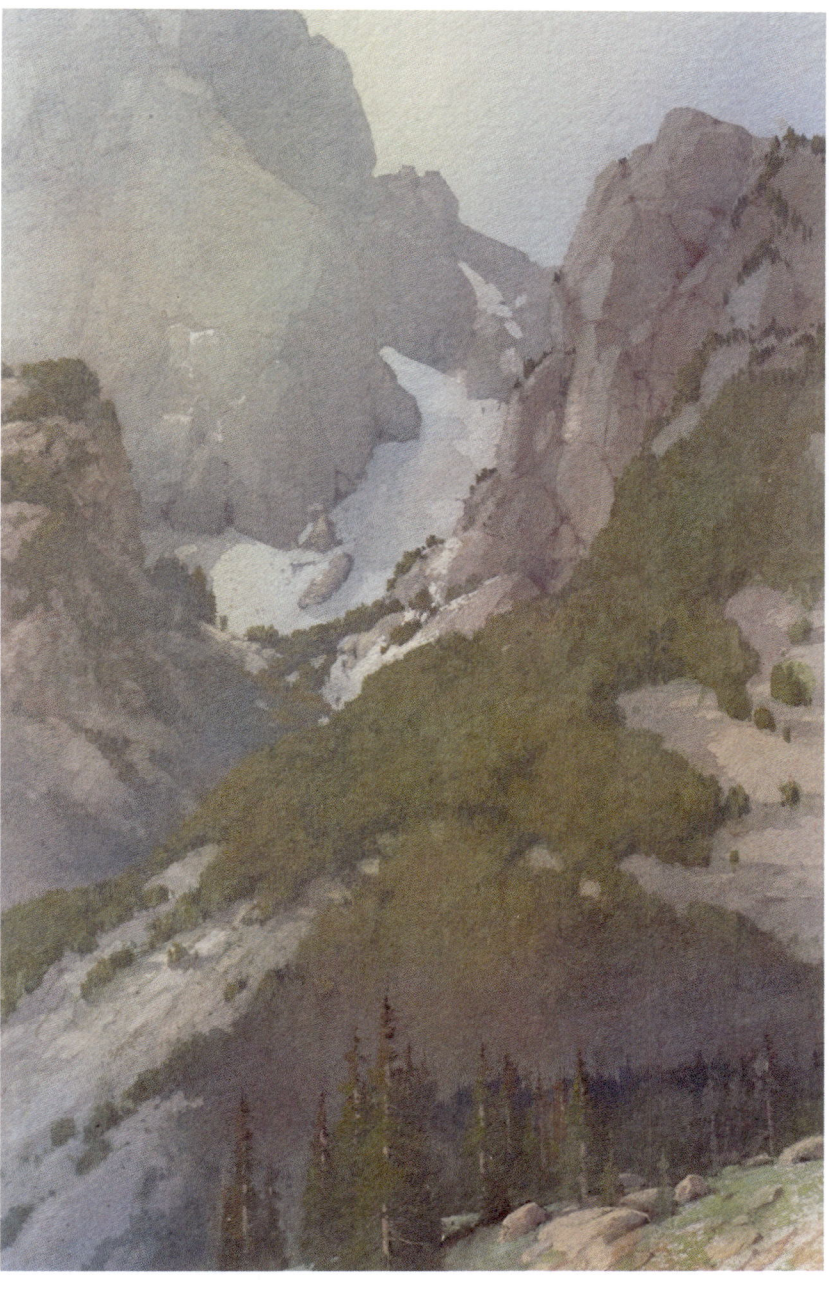

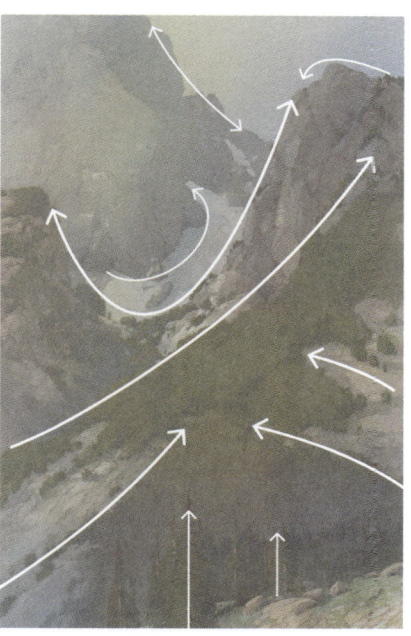

MOVIMIENTO DIRECTO E IMPLÍCITO

Mitchell Albala, *Camino del canal*
Pastel sobre papel, 13 × 20,5 cm

Con el movimiento directo, la mirada sigue un recorrido continuo, como el contorno de la cima de una montaña o el borde de un camino. Por el contrario, el movimiento implícito crea una conexión tácita entre dos o más puntos, como si uniera una serie de puntos. En *Camino del canal*, el recorrido directo está indicado con una línea continua. Nuestra mirada asciende por la calle vertical de la derecha, gira bruscamente a la izquierda, vuelve a subir en diagonal y gira de nuevo a la derecha. Las líneas discontinuas indican los movimientos implícitos. La mirada salta de tejado en tejado hasta llegar al canal, en la parte superior derecha.

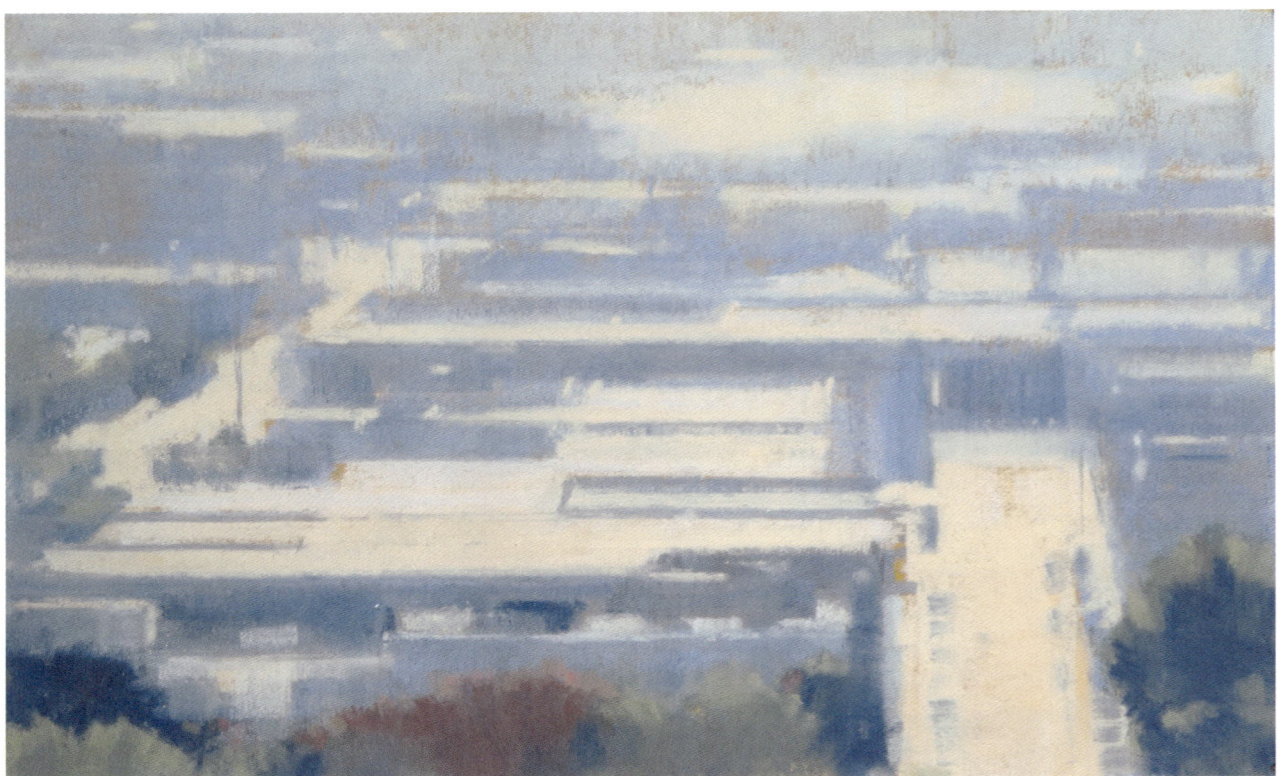

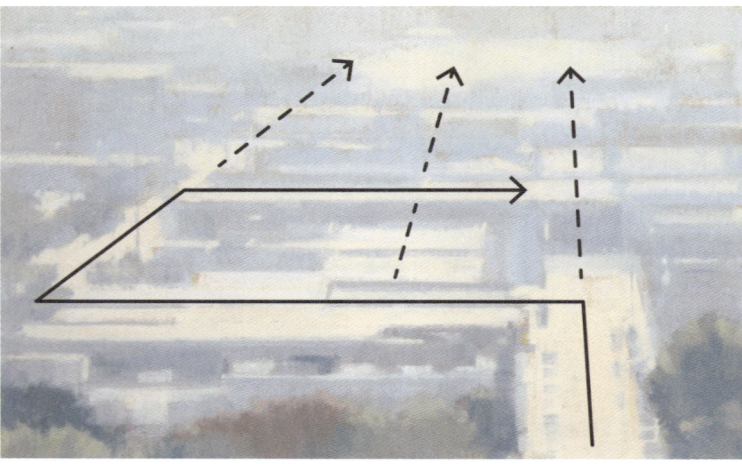

MOVIMIENTO CIRCULAR

El círculo es un armazón compositivo probado, donde la mirada sigue un recorrido completo, o casi completo, alrededor de la pintura. Aun así, el movimiento circular no tiene por qué ser un círculo propiamente dicho, sino que puede ser ovalado, triangular o incluso rectangular, siempre y cuando guíe la mirada por todo el cuadro. El movimiento circular confina la mirada a los límites de la composición.

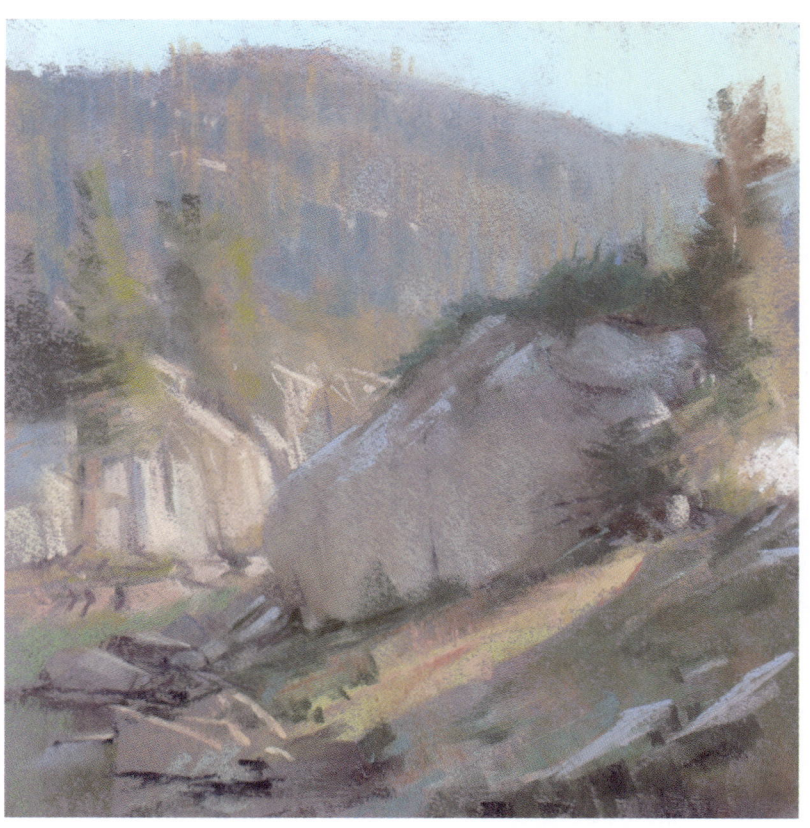

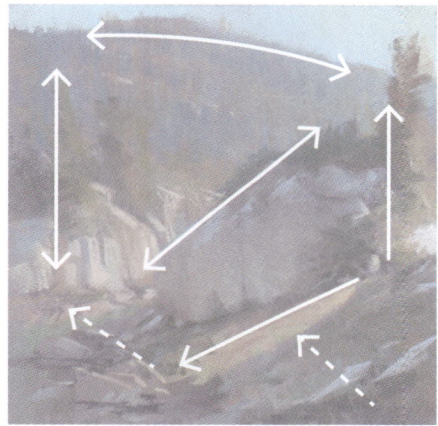

Bill Cone, *El estanque Garnet*
Pastel sobre papel, 23,5 × 23 cm

En *El estanque Garnet*, los recorridos directos están indicados con líneas continuas: a lo largo de la cresta montañosa, arriba y abajo de los árboles de los lados y a lo largo de la pendiente del primer plano. Juntos, estos recorridos forman un trayecto más o menos circular alrededor del cuadro. La diagonal que cruza la parte central une la parte superior derecha y la inferior izquierda. El recorrido implícito, indicado por las líneas discontinuas, no sigue una línea o un contorno continuo, sino que salta entre las rocas como si uniera una línea de puntos.

ESPACIO NEGATIVO ACTIVO

En general, el espacio negativo se define como el área que se encuentra entre los elementos «positivos» de un motivo o alrededor de ellos. En la pintura figurativa o las naturalezas muertas, por ejemplo, normalmente es el espacio que hay detrás del motivo, en segundo plano. En los paisajes, lo más parecido es el cielo, que se ve como un enorme telón de fondo detrás de todos los elementos terrestres. Pero en la composición paisajística hay otros grandes espacios que tienen un comportamiento parecido, como los grandes cuerpos de agua, los campos o las calles vacías que avanzan hacia el espectador. No son espacios negativos en el sentido tradicional, sino formas «positivas», pero como son tan grandes y de colores a menudo uniformes, actúan como si lo fueran.

Si estas zonas no se activan adecuadamente (si se tratan como espacios «vacíos»), no se verán como una parte completamente integrada de la composición. No queremos que una parte de la pintura se vea separada de otra. Los espacios negativos pueden activarse de varias maneras:

- Con la variación del color y/o el valor dentro del espacio negativo.
- Con la división del espacio negativo en porciones más pequeñas (espacio negativo cerrado).
- Con la incorporación de señales espaciales al espacio negativo, como nubes en el cielo, surcos en un campo o reflejos en el agua.

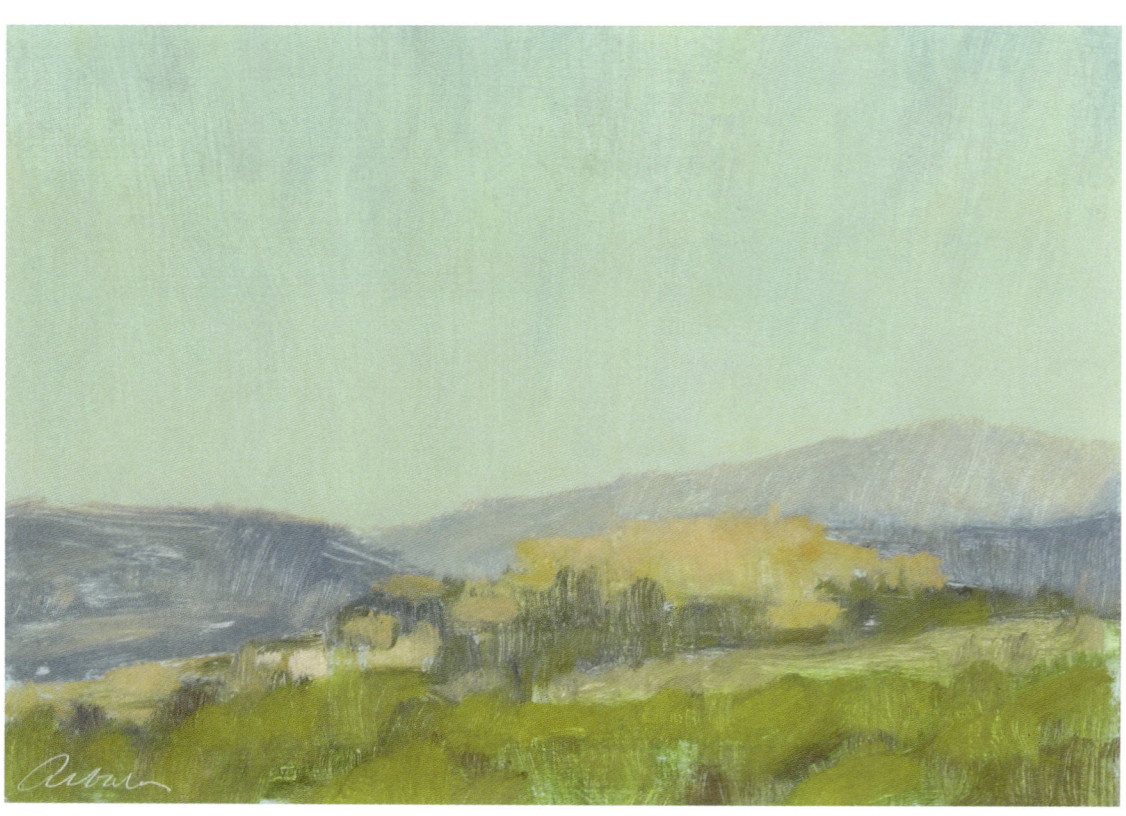

ACTIVACIÓN DE LOS CIELOS CON VARIACIÓN DE COLOR Y TONO

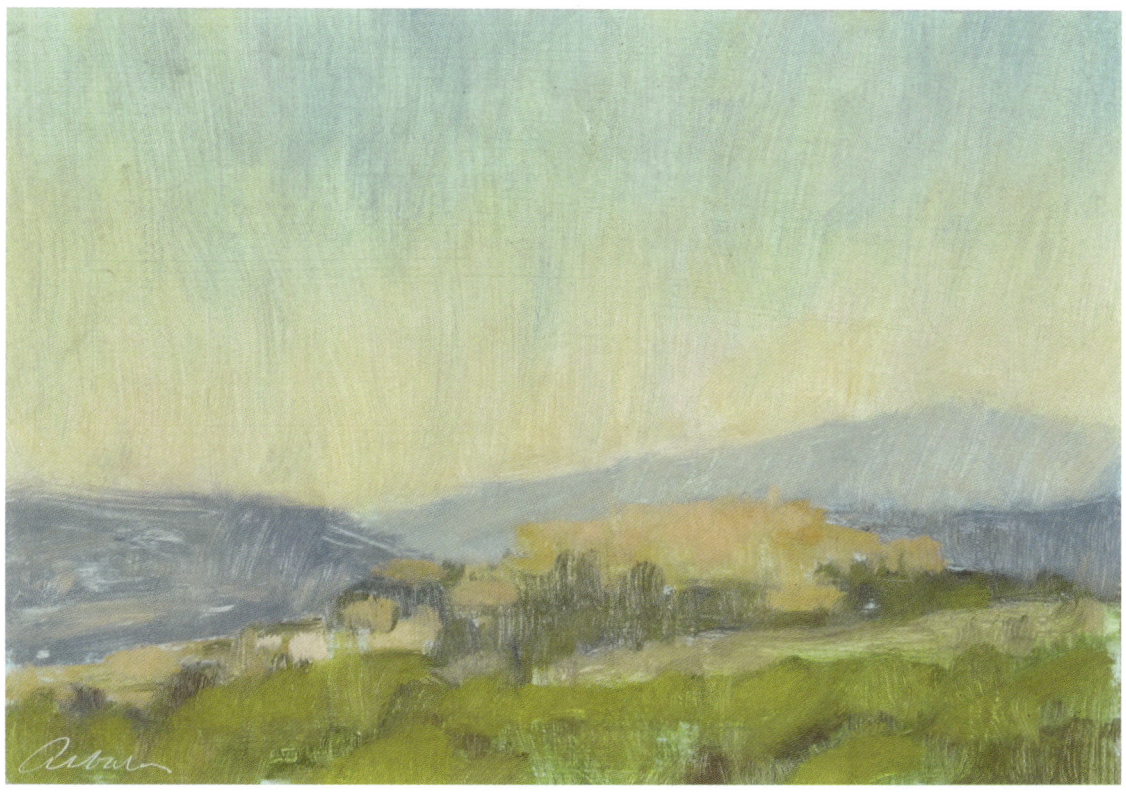

Mitchell Albala, *Montegabbione, Umbría*
Óleo sobre papel, 13 × 18 cm

¿Cómo hay que activar un cielo sin nubes para que se convierta en algo más que un telón de fondo vacío? En la pintura *Montegabbione* original de la página anterior, el cielo tiene un cambio notable de tono, temperatura y valor. Esto lo activa y le confiere más dimensión que si fuera de un tono uniforme, que es lo que vemos en la versión modificada. Cuando se prescinde de la variación de colores y tonos, se ve plano y menos interesante. En general, evite pintar el cielo como un color plano invariable.

OBSERVE: La variación de colores y tonos del cielo no es una invención artística. En realidad, los cielos tienen estas gradaciones, y deberíamos buscarlas siempre. Cuanto más cerca del amanecer o del atardecer, más aparentes serán.

ACTIVACIÓN DEL CIELO CON ESPACIO NEGATIVO CERRADO

Alvaro Castagnet, *Serie urbana de Montevideo*
Acuarela, 101,5 × 66 cm

El cielo también puede activarse con espacio negativo cerrado. Cuando partes del motivo (como un árbol, un poste telefónico o una azotea) están en contacto, o casi, con el borde de la pintura, el espacio negativo se descompone en fragmentos. Dos o tres segmentos de espacio negativo son visualmente más interesantes que uno solo. Aquí, Castagnet permite que la esquina más alta del edificio toque el borde superior, dividiendo el cielo en dos segmentos principales de distintos tamaños. Los cables de teléfono y las farolas descomponen aún más el espacio negativo más grande.

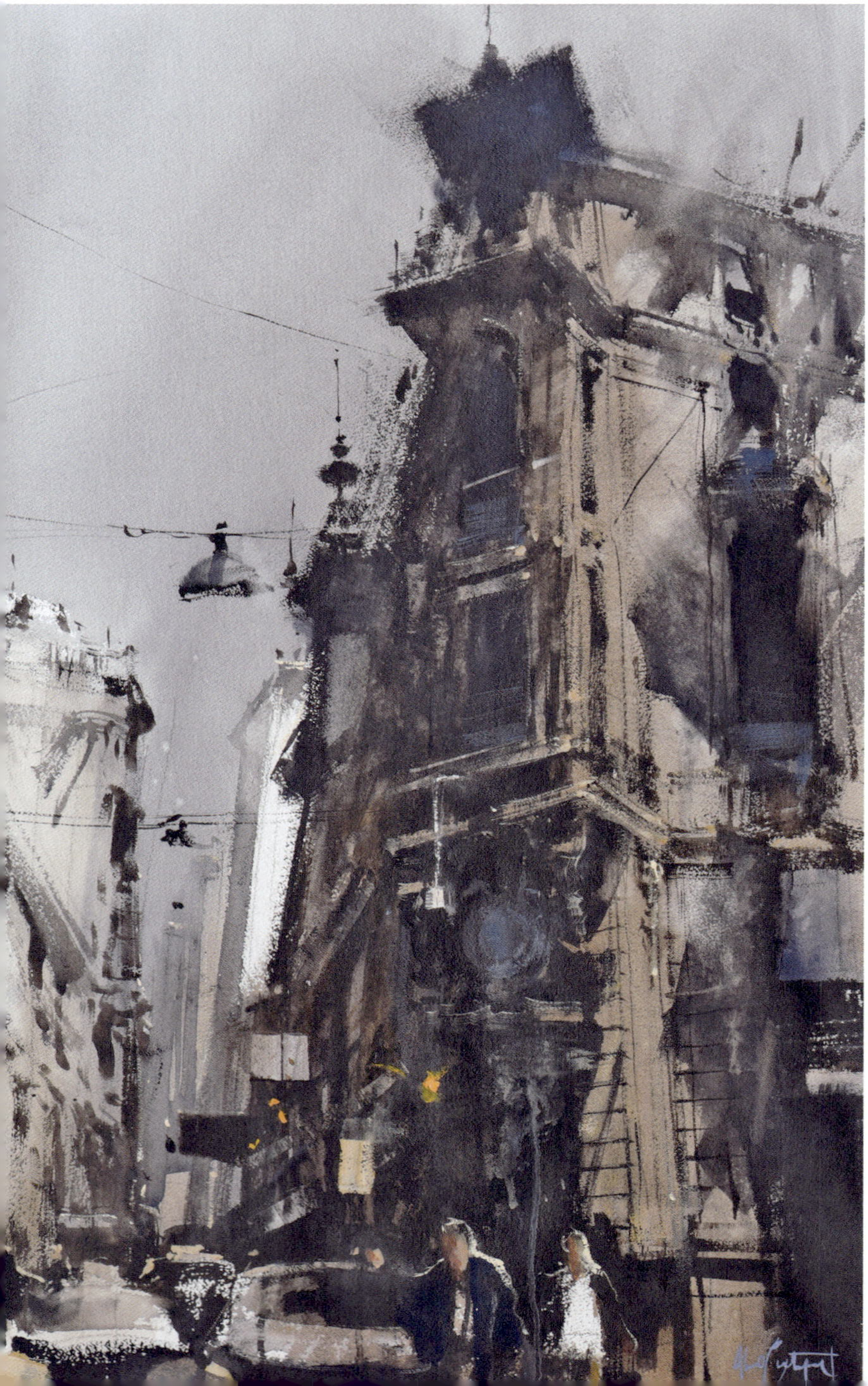

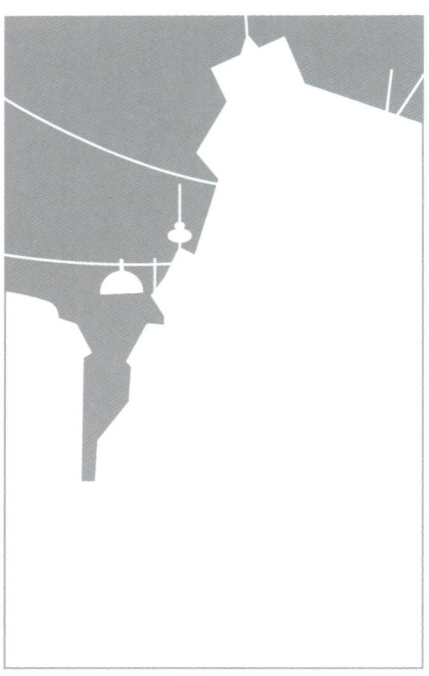

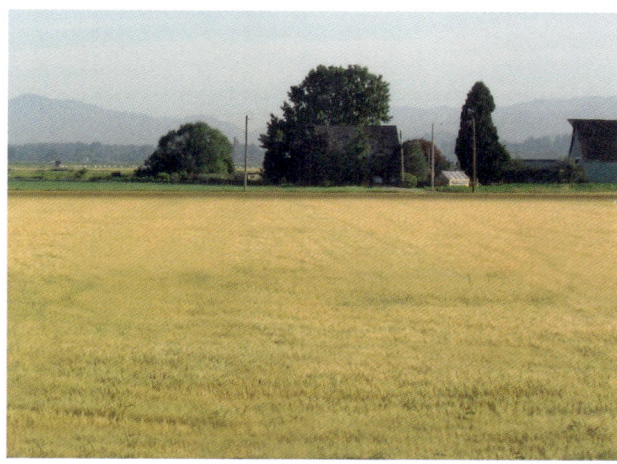
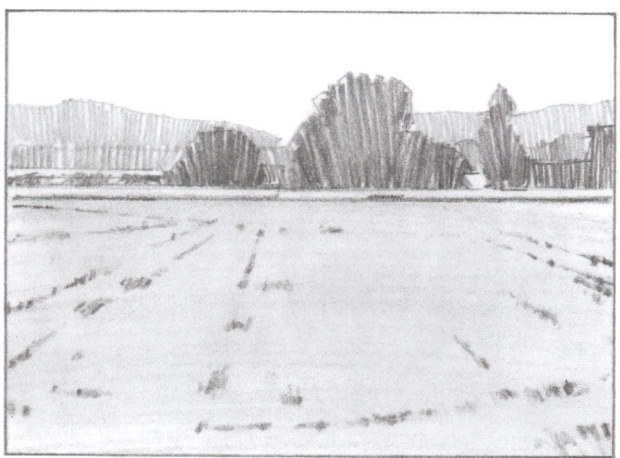

ACTIVACIÓN DEL PLANO DE TIERRA EN UN ENTORNO NATURAL

El elemento dominante de este motivo es el campo, pero carece de señales visuales que guíen la vista por encima de la superficie y a lo lejos. Al realzar los sutiles surcos y líneas del suelo y acentuar la perspectiva lineal, el campo gana mucho más interés. En algunos motivos es necesario exagerar las señales visuales existentes. En otros, puede que tenga que inventárselas. El truco está en no excederse. Pueden bastar unos cuantos detalles o señales espaciales para dar vida al espacio negativo.

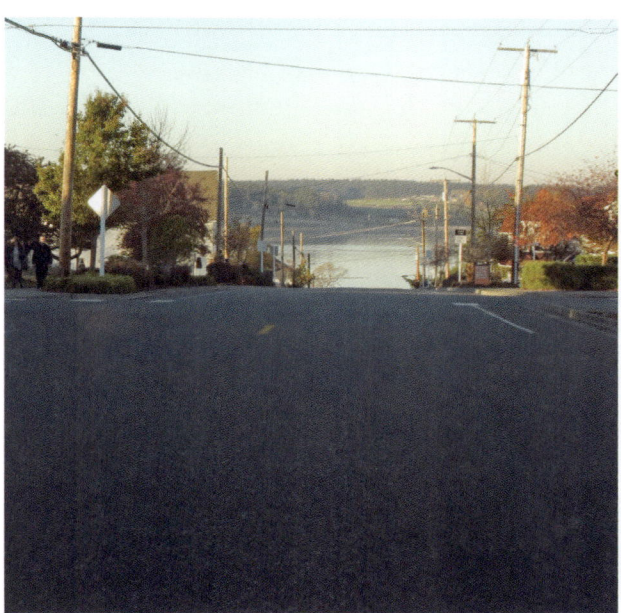
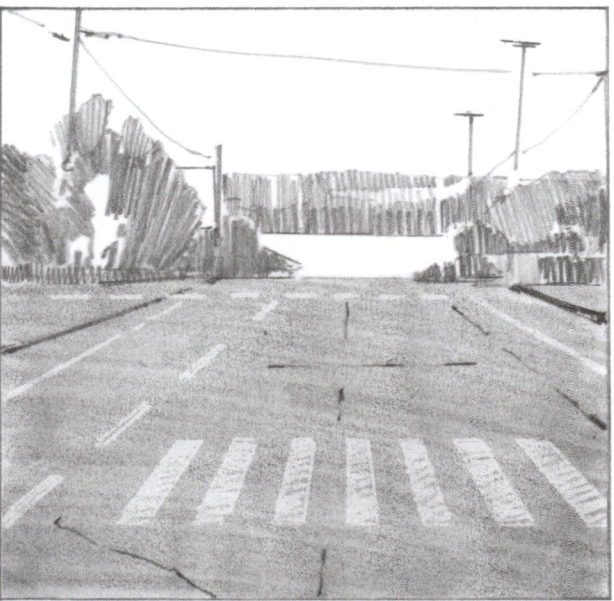

ACTIVACIÓN DEL PLANO DE TIERRA EN UN ENTORNO URBANO

Las carreteras que avanzan en dirección al espectador pueden ser una entrada efectista a una pintura. Sin embargo, en esta escena el espacio negativo de la carretera está vacío y parece descolgarse por el borde inferior, como un plano vertical. Pero, al añadir señales de perspectiva (grietas, un paso de cebra y líneas blancas), la carretera se ve más activa. Forma parte de la composición tanto como la parte superior. Fíjese en que la incorporación del paso de cebra eleva la parte de la carretera más próxima a nosotros, de modo que ya no parece un plano vertical.

PREGUNTAS DE REPASO:
LA COMPOSICIÓN EN ACCIÓN

VARIACIÓN

¿En qué se diferencian los tamaños de las formas?

Formas grandes frente a formas pequeñas; formas principales frente a formas secundarias. Las diferencias de tamaño hacen que una composición resulte más variada e interesante. ¿Puede componer la pintura de modo que intensifique las diferencias de tamaño?

¿Cuál es la superficie relativa destinada al cielo en comparación con el suelo o el agua?

La superficie relativa destinada al cielo en comparación con el suelo o el agua suele ser la diferencia de tamaño más notable de una composición. ¿El motivo domina el cielo o, por el contrario, el suelo o el agua? ¿Cuál es la diferencia de tamaño? ¿Puede ser mayor? ¿Cómo afectaría esto a la interpretación del espacio?

¿Los espacios que hay entre las formas son lo bastante variados?

¿Los intervalos son iguales o hay diferencias de ritmo y espaciado entre los elementos? Cuanto más varíen los intervalos, más convincente será la composición.

¿Cómo varía el peso visual de los elementos?

El peso visual puede verse afectado por el tamaño, el color o la posición. Procure que no haya demasiados elementos con el mismo peso visual.

¿Existe una diferencia adecuada en la cantidad de valores claros y oscuros?

Una proporción distinta de luz y oscuridad es una manera de aplicar variación en toda la composición.

¿Cómo afectan los colores de la pintura a la composición?

El tamaño afecta al peso visual o a la densidad de una forma, pero también lo hace su color. La variación de color aporta interés a la complejidad visual.

MOVIMIENTO

¿Cuáles son las vías de movimiento del motivo?

Uno de los criterios de un buen motivo es poseer vías de movimiento que permitan a la vista desplazarse por la imagen. ¿El movimiento se produce de manera natural? ¿Puede potenciar el efecto de movimiento realzando o exagerando determinados elementos?

¿Hay alguna perspectiva lineal del motivo a la que pueda sacar partido?

Las diagonales que forman la perspectiva lineal no solo sirven de contrapunto al movimiento horizontal y vertical, sino que son la manera más directa de sugerir profundidad. Incluso los pequeños ángulos y la perspectiva superficial pueden instigar movimiento.

¿El movimiento es directo o implícito?

¿El movimiento es *directo*, se encuentra a lo largo de los contornos y los bordes de los elementos? ¿O está *implícito*, es decir, se forma uniendo distintos elementos de la composición como si se uniera una línea de puntos?

ESPACIO NEGATIVO ACTIVO

¿Los espacios negativos de su composición están completamente activados?

Los cielos, los cuerpos de agua, los campos o las calles vacías pueden ocupar grandes zonas de un motivo. ¿Están inactivos, vacíos o planos? ¿Cómo puede añadir interés a estas zonas?

¿El cielo es una parte activa de la imagen o se trata como un telón de fondo azul vacío?

¿Sería más activo si incorporara variaciones de color y/o valor en el mismo? ¿Hay alguna forma de aplicar un espacio negativo *cerrado*? Si un árbol, una montaña, un poste telefónico o un edificio están en contacto con el borde de la pintura, el cielo se descompondrá en fragmentos más pequeños, lo que resulta más interesante que si fuera uniforme.

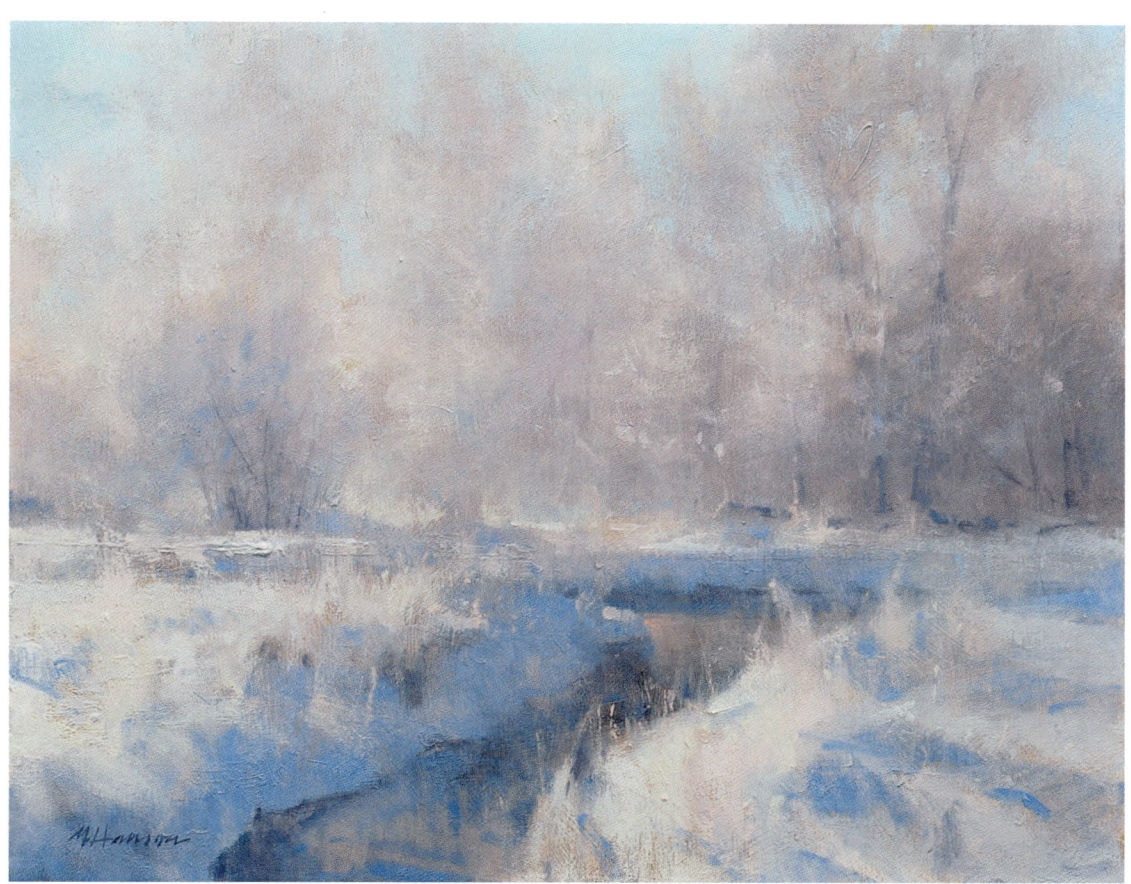

Marc Hanson, *Una helada apacible*, óleo sobre lino, 40,5 × 51 cm

¿Cuál es la dirección del movimiento?

¿El movimiento es principalmente horizontal o vertical? ¿Hay diagonales que contrarresten el movimiento horizontal y vertical? ¿La vista puede recorrer la composición de manera circular? ¿En zigzag? En general, una composición gana interés cuando existe una interactuación de horizontales, verticales y diagonales.

EJERCICIO: **RECORTES DE PAPEL: ASPECTOS DE LA VARIACIÓN**

PLANTEAMIENTO: En este ejercicio, creará una composición plana y simplificada de un «bosque», aplicando tantos aspectos de variación como sea posible. Trabajará con recortes de papel, como si fuera un *collage*, de solo tres valores: blanco, negro y gris medio. Utilice cinco, seis o siete árboles y un plano de tierra. Este ejercicio parece sencillo y básico, pero no es fácil. Le costará evaluar la variación a todos los niveles.

NOTA: Cuantos más árboles incluya, más difícil será el ejercicio. Cuantos más intervalos haya, más le costará hacerlos todos distintos.

MATERIALES: Papel blanco, negro y gris (cartulina o papel de color para carboncillo) | Tijeras y/o cúter | Pegamento en barra o cinta adhesiva transparente (reutilizable) | Cola blanca | Regla metálica de precisión o regla de plástico

CONSEJO

En este ejercicio hay una tendencia a no explayarse con la variación. Los estudiantes hacen los árboles de distintos grosores, pero no lo bastante. O modifican los intervalos, pero solo un poco. Cuanta más variación, mejor. A medida que haya más variación, verá que la composición gana fuerza y dinamismo.

PASO 1: PUESTA EN ESCENA

Empiece con una hoja de papel de 20,5 × 25,5 cm, aproximadamente. El ejercicio le resultará más fácil si la base es blanca, pero también puede ser gris o negra. El formato puede ser horizontal, vertical o cuadrado. Aunque la composición recuerda vagamente a un bosque, evite que quede demasiado figurativa o detallista. En ese caso no hace falta demasiada destreza o refinamiento.

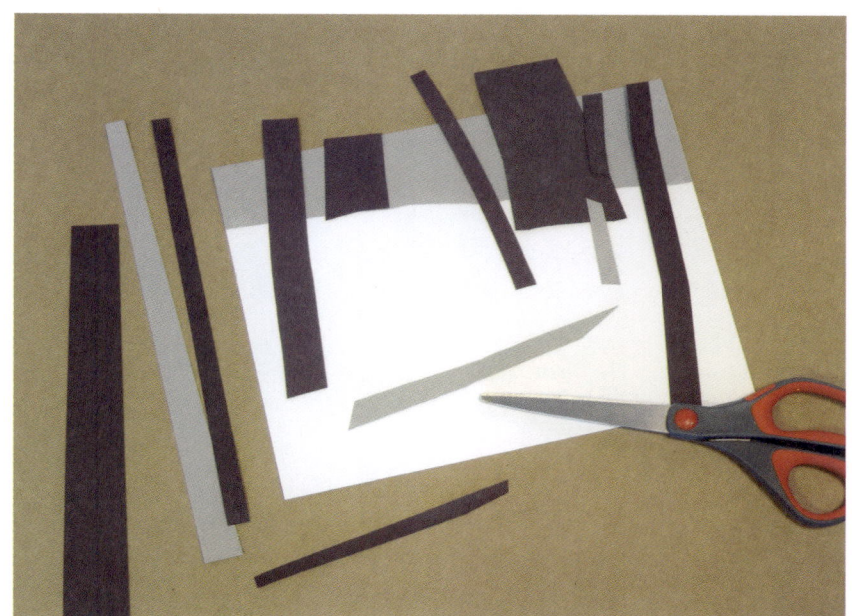

PASO 2: DISEÑO

Corte tiras de papel de distintos grosores y de distintos tonos. (También puede rasgarlo, con lo que obtendrá bordes diferentes). Cree un plano de tierra y decida si quedará por encima o por debajo de la línea media. Mientras sitúa las formas, pregúntese en todo momento: ¿En qué se diferencia el grosor de este árbol de ese otro? ¿En qué se diferencian sus ángulos? ¿Y sus alturas? Preste especial atención a los intervalos (espacios) entre los árboles. No debería haber dos iguales. Compruebe en todo momento que existe variación y evite la uniformidad. Pegue provisionalmente las piezas con pegamento en barra o cinta adhesiva transparente reutilizable. Haga fotos de sus progresos, así podrá remitirse a las versiones anteriores de su diseño.

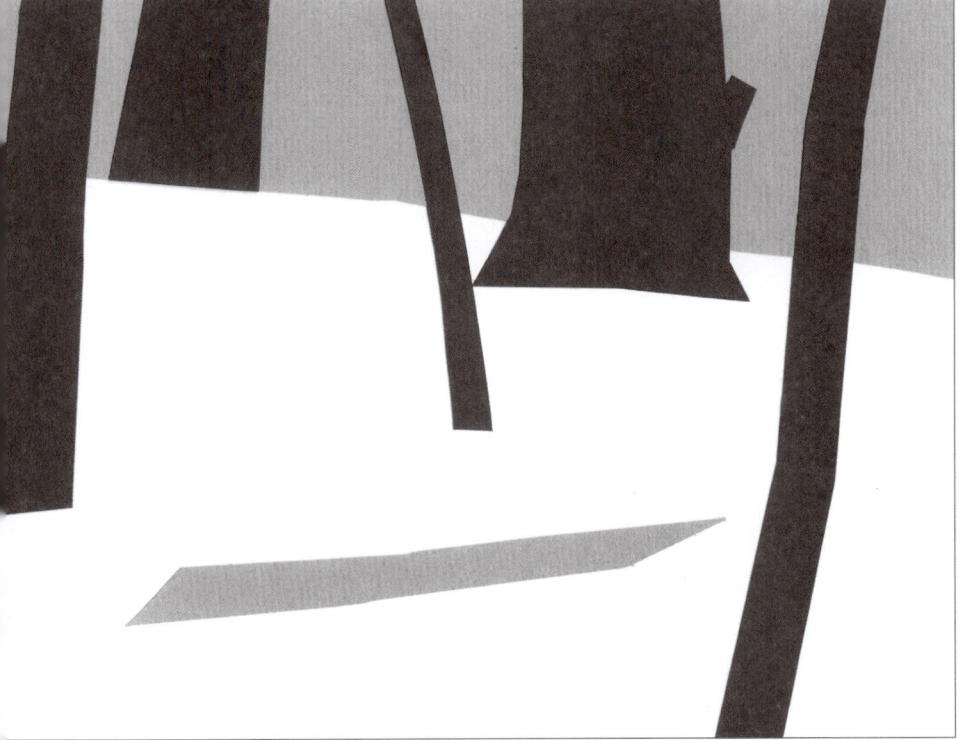

PASO 3: COMPOSICIÓN FINAL

Cuando termine, pegue definitivamente las piezas con pegamento en barra o un poco de cola blanca. Fíjese en que cada árbol tiene un peso visual distinto, como indica su grosor. Hay un árbol de un valor distinto. Cada árbol está en un ángulo diferente, incluido el caído, que está prácticamente en horizontal. Cada uno de los intervalos grises entre los árboles negros de arriba también es distinto.

EJERCICIO: **TRAZADO DE LAS VÍAS DE MOVIMIENTO**

PLANTEAMIENTO: El movimiento es un magnífico recurso para mantener la mirada del espectador activa y absorta. Este ejercicio está pensado para mejorar la percepción del movimiento. En la **Primera parte** hará un croquis o un «mapa» de las vías de movimiento que encuentre en una pintura existente. En la **Segunda parte** hará lo mismo con uno de sus propios motivos. Estos mapas de movimiento se dibujarán a mano, pero son parecidos a los diagramas de *El estanque Garnet* de Bill Cone (página 69) y *Pasaje primaveral* de Cindy Baron (página 67).

MATERIALES: Papel vegetal | Lápiz blando (2B a 6B) | Cinta adhesiva | Goma de borrar

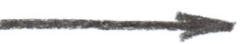

Remate las líneas con puntas de flecha para indicar la dirección del movimiento. Si fluye en ambas direcciones, dibuje una punta en cada extremo.

Indique los movimientos fuertes con líneas más gruesas y los más sutiles mediante líneas más finas.

Trace líneas continuas para las vías directas y líneas discontinuas para las vías indirectas.

PASO 1: TRAZADO DEL MOVIMIENTO EN UNA PINTURA ORIGINAL

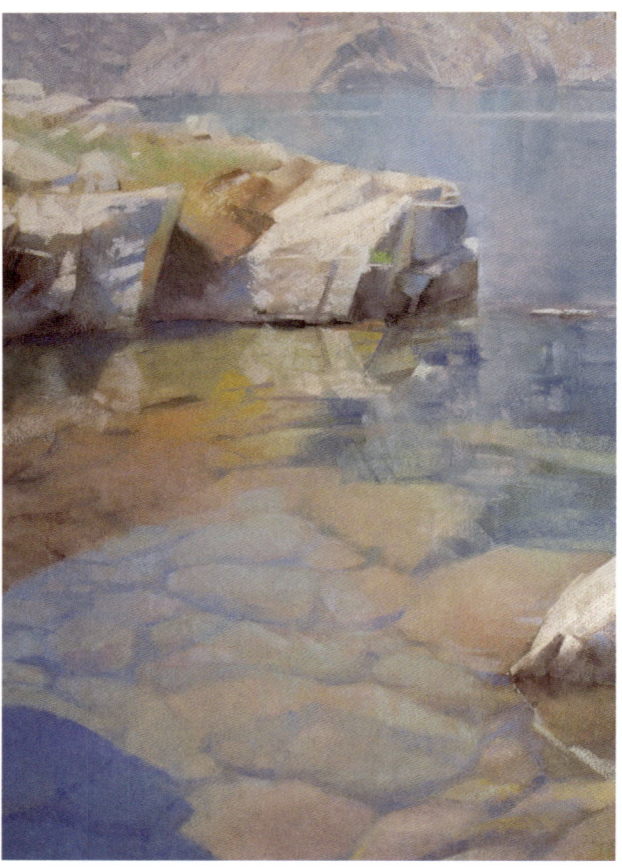

Bill Cone, *La orilla del iceberg*,
Pastel sobre papel *51 × 35,5 cm*

PASO 1: ELECCIÓN DE LA PINTURA

Elija una pintura clásica o contemporánea, de cualquier técnica, que sugiera movimiento. Para este ejercicio he elegido *La orilla del iceberg* de Bill Cone. Hay varias vías de entrada a lo largo de las rocas de la parte inferior. También hay saltos claros del primer plano al intermedio y, luego, al segundo plano a través de vías directas e indirectas.

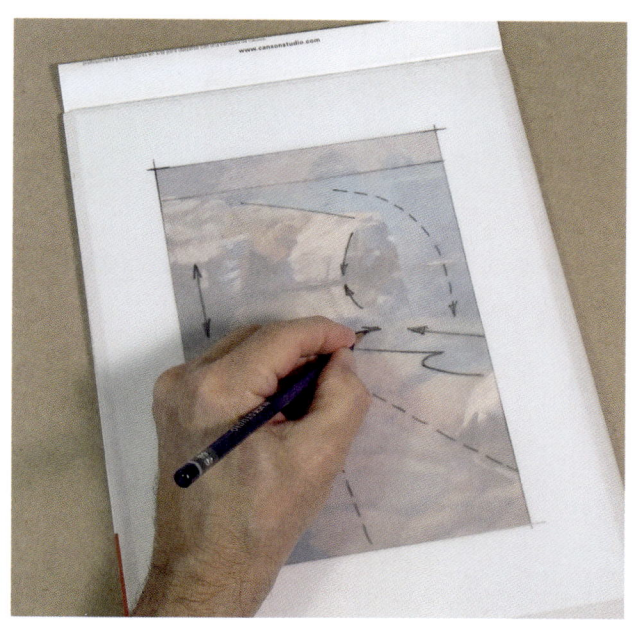

PASO 2: TRAZADO

Pegue un trozo de papel vegetal con cinta adhesiva sobre la pintura original. Empiece a trazar líneas que sugieran las vías de movimiento que ve en la pintura. Utilice un lápiz blando, así podrá borrar y hacer modificaciones. Algunas vías pueden coincidir con el borde de los elementos, otras no. Las líneas deberían indicar la dirección y el flujo de los movimientos.

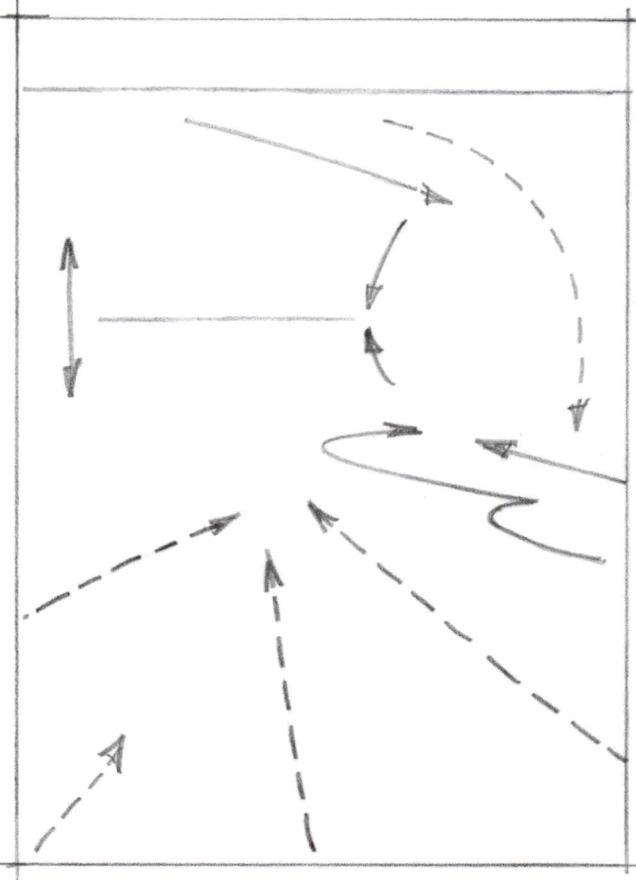

PASO 3: MAPA TERMINADO

Si pensamos en el croquis como si fuera un mapa del tiempo, nuestras líneas de movimiento son como las indicaciones de la dirección del viento. Los movimientos más dinámicos de *La orilla del iceberg* se encuentran en la parte inferior, donde varias vías pasan por encima de las rocas sumergidas. Fíjese en que, a medida que vamos hacia arriba (más atrás en el espacio), la energía del movimiento se calma. En la parte superior, la línea horizontal de la orilla es el movimiento más tranquilo de todos y, por tanto, se indica con una línea más clara. Aunque algunas líneas de movimiento coinciden con el borde de los elementos, el mapa no debería parecerse a un dibujo de los contornos de la pintura. Si fuera así, querrá decir que posiblemente se ha centrado demasiado en las formas y los contornos y no en las vías que recorre naturalmente la vista.

PASO 2: TRAZADO DEL MOVIMIENTO EN SUS COMPOSICIONES

La **Primera parte** de este ejercicio ha sido un calentamiento para el verdadero reto: encontrar el movimiento en sus propias composiciones.

EJEMPLO 1

En términos de movimiento, lo más interesante de esta composición es cómo la silueta de los árboles se une con la orilla para formar una vía más o menos circular (ovalada). El borde inferior de las nubes evoca este efecto. Las flechas más cortas del árbol izquierdo y del edificio del centro indican movimientos más pequeños pero importantes.

TENGA EN CUENTA QUE: Si cinco pintores distintos crearan un mapa de esta composición, no habría ninguno idéntico. En lo que respecta al movimiento, hay margen para la interpretación.

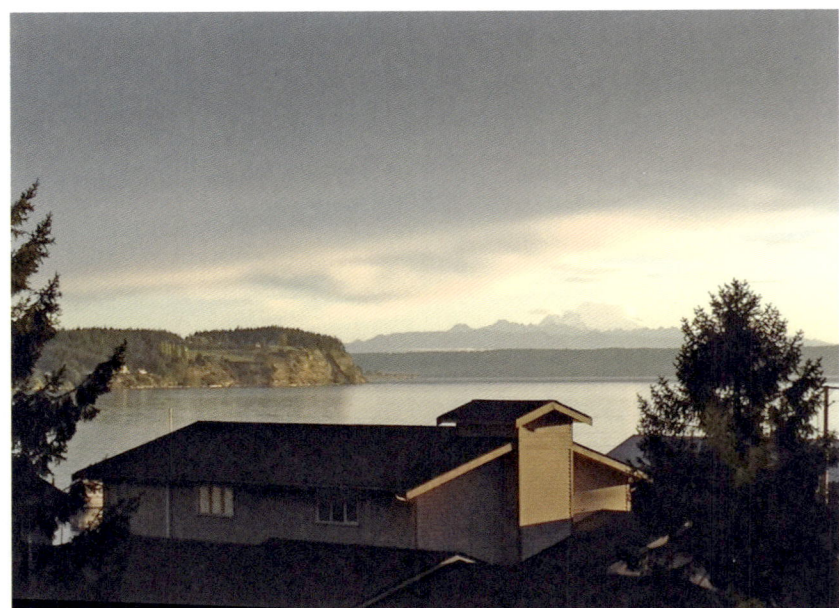

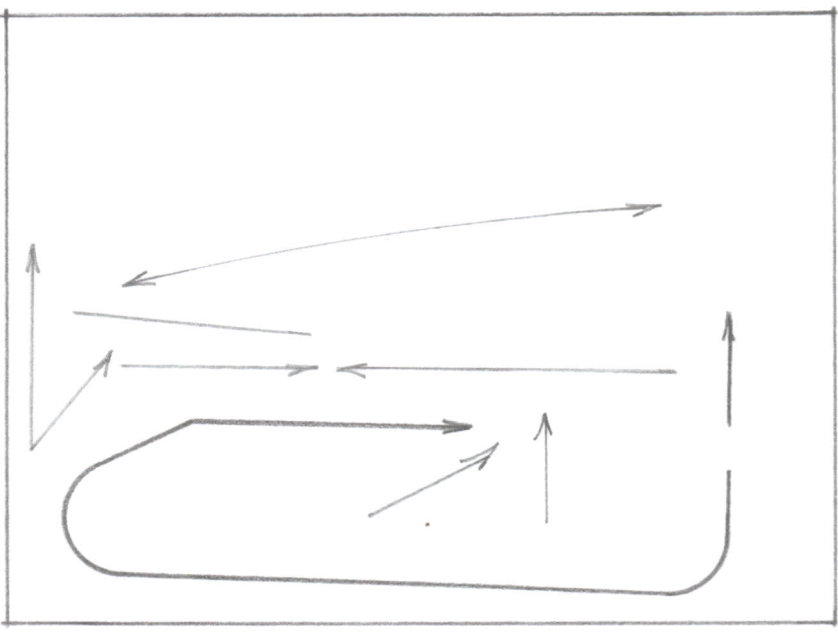

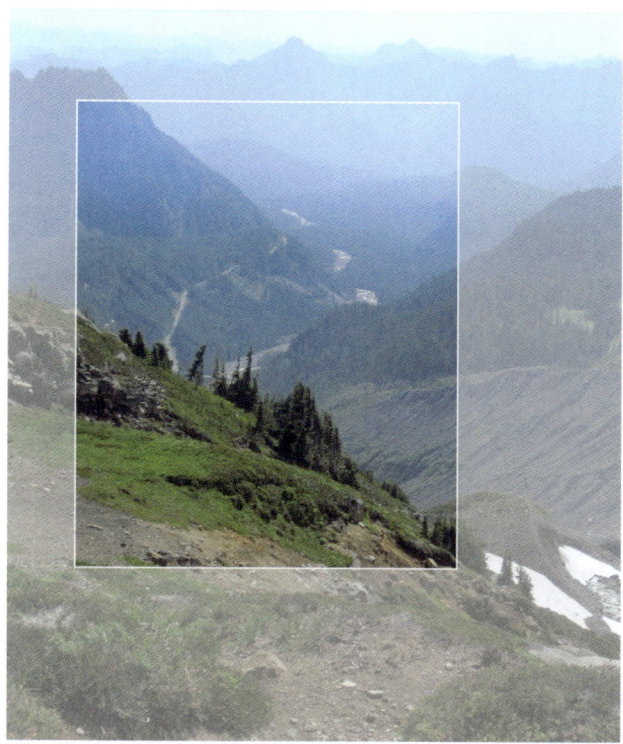

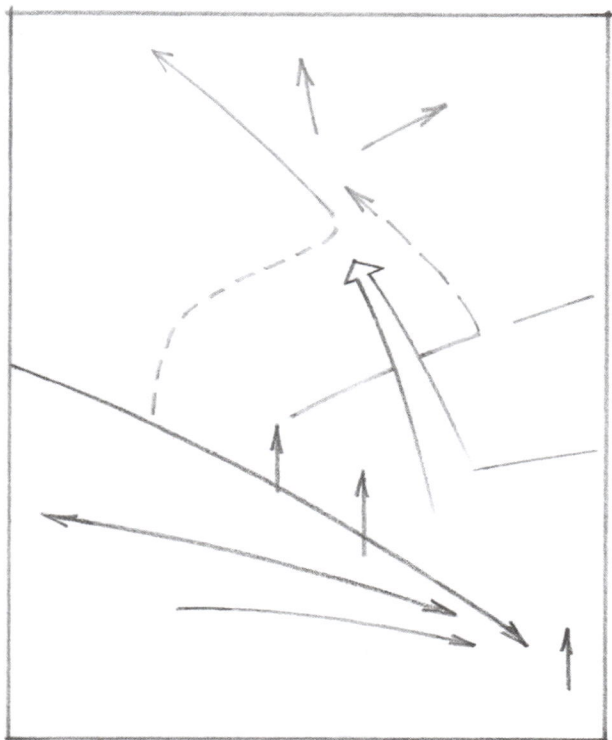

Foto: Carol Sandor

EJEMPLO 2

A menudo damos más atención al movimiento de una escena por la manera en la que encuadramos el paisaje. La escena «precompuesta» original sugiere un espacio expansivo y profundo, pero dedica casi la misma superficie al primer plano y al fondo azul, lo que debilita el impacto de ambos. Al cerrar el encuadre, y permitir que el fondo sea la parte dominante, la atención recae sobre todo en el punto de interés principal de la escena: el espacio azul profundo y la perspectiva atmosférica más allá del primer plano.

Esta escena tiene muchas diagonales, que son una manera directa de sugerir movimiento. Aun así, el movimiento más fuerte de la composición final está completamente implícito. La vista se siente atraída por la cresta de primer plano, a través de los bordes diagonales de las cumbres, y se pierde en el espacio que hay detrás (indicado con la flecha gruesa del centro). A veces las vías implícitas proporcionan el movimiento más destacado de una composición.

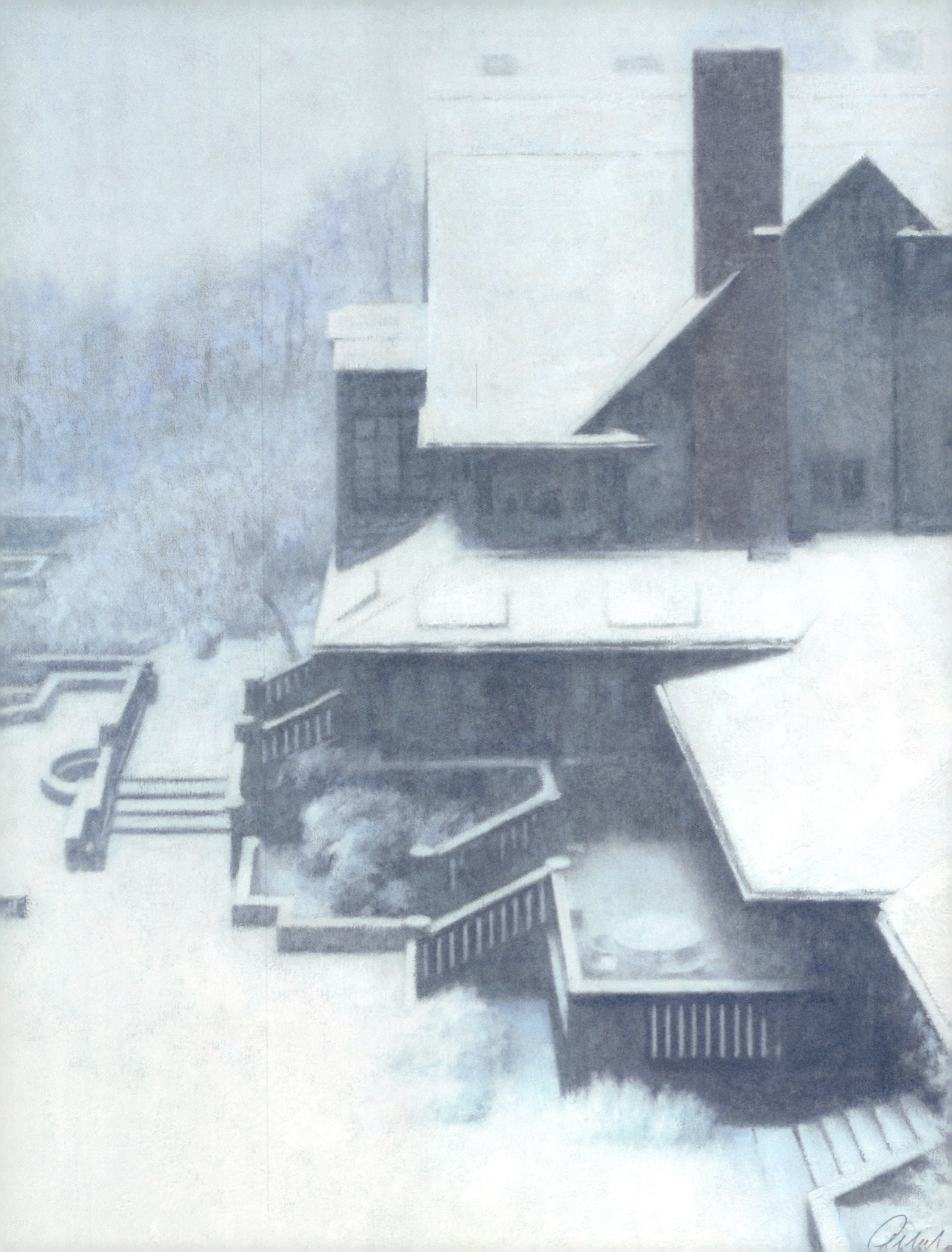

4

LA TÉCNICA NOTAN Y EL ESTUDIO COMPOSITIVO

Una buena composición no es accidental, sino el resultado de decisiones deliberadas sobre la estructura de la pintura. Debemos tener en cuenta el encuadre que rodea el motivo y cómo se relacionan entre sí las partes que conforman este último. El mejor momento para reflexionar sobre estas cuestiones es al principio, cuando la pintura se encuentra en la fase más formativa. Del mismo modo que un mapa es una valiosa ayuda para el explorador que se adentra en territorio desconocido, un estudio compositivo permite a los pintores explorar sus opciones antes de empezar su obra.

Las formas son los elementos fundamentales de la composición, por lo que cualquier tipo de estudio compositivo también debe estar orientado a las mismas. Y ninguno lo está tanto como el notan. En este capítulo veremos el planteamiento contemporáneo del notan como una herramienta para identificar formas y diseños y, al final, encontrará ejercicios para aprender a aplicar este tipo de estudio en sus pinturas.

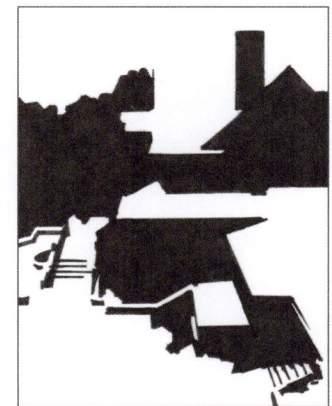

◄ Mitchell Albala, *Escaleras de jardín en invierno*
Óleo sobre lienzo, 71 × 53,5 cm

El notan define las formas y los diseños esenciales de una composición. Cuando el notan de base está muy definido, la pintura que se construye encima, con todos sus colores y detalles, también lo está.

DEFINICIÓN DEL NOTAN

El notan es un tanto misterioso. Tiene un nombre exótico y suele malinterpretarse como un estudio de valores, cosa que no es. *Notan* es una palabra japonesa que significa «equilibrio entre luz y oscuridad». Es un principio de diseño que sugiere que la fuerza y el equilibrio de la composición radican en una relación armoniosa entre las formas claras y oscuras.

La mayoría de las descripciones del notan coinciden con la anterior. Se define en términos de «claros y oscuros», lo que para los pintores es lo mismo que «valores» o «tonos». Por mi experiencia con esta técnica, tanto dentro como fuera del aula, he descubierto que, si se considera meramente un estudio de valores, puede impedir que apreciemos su aplicación más amplia como una manera de definir formas y diseños, que son los elementos fundamentales de una composición.

CÓMO FUNCIONA EL NOTAN

El paisaje es un lugar abarrotado, con elementos de todas las formas y tamaños, innumerables gradaciones de valores y colores, e infinitos detalles. Todo esto influye en la pintura final, pero también puede ocultar las formas y los diseños básicos que tenemos que identificar desde el principio.

En el capítulo 1 aprendimos que, cuando nos ponemos el límite de cinco valores, las formas se distinguen más claramente. Con el notan, llevamos este ejercicio un paso más allá. Si utilizamos solo dos o tres valores, las formas básicas se definen aún más. Y, cuanto más definidas estén, mejor podremos ver aspectos de la composición como la variación, el movimiento y el espacio negativo.

El notan es como una lente perceptiva que nos permite explorar la composición en sus términos más básicos e irreductibles de la forma. Es el método más directo de acceder a las energías subyacentes que animan una composición.

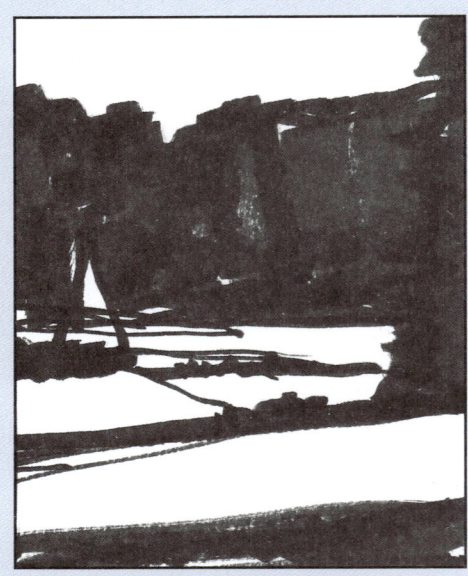

EL NOTAN Y EL PAISAJE

La clave visual ultrasimplificada del notan podría parecer una opción improbable para el paisajista, cuyo mundo está repleto de contenido y detalles. Sin embargo, es exactamente el tipo de estudio que necesitamos. Para los paisajistas, la simplificación y la agrupación son imperativos visuales. Sin la capacidad de simplificar, somos incapaces de destilar la miríada de formas del paisaje en diseños organizados. El notan nos incentiva (o, más bien, nos obliga) a pensar en términos de formas y diseños, los elementos fundamentales de la composición.

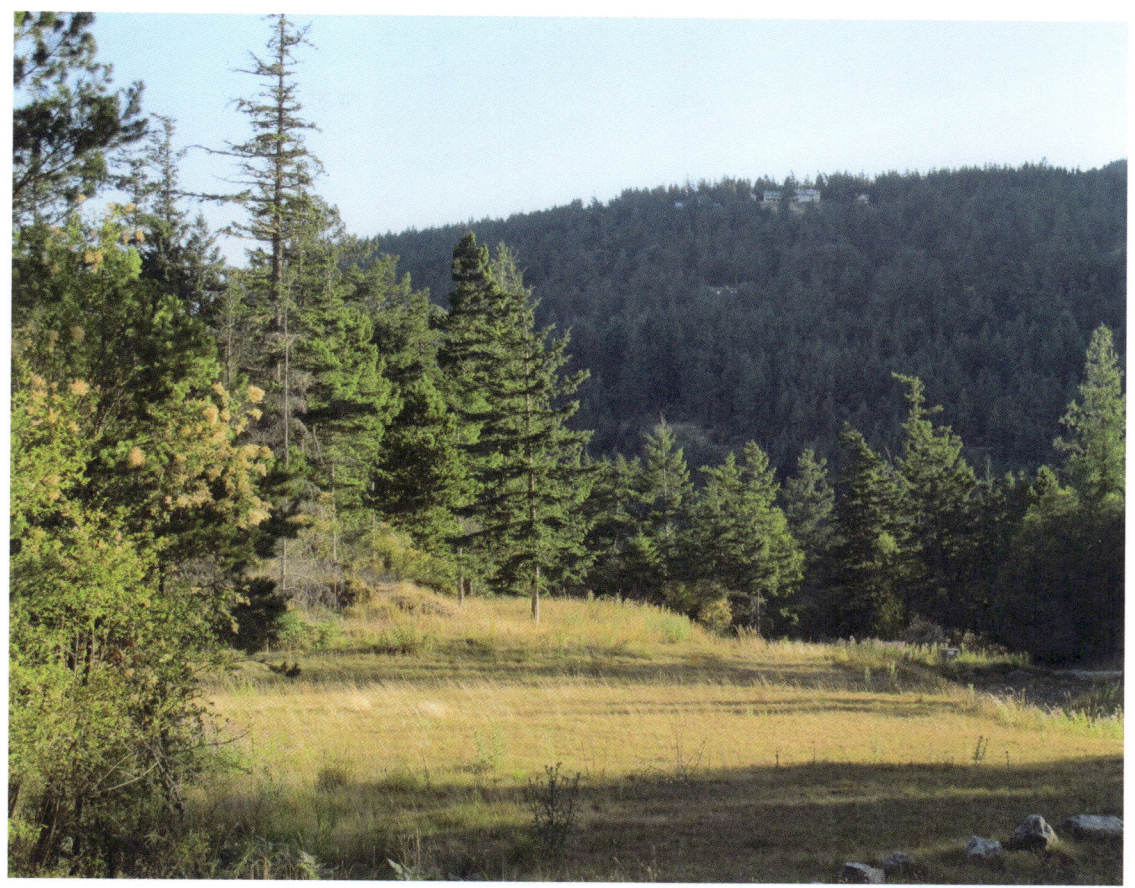

EL NOTAN EN ACCIÓN

Cuando un alumno se enfrenta a un problema compositivo, hago un rápido estudio con esta técnica. Con un lápiz blando, un rotulador o un pincel, esbozo un pequeño estudio con una distribución simplificada de formas claras y oscuras. Siempre que hago esta demostración por primera vez, los alumnos comprenden la estructura básica de la composición desde un nuevo punto de vista. En esta escena, el grupo de árboles de la izquierda está bastante lleno, con muchas formas y valores. Mi objetivo no es capturar hasta el más mínimo detalle, sino reducirla a sus formas más fundamentales. Esto significa que tengo que hacer concesiones. Los numerosos valores intermedios tendrán que definirse como blancos o negros, y debo simplificar la escena al extremo, prescindiendo prácticamente de todos los detalles.

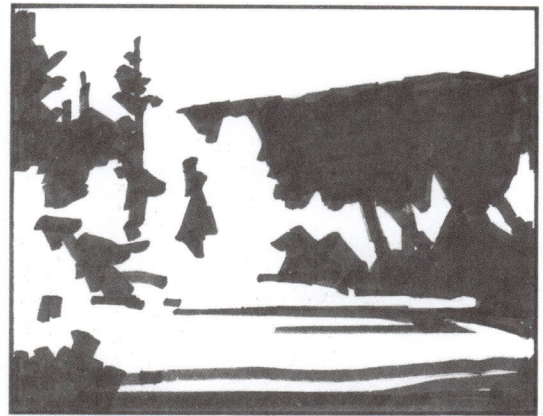

TENGA EN CUENTA QUE: Un estudio con la técnica del notan es la primera prueba de la integridad de una composición. Si no puede expresar la esencia de la composición de este modo, hay que tener muy en cuenta esta información del motivo. ¿Es demasiado complicado? ¿Con una visión distinta de la escena se distribuirían mejor las formas?

DEFINICIÓN DE LA FORMA Y EL DISEÑO, NO DEL VALOR

En general, la primera vez que los artistas tienen contacto con el notan, lo ven solo como un estudio de valores con mucho contraste, como si fuera un mapa de luces y sombras. Y lo cierto es que es fácil llegar a esta conclusión. Al fin y al cabo, el notan siempre se define en términos de «claros y oscuros», lo que, para los pintores, es sinónimo de «valores». En los motivos con diseños de luces y sombras muy definidos (como un día soleado), el blanco y el negro del notan se corresponderán claramente con las luces y las sombras. Sin embargo, muchos motivos no presentan sus valores de forma binaria.

Son valores intermedios que deben tenerse en consideración.

¿Cómo puede un estudio en notan, solo en blanco y negro, y, posiblemente, un gris medio, expresar todos los valores de un motivo determinado? No puede. Por eso no es un estudio útil en el sentido tradicional.

Con su clave visual ultrasimplificada, el notan es más adecuado para definir las formas y los diseños básicos de una composición que para articular toda una serie de valores.

Si una composición tiene alma, el notan es la puerta que lleva a dicha alma.

PROGRESIÓN: DEL NOTAN AL ESTUDIO DE VALORES

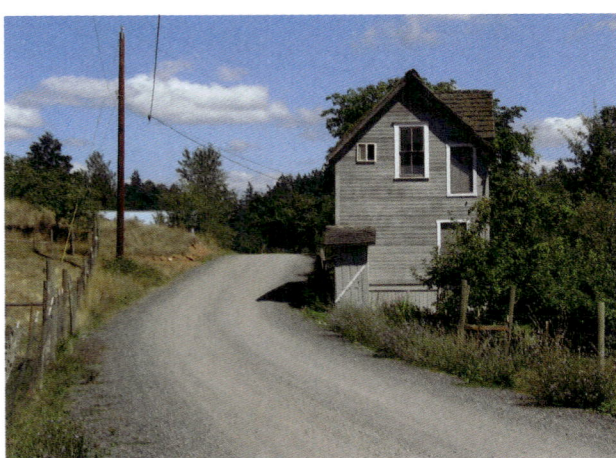

El notan no es un estudio de valores tradicional. Está más indicado para definir las formas y los diseños básicos que guían una composición. Esta progresión muestra cómo, a medida que la cantidad de valores aumenta, el estudio adopta un significado distinto.

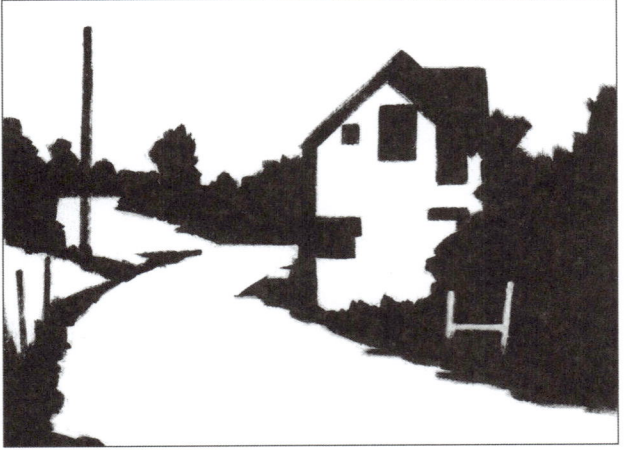

NOTAN DE DOS VALORES

Un notan en blanco y negro no puede expresar todos los valores que se encuentran en la naturaleza. Pero resulta sumamente eficaz para sugerir el «esqueleto» de la composición, el armazón sobre el que se aplicarán los colores y valores adicionales. Fíjese en que algunos valores intermedios se han asignado al blanco y otros al negro.

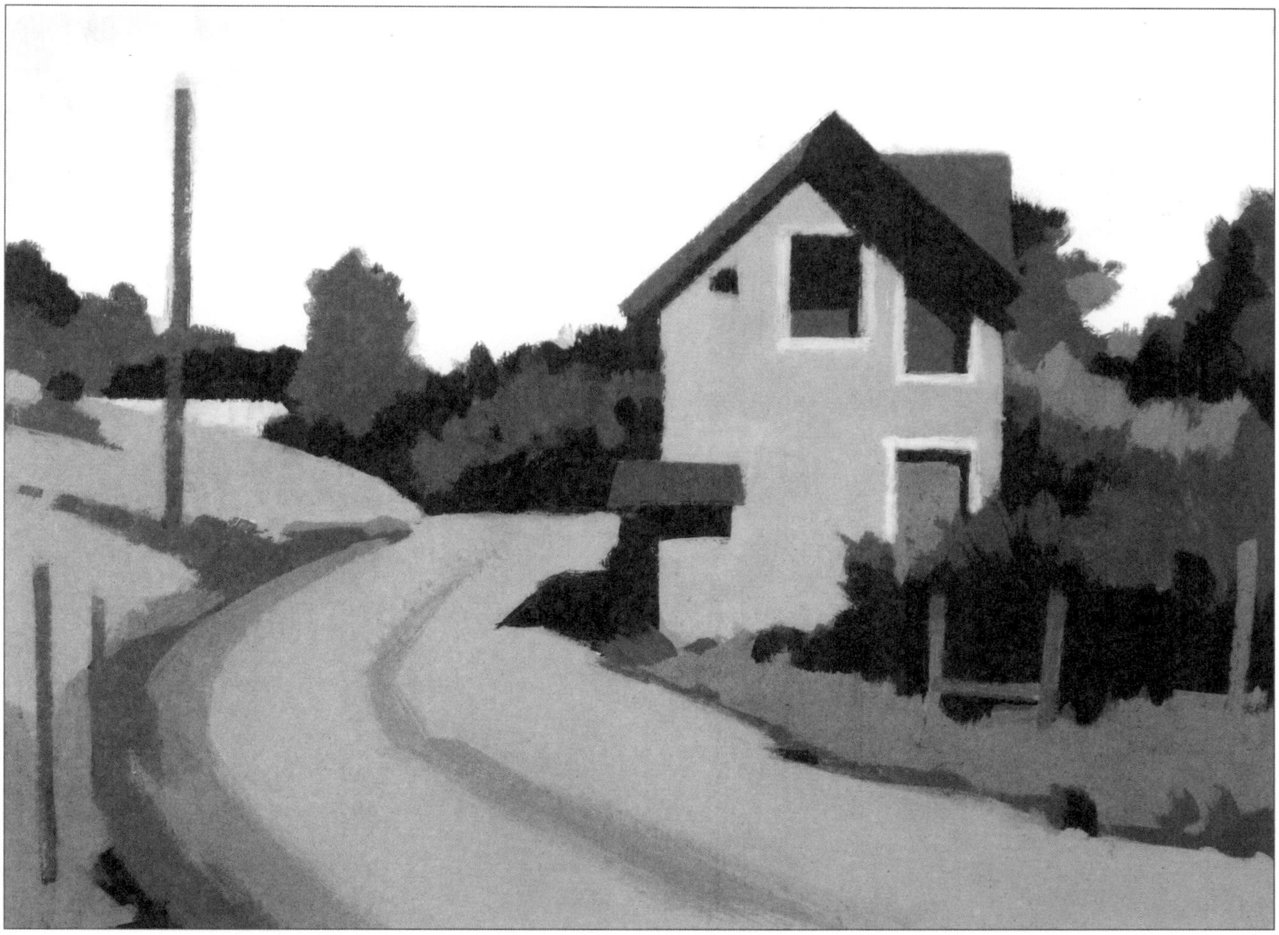

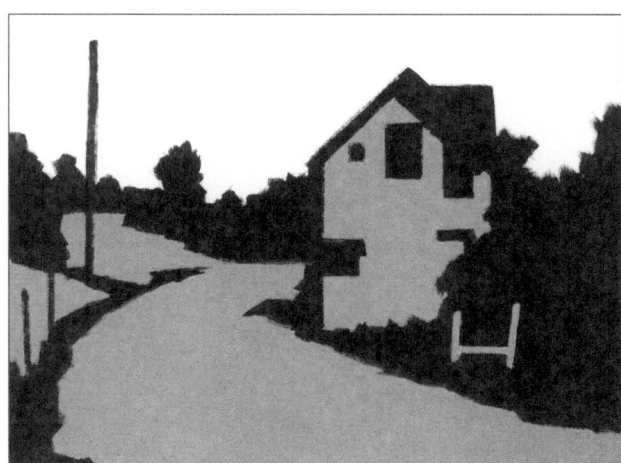

ESTUDIO DE CINCO VALORES

Con cinco valores, el estudio deja de ser un notan y se convierte en un estudio de valores completo. Expresa la serie de valores, la estructura y la profundidad del motivo. La estructura básica no resulta tan evidente como en los estudios de dos o tres valores, pero está bajo la superficie y guía toda la composición. Si empezamos con un notan de diseño muy definido, la pintura que esté basada en él también tendrá una composición muy definida.

NOTAN DE TRES VALORES

La incorporación de un tercer valor hace que el estudio sea más descriptivo, pero no mucho más. Un notan en blanco, negro y gris sigue siendo lo bastante simplificado para expresar eficazmente la base de la composición.

FORMAS ESTRICTAS Y LIBRES DEL NOTAN

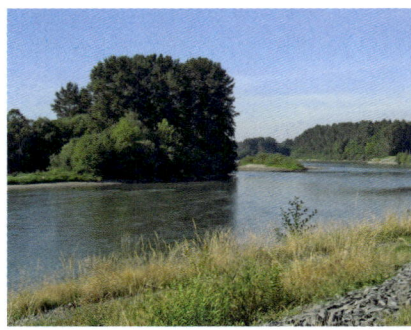 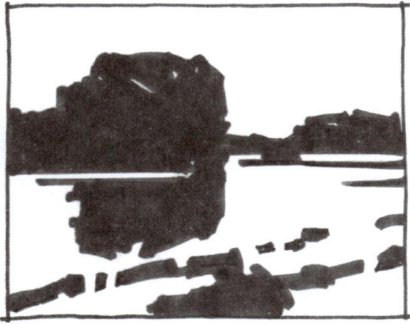

NOTAN ESTRICTO: BLANCO Y NEGRO

El notan tradicional solo comprende el blanco y el negro, sin grises intermedios. La belleza pura y poética del blanco y negro es innegable, aunque este enfoque estricto plantea un problema de diseño. ¿Qué hace un pintor con todos los valores intermedios, aquellos que no son blancos ni negros? ¿Deberían asignarse a las partes blancas o a las negras? Si entorna los ojos, puede ver que los valores del agua y el primer plano son muy parecidos. Con solo blanco y negro, es imposible separarlos. De modo que permito que el agua y el primer plano se junten e insinúo la separación realzando los surcos diagonales. Se trata de una opción de diseño, un arreglo visual que esclarece una parte importante de la composición al tiempo que conserva un equilibrio adecuado entre la luz y la oscuridad.

TENGA EN CUENTA QUE: El notan estricto da mejores resultados con los motivos que tienen valores con un contraste muy marcado, arraigados en luces y sombras muy definidas.

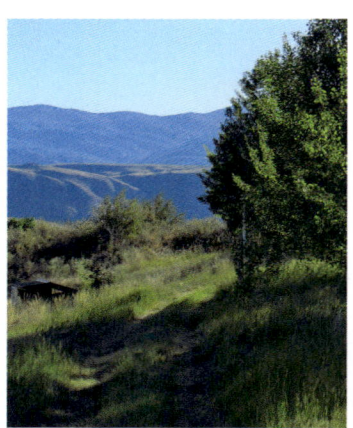 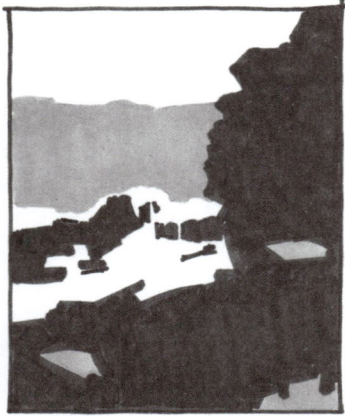

NOTAN LIBRE: INCORPORACIÓN DE GRIS

Hay motivos que no pueden ceñirse al notan estricto. En ese caso, la alternativa es el notan libre, que añade un gris medio. A las partes del motivo que no pueden ajustarse solo con blanco y negro se les puede asignar un semitono. En este caso, las colinas cerúleas son un componente esencial de la escena global. Si se hicieran negras, adquirirían demasiado peso visual. Por el contrario, si se hicieran blancas, no las veríamos. El semitono define una parte importante de la composición que, de otro modo, se perdería en un notan estricto.

TENGA EN CUENTA QUE: En el notan, no equiparamos los valores, sino que definimos las formas. Es menos importante que nuestros valores blancos, negros o grises sean fieles a la realidad que definir las formas básicas de la composición.

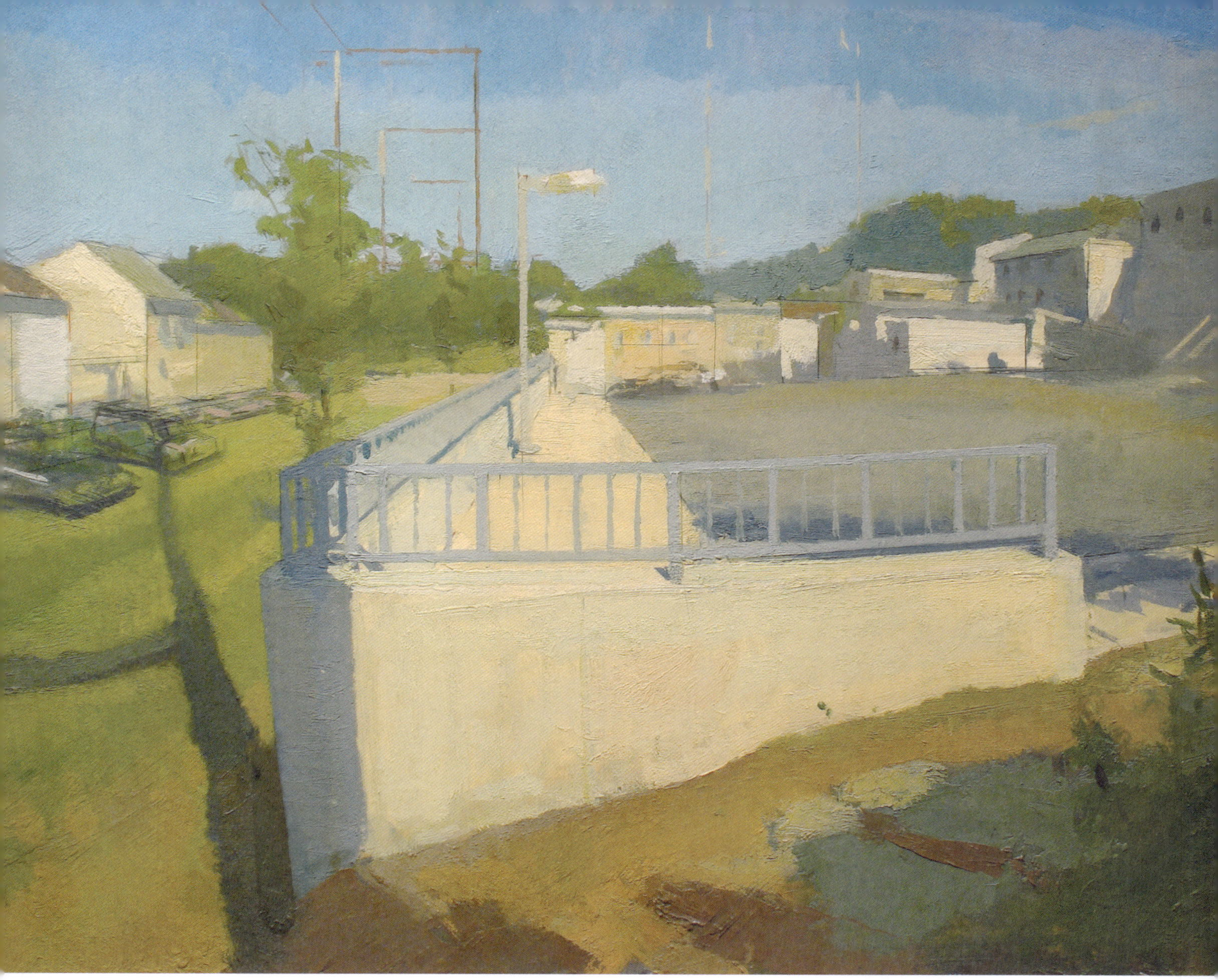

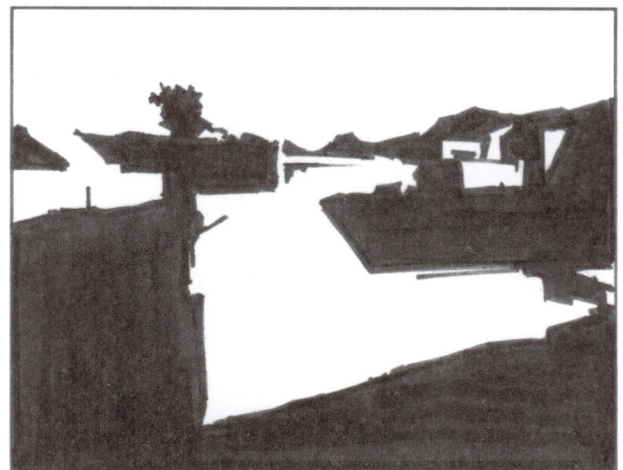

Peter Van Dyck, *Aparcamiento*
Óleo sobre tablilla entelada, 40,5 × 51 cm

Aparcamiento es un magnífico ejemplo de que el notan tiene que ver más con la definición de las formas y el diseño que con la descripción de los valores. La mayoría de los valores de la pintura de Van Dyck son intermedios. De modo que el estudio en notan de una obra como esta no puede identificar simplemente diseños de luces y sombras. Por el contrario, busca identificar las formas principales que guían la composición. Aquí, el muro del aparcamiento crea una forma marcada que se pierde en la distancia con una acusada perspectiva. Esto se refleja en el notan y se convierte en el rasgo principal de la pintura.

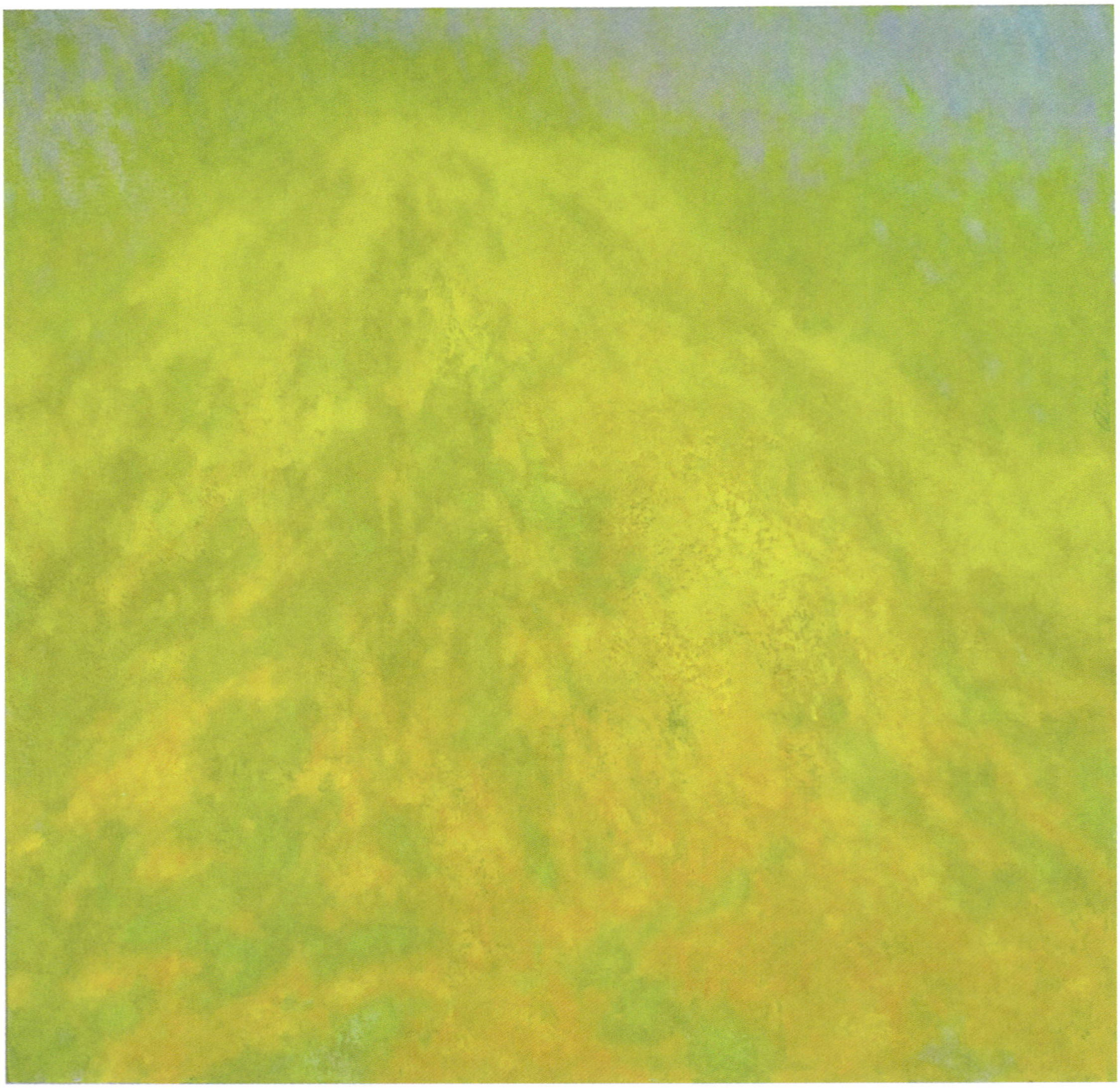

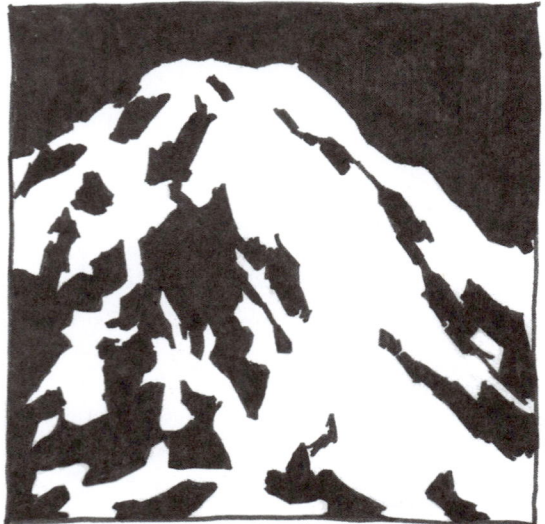

Mitchell Albala, *Montaña a pleno sol*
Óleo sobre tablilla, 30,5 × 30,5 cm

Montaña a pleno sol está basada casi por completo en los contrastes cromáticos, solo con sutiles diferencias de valor. Aun así, la composición sigue guiada por un claro diseño en clave notan. Los marcados contrastes que se aprecian en el estudio no se trasladan a la pintura, pero las formas y los diseños que los definen, sí. En el cuadro, el cielo no es negro, mientras que en el notan, el negro representa lo que será una separación de color importante entre la montaña y el cielo. Cuando entendamos el notan no tanto como una identificación de los valores sino de la forma y el diseño global, será una ayuda sumamente versátil en el trabajo de composición.

CLAVES PARA REALIZAR UN MEJOR ESTUDIO: LA TÉCNICA NOTAN

En mis talleres, siempre pido a los alumnos que hagan un estudio compositivo antes de empezar un cuadro. Cuando no existen instrucciones previas en notan o en miniaturas, la mayoría simplemente hace un dibujo lineal. Las líneas son maravillosas, pero no del todo adecuadas para agrupar.

Las formas son los elementos fundamentales de la composición, por lo que cualquier tipo de estudio compositivo también debe estar orientado a las formas y las agrupaciones.

Los dos objetivos principales de un estudio compositivo son que describa adecuadamente la composición en los términos más sencillos posibles y que sea fácil de interpretar, en el sentido de que su intención compositiva resulte evidente para el observador.

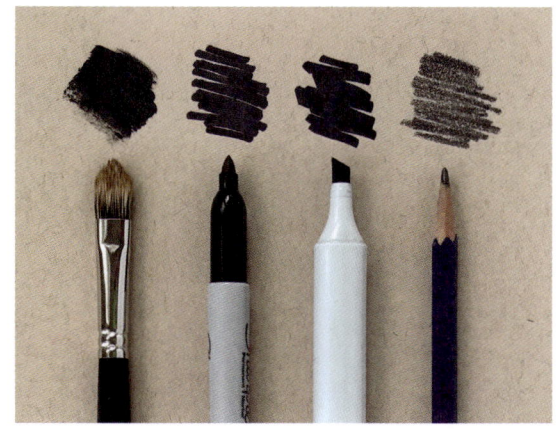

HERRAMIENTAS PARA AGRUPAR

Cuando hacemos un estudio compositivo orientado a las agrupaciones, dejamos de pensar de un modo lineal. Para ello conviene trabajar con herramientas que faciliten la agrupación y una amplia cobertura, como lápices blandos, rotuladores o pinceles. Los rotuladores de punta muy fina o los lápices de mina suave no son apropiados porque hacen líneas demasiado delgadas. ¡No hay que picotear las formas de primera con herramientas de segunda!

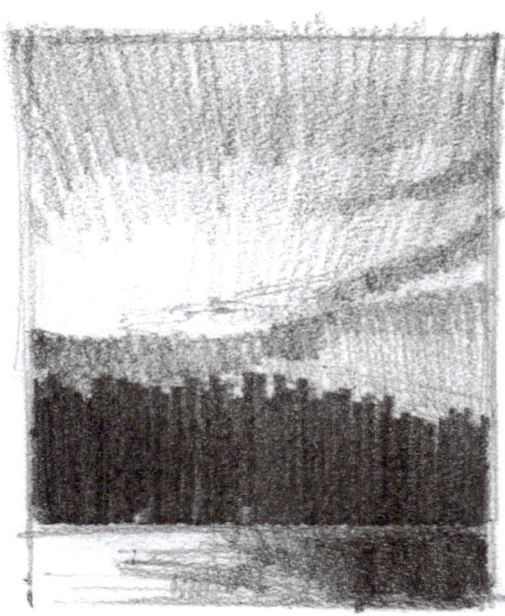

MENOS LÍNEAS Y MÁS FORMAS

Que un estudio esté orientado a las formas no significa que las líneas estén prohibidas. Empezamos un dibujo con líneas: medimos, trazamos y colocamos correctamente nuestras formas. Pero las formas dibujadas deberían sustituirse rápidamente por grupos de valores. En este estudio puede ver las distintas líneas que forman las tramas, pero se han juntado de modo que crean grupos bien definidos.

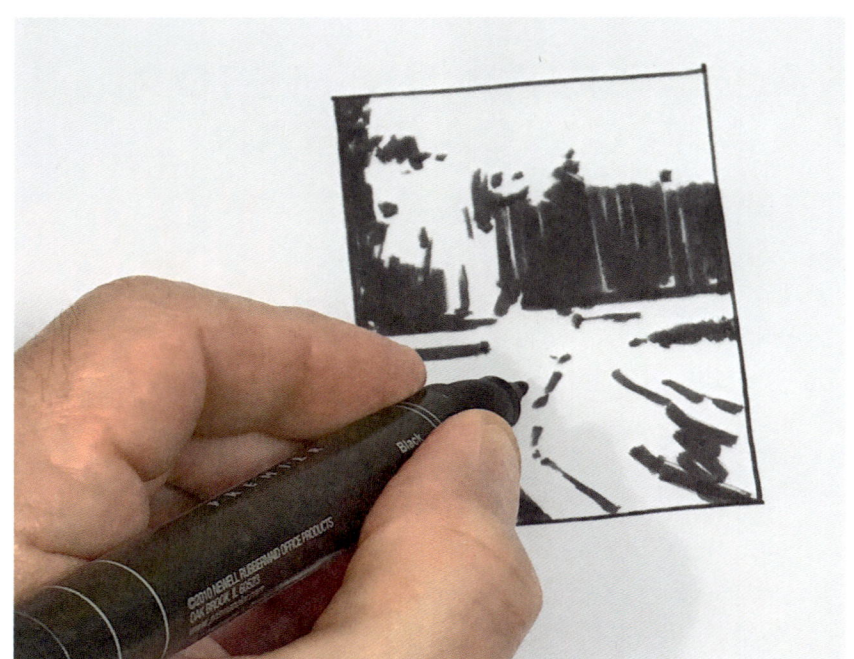

MEJOR EN PEQUEÑO

Conviene hacer los estudios en notan pequeños, de 5 a 10 cm como mucho. En comparación con el tamaño de un estudio en pequeño formato, las marcas o las pinceladas suelen ser más grandes y marcadas y agrupar más formas, con lo que se puede conseguir una cobertura más amplia más deprisa. Cuanto más grande sea el estudio, más tiempo le llevará hacerlo.

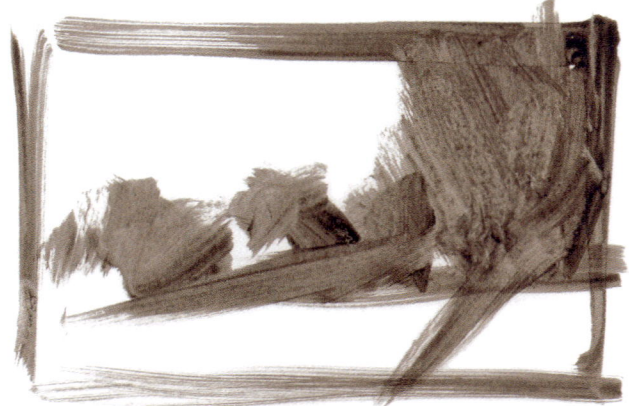

NO SE COMPLIQUE

Los detalles nunca resuelven un problema compositivo con más eficacia que un mejor equilibrio entre claros y oscuros o unas formas más sencillas. En la línea de un planteamiento orientado a las formas, evite los detalles. Si se enfrenta a un problema complicado de dibujo, haga un estudio aparte para resolverlo.

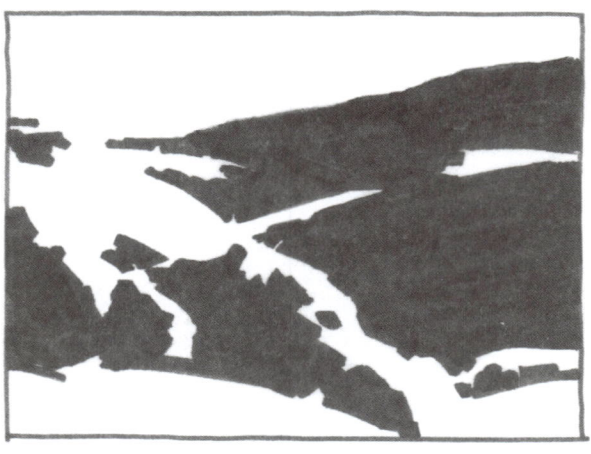

CÉNTRESE EN LAS FORMAS DOMINANTES

A fin de cuentas, la esencia de una composición depende de sus formas dominantes. Suelen ser las más grandes, pero lo más importante es que, sin ellas, la composición perdería su intención y su objetivo. Por otro lado, las formas secundarias o los detalles pueden eliminarse sin que la composición se vea afectada.

APPS DE NOTAN

Si le gusta usar el ordenador como herramienta para la exploración creativa, le gustará saber que la mayoría de las aplicaciones de edición de imágenes incorporan una función para «notanizar» sus fotos. Son muy útiles cuando se trabaja al aire libre porque permiten comprobar fácilmente distintos diseños en notan sobre la marcha.

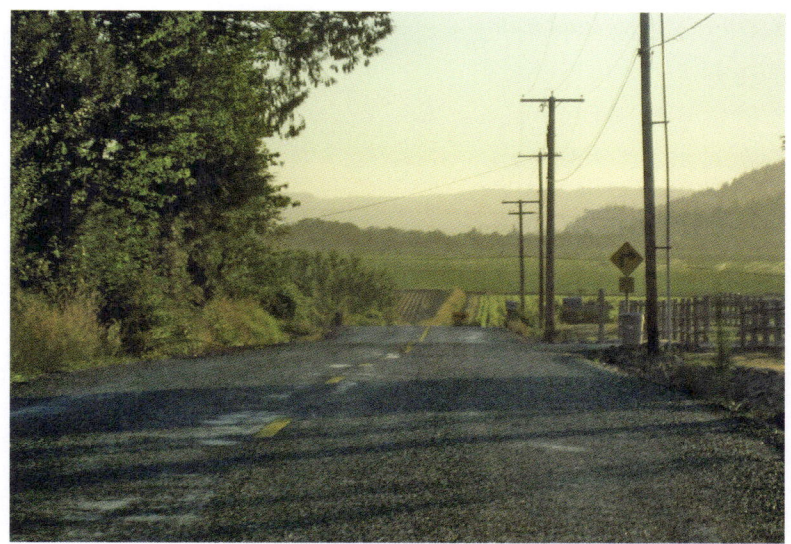

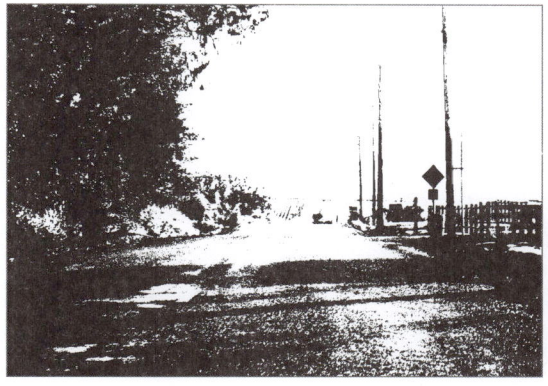

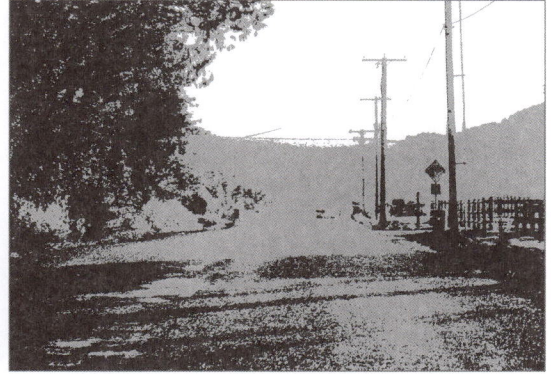

CUESTIÓN DE EQUILIBRIO

En los programas de edición de imágenes como Photoshop o Affinity Photo, el filtro que simula el notan se denomina *Umbral*. Este ajuste no solo convierte la imagen en blanco y negro, sino que permite controlar el equilibrio entre ambos. A medida que desliza la barra de desplazamiento a la izquierda o a la derecha, puede ver cómo cambia la dinámica de claros y oscuros en tiempo real. También hay apps para dispositivos móviles diseñadas específicamente para el notan que van un paso más allá y permiten convertir la imagen en tres valores. De este modo puede ver si la esencia de la composición se transmite mejor con un notan estricto o libre.

PREGUNTAS DE REPASO: LA TÉCNICA NOTAN Y EL ESTUDIO COMPOSITIVO

¿Su estudio en notan es sencillo?

Este tipo de diseños nunca son complejos, sino que expresan los aspectos más relevantes de la composición de la manera más sencilla posible.

¿Su estudio en notan es fácil de interpretar?

La claridad y la legibilidad son los requisitos básicos de un estudio compositivo. ¿Su intención se entiende de inmediato? ¿O el estudio está tan lleno y desorganizado que a un espectador le costaría entender lo que está pasando?

¿Cuántas formas tiene el notan?

Contar las formas es una manera rápida de comprobar la sencillez de su diseño. ¿La composición puede definirse con cinco o siete formas? ¿Con diez? Cuantas menos formas haya, más elegante será la solución.

¿Al entornar los ojos se aprecia mejor el diseño del notan?

Cuando entrecerramos los ojos, los valores intermedios tienden a agruparse con los extremos claros u oscuros de la escala de valores, creando una visión simplificada del motivo con mucho contraste.

¿El notan está concebido para agrupar formas?

¿Es demasiado lineal, está formado por muchas líneas finas? En ese caso, use herramientas que permitan agrupar fácilmente, como un lápiz blando, un rotulador o un pincel.

¿Su estudio en notan solo define las luces y las sombras o también las formas y los diseños?

A veces, los claros y los oscuros del notan se corresponden con las luces y las sombras, pero no siempre. Al fin y al cabo, el notan es una herramienta para definir una forma y un diseño. Sus claros y oscuros pueden corresponder con cualquier forma que esté integrada en la composición.

¿Este motivo se presta a un notan en blanco y negro «estricto» o es necesario incorporar un tercer valor?

En algunos motivos, determinadas áreas no pueden resolverse solo con blanco y negro. Hay que introducir un tercer valor.

¿Los claros y los oscuros se utilizan en la misma proporción?

Uno de los principios del buen diseño es que los claros y los oscuros no deberían utilizarse en la misma proporción. Para mayor variación e interés, debería haber más de unos que de otros.

¿Los espacios negativos blancos son tan interesantes como las áreas positivas grises?

Los espacios blancos forman parte del diseño, no piense nunca en ellos como un vacío.

¿Tiene una app de notan instalada en su dispositivo móvil?

Cuando trabaje al aire libre, una aplicación de este tipo le permitirá crear estudios sobre la marcha.

EJERCICIO: **ORIENTACIÓN AL NOTAN**

PLANTEAMIENTO: Este primer ejercicio lo orientará para que «piense en notan», definiendo una composición con solo dos o tres valores. Al calcar los claros y los oscuros, llevará a cabo un proceso de ingeniería inversa para sacar a la luz el diseño en notan subyacente. Este ejercicio no solo consiste en calcar. La mayoría de los motivos (y las pinturas) tienen muchos valores intermedios, y se necesita criterio para averiguar si hay que asignarlos al blanco o al negro.

Plantéese hacer distintas interpretaciones en notan de la misma pintura. Verá que el cambio de equilibrio entre claros y oscuros o la incorporación de un semitono afecta a la composición. Los pequeños cambios pueden influir mucho en el resultado.

MATERIALES: Papel vegetal | Material de dibujo (rotulador de punta gruesa, lápiz blando) | Visor de recorte en forma de L | Cinta adhesiva | Regla

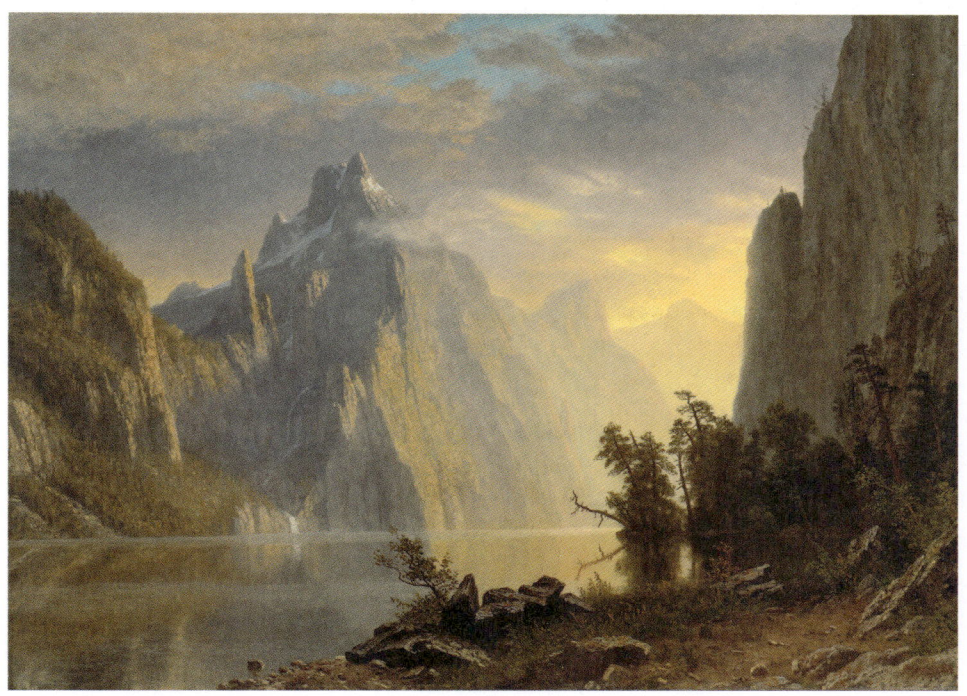

PASO 1: ELECCIÓN DE LA PINTURA ORIGINAL
Albert Bierstadt, *Lago de Sierra Nevada*
Óleo sobre lienzo, 55,5 × 76 cm. Cortesía de Wikimedia Commons.

Elija una pintura con un diseño de claros y oscuros bien definido. Cuantos más valores intermedios haya, más complicado resultará el ejercicio. Lo ideal es una reproducción de 10 a 15 cm. (Si es más grande, tendrá que dedicar demasiado tiempo a rellenar los valores). Si fuera necesario, modifique el tamaño de la reproducción. Para esta demostración, he elegido una obra de Albert Bierstadt, uno de los pintores más representativos de la escuela del río Hudson del siglo XIX. La pintura cuenta con una gama completa de valores, así como valores intermedios con los que tendré que lidiar.

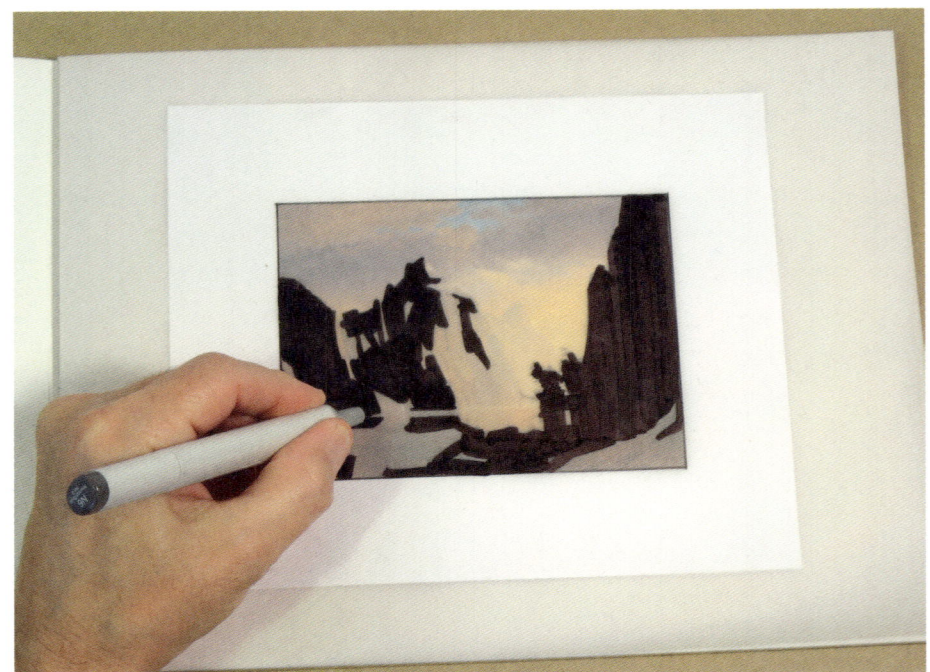

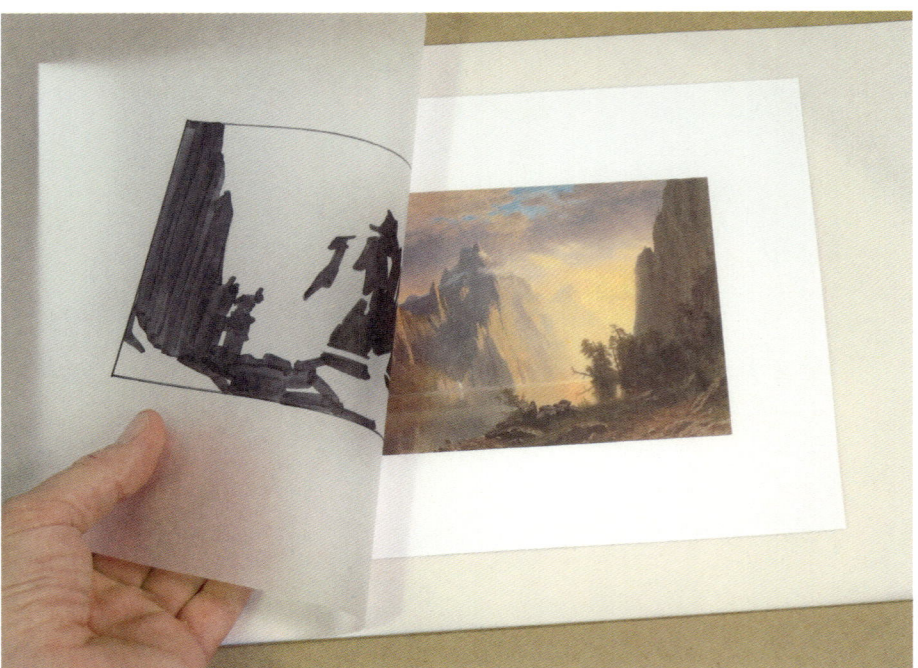

PASO 2: LOCALIZACIÓN DE FORMAS Y DISEÑOS

Coloque una hoja de papel vegetal encima de la reproducción. Empiece a calcar con un rotulador, como se ilustra aquí, o un lápiz blando. Las montañas de la izquierda y las de la derecha en primer plano son bastante oscuras y pueden interpretarse fácilmente como negro. Pero las nubes y las partes de la montaña más próximas a la puesta de sol son valores intermedios. ¿Estos fragmentos deberían asignarse al blanco o al negro? El objetivo es lograr un equilibrio que indique la verdadera esencia del motivo. Existe más de una solución. Voy a hacer dos estudios en notan estricto y uno en notan libre.

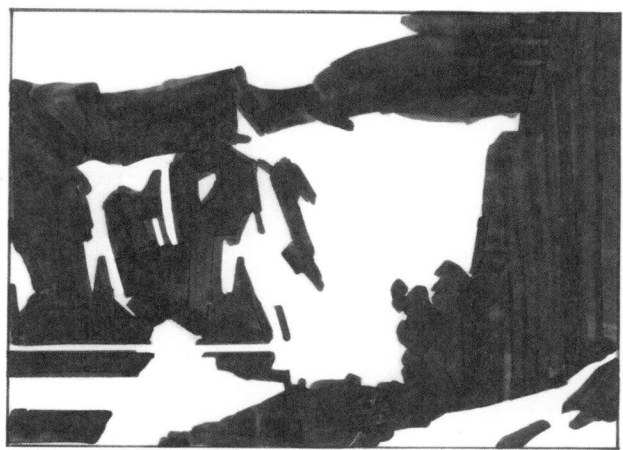

NOTAN ESTRICTO 1

Es difícil trasladar al notan estricto una pintura con tantos valores intermedios como esta. Una interpretación binaria, sin grises, no puede capturar los matices de las nubes ni la muesca entre las montañas, que son aspectos básicos del motivo. Decido hacer las nubes negras y la muesca entre las montañas blanca. Como aspecto positivo, esto realza la composición circular empleada por Bierstadt. Como aspecto negativo, la composición queda demasiado oscura. Se ve demasiado pesada y abigarrada.

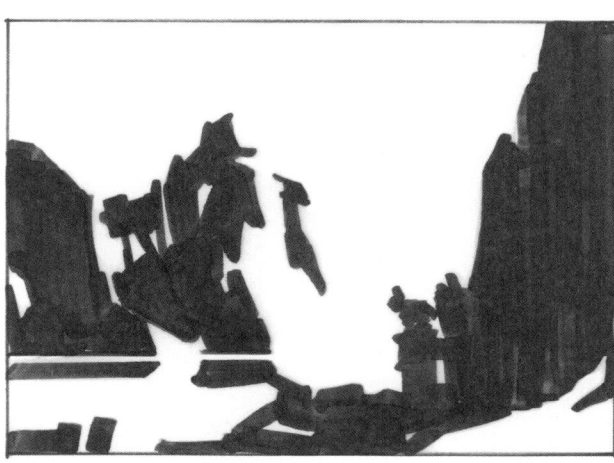

NOTAN ESTRICTO 2

A continuación, pruebo una composición en la que dominan los claros. Pierdo la forma de la nube que completaba la composición circular, pero esta versión se ve más liviana y sencilla. En general, es más fácil de interpretar que el diseño «Notan estricto 1». El movimiento está más definido y existe un mejor equilibrio de claros y oscuros.

NOTAN LIBRE

¿Cómo cambia la composición cuando añado un tercer valor? Ayuda porque el gris habla por algunos de los valores intermedios. Además, mitiga la sensación de pesadez del «Notan estricto 1», pero, a la vez, revela los diseños que forman la composición circular.

OBSERVE: Ni las dos versiones del notan estricto ni el notan libre logran transmitir los fragmentos más sutiles del motivo, pero esta no es la cuestión. La interpretación de una composición de este modo binario es reveladora. Me expone a varias opciones, y con la exploración de las mismas aprendo del diseño.

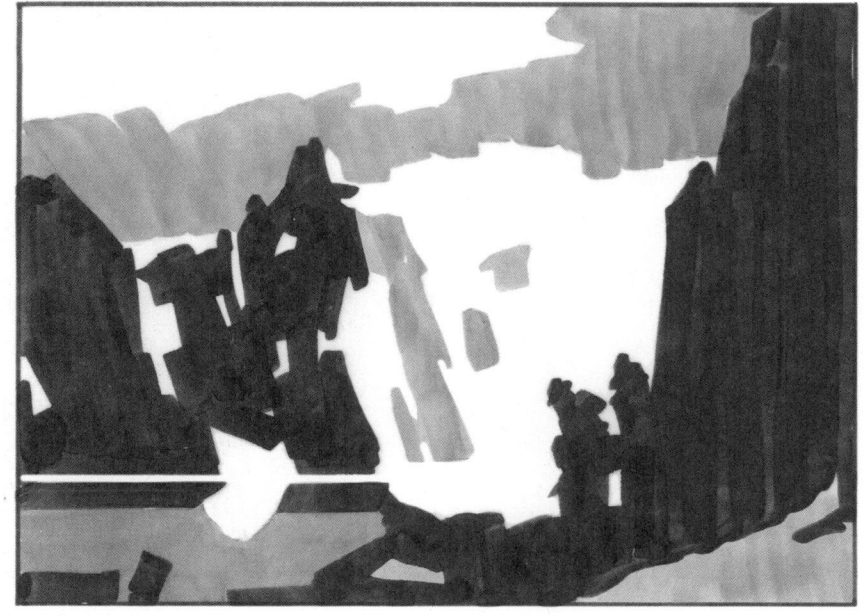

EJERCICIO: **NOTAN A PARTIR DE LA OBSERVACIÓN**

PLANTEAMIENTO: En este ejercicio, aprenderá a hacer miniaturas en notan a partir de la observación directa, algo imprescindible cuando se trabaja al aire libre. Es más complicado que recortar o calcar una foto, porque hay que dibujar y colocar los elementos dentro de un encuadre que ya existe del cuaderno de bocetos. Para facilitar las cosas, recomiendo hacer un ejercicio de colocación, que tiene en cuenta opciones basadas en la posición de las formas principales en una sencilla cuadrícula.

MATERIALES: Cuaderno de bocetos | Material de dibujo (rotulador de punta gruesa, lápiz blando o pincel) | Visor de plástico o de cartón

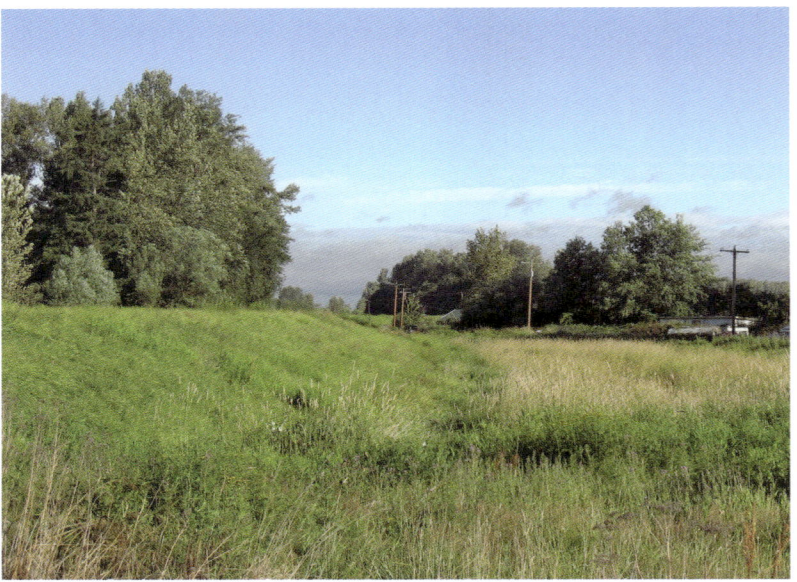

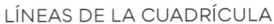

LÍNEAS DE LA CUADRÍCULA

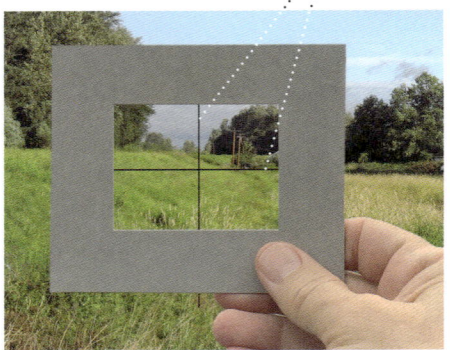

FOTO ORIGINAL

Piense en las masas principales de la composición como si fueran bloques. Se crean varias composiciones en función del espacio que ocupan estos bloques en los distintos cuadrantes. En esta escena hay cuatro bloques: dos grupos de árboles, un amplio primer plano que avanza hacia el espectador y el cielo. Para empezar, mire a través del visor. Dibuje un encuadre en el cuaderno de bocetos y, después, trace una línea horizontal y otra vertical (indicadas con líneas azules en estos estudios) para dividir la miniatura en cuatro cuadrantes. Plantéese tanto el formato horizontal como el vertical.

VISUALIZACIÓN

Puede comprar visores de plástico transparente con las líneas de la cuadrícula ya hechas. O, si lo prefiere, dibuje las líneas de la cuadrícula en un trozo de acetato y péguelo en la parte posterior del visor de cartulina improvisado, como se muestra aquí.

1A

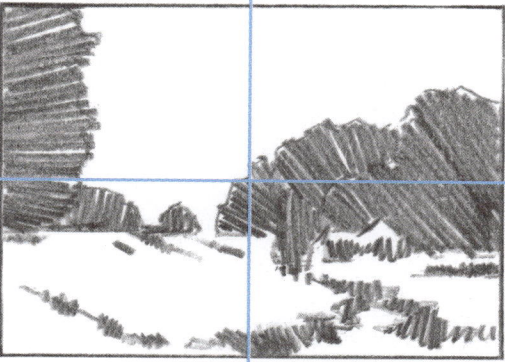
1B.

2A
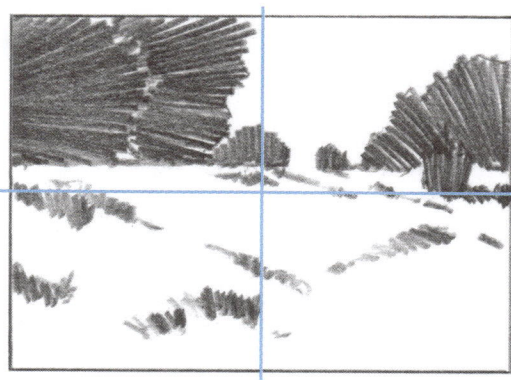

2B.
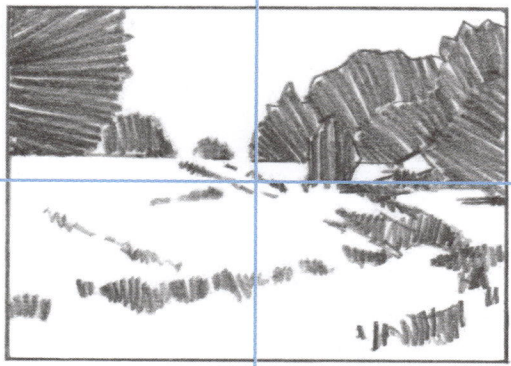

En 1A y 2A, he optado por un formato horizontal y he situado la línea del suelo por debajo de la línea media. El primer plano es superficial y el cielo ocupa un área más grande. En 1A, el árbol grande de la izquierda es dominante, mientras que, en 1B, dominan los árboles de la derecha.

En 2A y 2B, también en formato horizontal, ahora la línea del suelo cae por encima de la línea media, por lo que el primer plano queda más grande que el cielo. En 2A, el árbol de la izquierda es dominante, mientras que, en 2B, dominan los árboles de la derecha.

OBSERVE: Para lograr la mayor variación de tamaño de las formas posible, he dibujado un grupo de árboles más grande que el otro y he hecho que el cielo o el suelo dominen la composición.

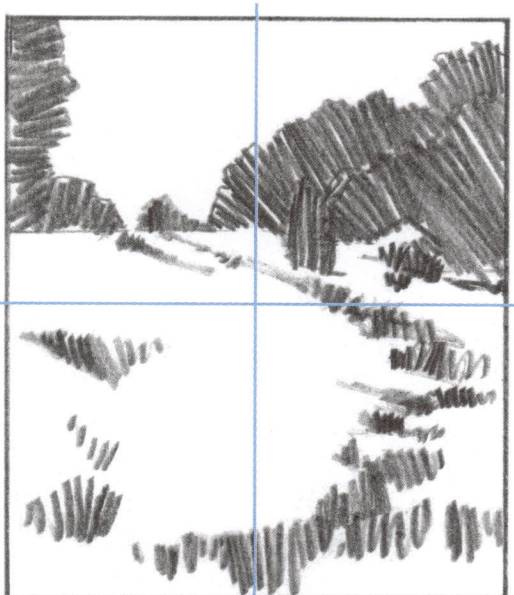

En formato vertical, la línea del suelo queda muy por encima de la línea media, creando un primer plano profundo con buenas indicaciones de perspectiva. Esto, en combinación con la acción interiorizada y ascendente del formato vertical, hace que esta versión sugiera una mayor sensación de profundidad.

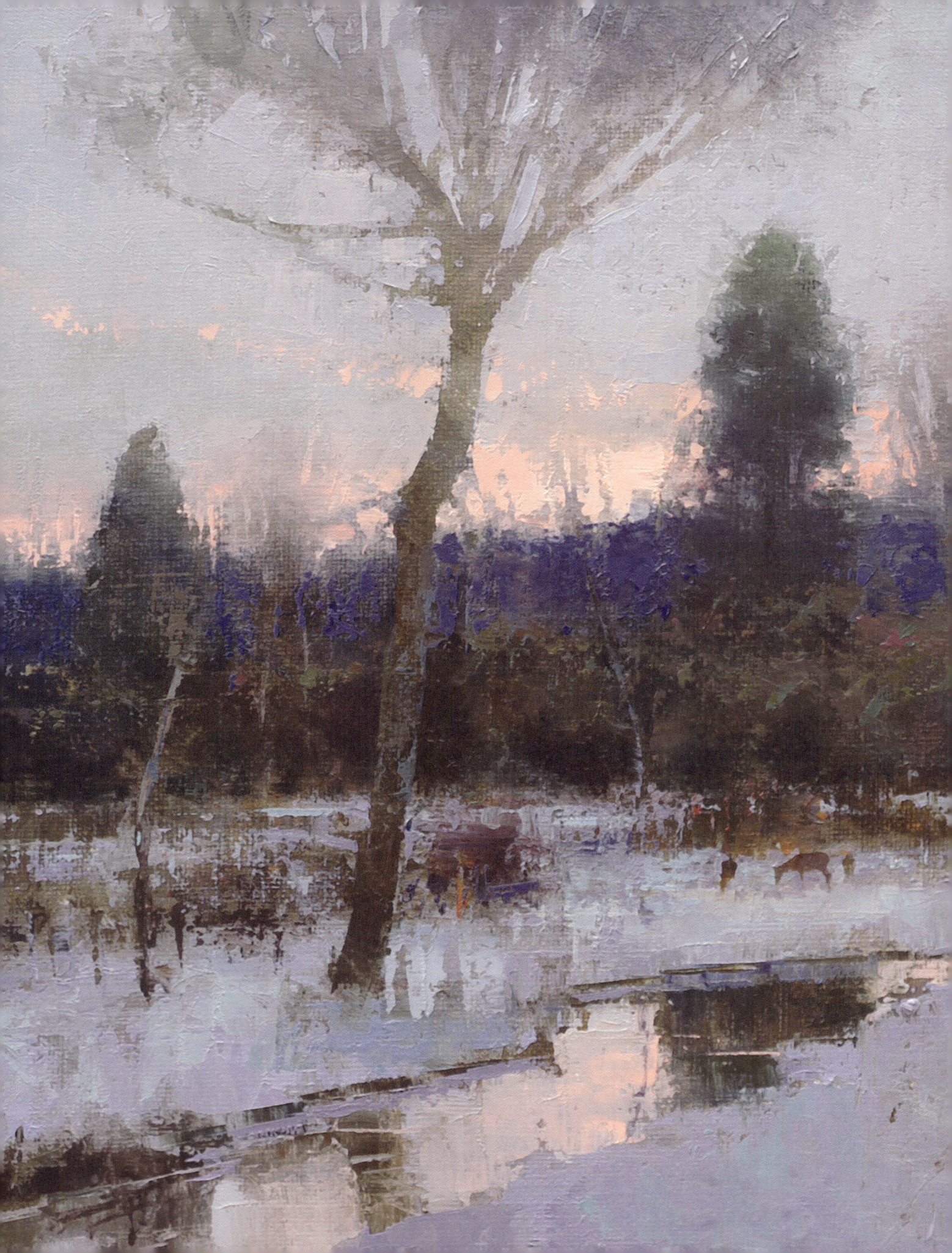

5

PRECEPTOS CROMÁTICOS Y PARADOJAS CROMÁTICAS

El color es el ámbito de estudio del paisajista que presenta más complejidad y mayor número de teorías. Le plantea muchas preguntas al pintor, y una de las principales es: ¿cómo puedo plasmar la luz y el color del mundo natural en una pintura que transmita una experiencia paralela al espectador?

Los capítulos siguientes exploran el color desde la perspectiva de la estrategia del color, el plan global que guía nuestras elecciones y ayuda a conseguir armonía. Pero, antes de empezar, hay que tener en cuenta una serie de verdades universales acerca del color. Aunque no pertenezcan al ámbito de la teoría del color propiamente dicha, influyen en buena medida en nuestro empeño por traducir la luz en pintura.

El primer precepto es que los pigmentos y las superficies pictóricas tienen una capacidad limitada de expresar la luminosidad de la luz natural. El segundo es que una estrategia del color no solo se basa en los colores que observamos en la naturaleza, sino que también es el resultado de una modificación fundamentada, los cambios necesarios que hacemos en los colores para que se adecuen a las exigencias de la pintura. El tercer y último precepto es que, en la pintura, el color no está ligado a la realidad, sino más bien a la verdad interna de la propia pintura.

◄ Brent Cotton, *Calma invernal*
Óleo sobre lino, 25,5 × 20,5 cm

Los pigmentos sobre el lienzo o el papel no pueden competir con la luminosidad de la luz natural, pero, si el valor y el color se manipulan hábilmente, se puede conseguir una experiencia paralela a ojos del espectador. Aquí, Cotton recurre a la armonía análoga para conseguir una luz de un color intenso y, luego, añade un poco de contraste cromático con un cálido toque rosa.

RECONCILIACIÓN DE LAS DIFERENCIAS ENTRE LOS PIGMENTOS Y LA LUZ NATURAL

Si, para lograr armonía o captar un ambiente o el color de la luz simplemente hubiera que combinar colores, los paisajistas solo tendrían que cultivar una habilidad: la de mezclar y combinar los colores exactamente como los ven. Sin embargo, cualquier pintor que haya intentado plasmar los efectos de la luz en una pintura se habrá dado cuenta de que no es del todo posible. ¿Por qué? Los pigmentos no pueden expresar la variedad de valores y la luminosidad de la luz natural.

Por muy luminosos que sean nuestros colores y por mucha intensidad que demos al contraste de los valores, una pintura nunca podrá competir con la luminosidad de la luz del sol.

Para compensar esta disparidad, los pintores manipulan el valor y el color de maneras muy ingeniosas. Tanto que, de hecho, logran relaciones cromáticas que, aunque no sean equiparables a la luminosidad de la luz natural, pueden evocar las mismas sensaciones. Si alguno de los grandes pintores de la luz (como J. M. W. Turner, los impresionistas o los pintores de la escuela del río Hudson, por nombrar solo algunos) fue capaz de convencernos de que su luz era «verdadera», demuestra su destreza e inteligencia a la hora de utilizar el color.

Como veremos en el capítulo siguiente, el vehículo principal de este «ingenio» es la estrategia cromática. ¿Qué colores, y a través de qué tipos de interacción, pueden crear los efectos que buscamos?

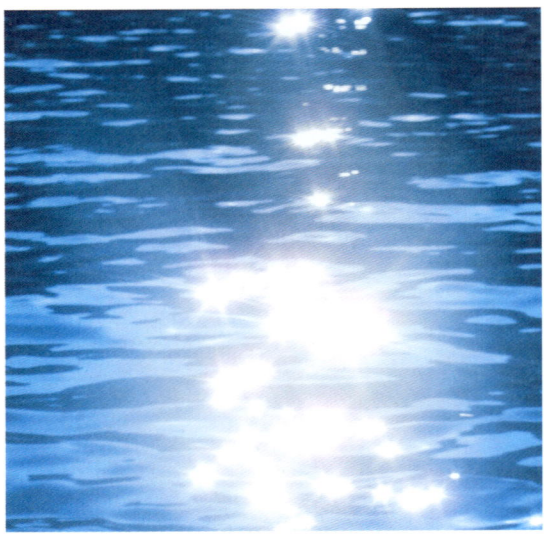

EN BUSCA DEL SOL

Por muy ricos y saturados que sean, sobre el lienzo o el papel los pigmentos de color nunca pueden competir con la luminosidad de la luz natural, como la luz difusa en el agua, un campo de nieve a pleno sol o el propio sol. Para simular estos efectos, los pintores mezclan los colores a su antojo para manipular los valores, los contrastes cromáticos, la temperatura y la saturación.

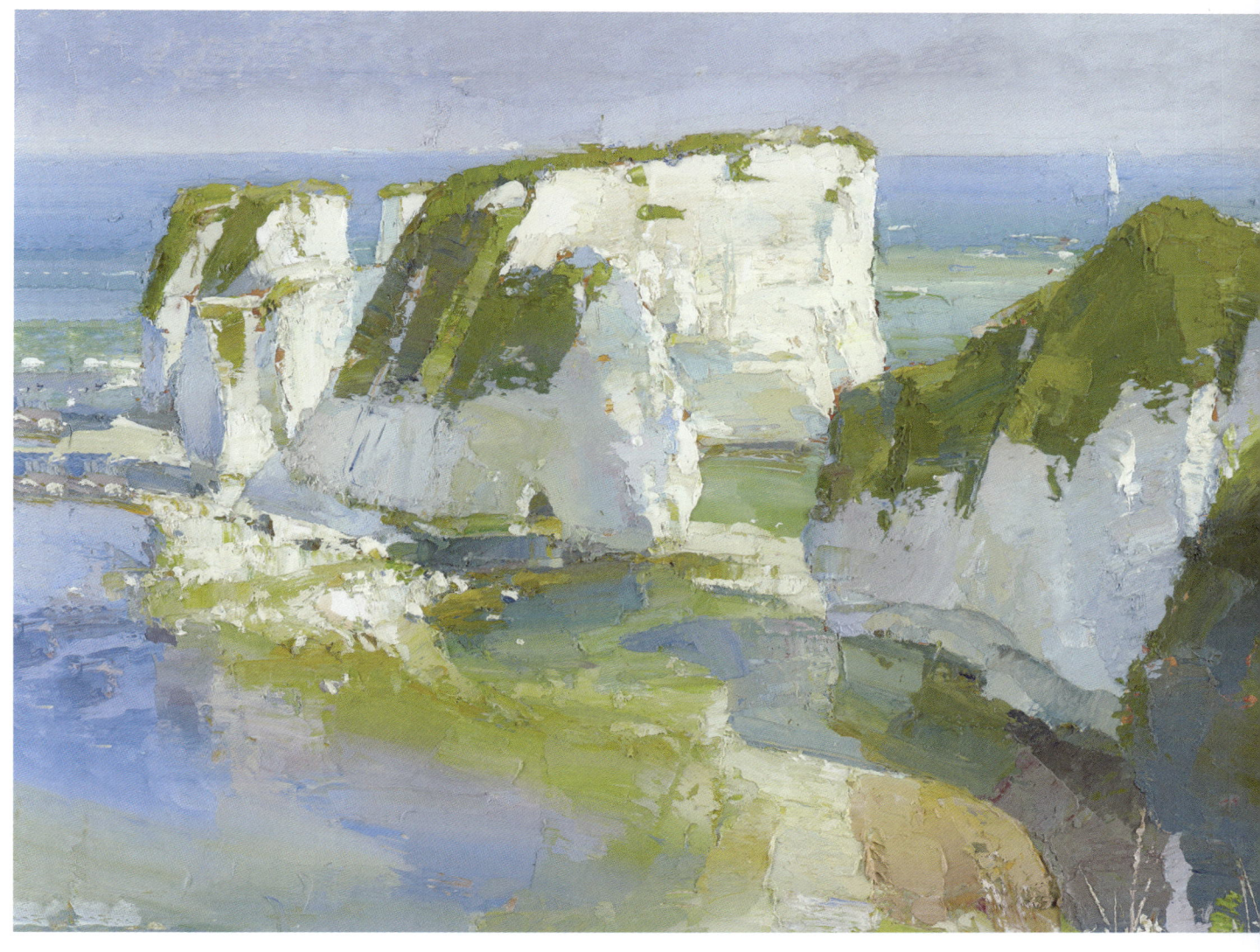

Oliver Akers Douglas, *Old Harry Rocks*
Óleo sobre tablilla, 46 × 61 cm

El objetivo del pintor no es replicar el motivo, sino interpretarlo. Se inspira en lo que observa, pero también altera los colores al servicio de la pintura. Observar *Old Harry Rocks* es experimentar la luminosidad de la luz del sol en los peñascos de caliza y la riqueza del mar azul celeste. Sin embargo, estos colores no son exactamente los que Akers Douglas observó. Según Douglas: «Si hubiera pintado los valores literalmente, habrían quedado polarizados. La blancura de los peñascos se hubiera visto anodina y pálida en comparación con el mar que los rodea, por eso realcé los azules, los amarillos y los rosas reflejados en las sombras para que las formas quedaran más modeladas».

OBSERVACIÓN DIRECTA VS. «MODIFICACIÓN FUNDAMENTADA»

Cuando estudiaba en la escuela de arte, el primer paisaje que pinté fueron las vistas que se veían desde la ventana del estudio. Recuerdo mis esfuerzos por conseguir el color de la luz de la tarde que caía inclinada en el suelo. Probé un montón de mezclas, pero no había manera de dar con él. Cuando el profesor se me acercó, miró por la ventana, miró mi pintura y dijo: «Prueba a añadir naranja en las zonas claras... y oscurécelas un poco». El color que veía afuera no me parecía ni muy naranja ni muy oscuro. Aun así, apliqué este nuevo color y, para mi sorpresa, funcionó mejor que mis otros intentos. Pero, lo más sorprendente fue que este mejor color no era el mismo que veía cuando miraba por la ventana.

Era una paradoja en toda regla: un color determinado, en el contexto de mi pintura, podía interpretar mejor el color de la luz que cuando intentaba pintarlo exactamente como lo veía.

Esa experiencia me descubrió un precepto fundamental que está siempre presente cuando quiero pintar los efectos de la luz natural. Una buena estrategia del color no se basa únicamente en la observación directa, es decir, los colores que vemos en la naturaleza. También está basada en la modificación fundamentada, los cambios necesarios que realizamos a los valores y los colores para obtener los resultados deseados. El color «correcto» es una fusión entre la observación y la interpretación.

¿Hasta qué punto nos basamos en la observación directa? ¿O en la modificación fundamentada? Depende de si estamos pintando al aire libre o en el estudio.

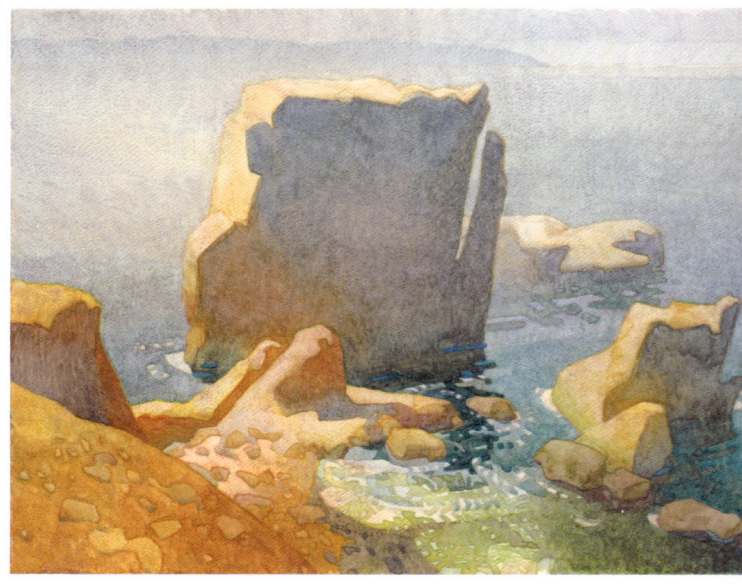

Carolyn Lord, *Opalescencia en la playa de conchas*
Acuarela sobre papel, 56 × 76 cm

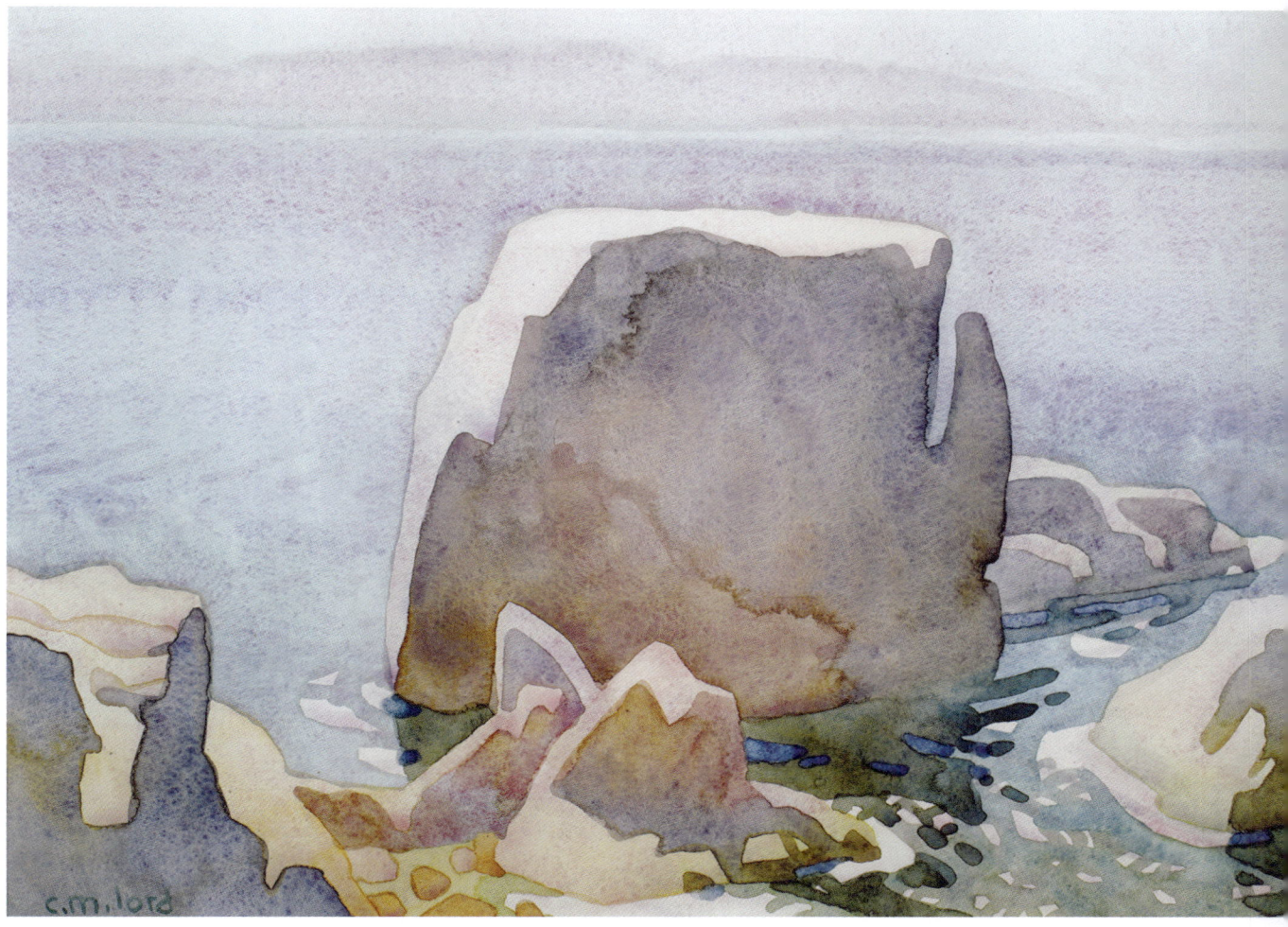

Carolyn Lord, *Mañana opalescente*
Acuarela sobre papel, 28 × 38 cm

Cuando trabajan *in situ*, los paisajistas suelen dejarse llevar por la observación directa. Se ciñen a los colores que ven. Pero, incluso en el modo de observación al aire libre, un pintor necesitará modificar los colores que ve. Por ejemplo, en la versión al aire libre más pequeña, *Mañana opalescente* (arriba), Lord realzó la intensidad de las sombras violetas azuladas para dejar patente la diferencia entre la luz y la sombra.

Cuando trabajan en el estudio, los pintores confían más en la modificación fundamentada. Según Lord: «Puedo tomarme tiempo para valorar todos los elementos artísticos, y hasta qué punto quiero incorporar cada uno de ellos». En su versión de estudio de mayor tamaño, *Opalescencia en la playa de conchas* (izquierda), incide más en las diferencias de temperatura e intensifica los efectos atmosféricos. Asimismo, crea más textura. Juega con las cualidades granulosas de los pigmentos de acuarela, consciente de que se asentarán en la textura del papel prensado en frío. Esto crea un efecto especular, lo que, a su vez, crea una sensación de luz difuminada.

AL AIRE LIBRE: OBSERVACIÓN DIRECTA

Cuando pintamos al aire libre, nada se interpone entre nosotros y el motivo, salvo el aire. Vemos matices de colores y valores que una foto no puede registrar. Entablamos una intensa conversación con la naturaleza, observando lo que tenemos delante e intentando traducir esos colores lo más fielmente posible. Cuando estamos rodeados del color vivo, es decir, los colores que observamos cuando estamos en plena naturaleza, cuesta hacerlo de otro modo. No es que los paisajistas no modifiquen los colores según sus necesidades, sino que trabajan principalmente a partir de la observación directa.

Monet describió de este modo la observación directa: «Procurad olvidar los objetos que tengáis delante, ya sea un árbol, una casa o un campo. Pensad solo: "esto es un pequeño cuadrado azul, esto un rectángulo rosa, esto una mancha amarilla". Y pintadlos tal como los veáis, del color y la forma exactos, hasta que hayáis plasmado la escena que tengáis delante».

Sabemos que los pigmentos y los lienzos no pueden competir con la luminosidad de la luz del sol, pero lo intentamos. Así es la danza del color vivo.

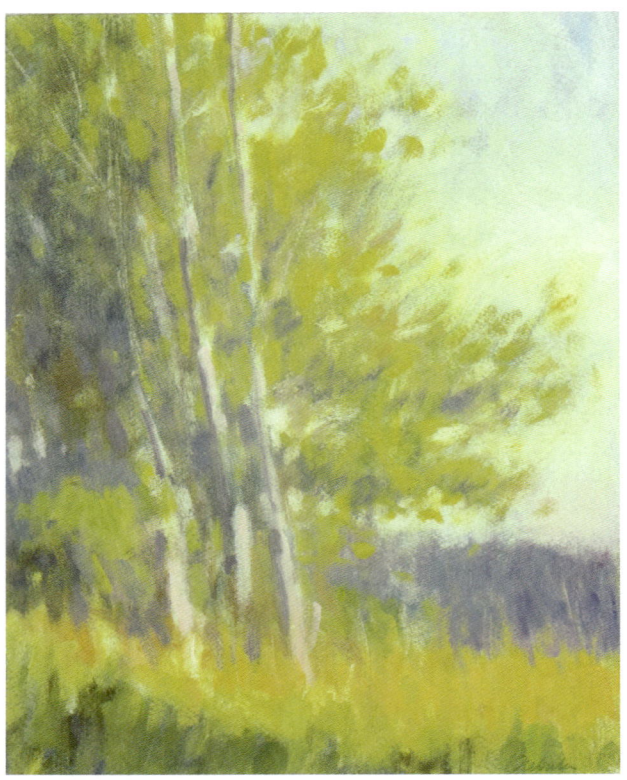

Mitchell Albala, *El álamo*
Óleo sobre papel, 27 × 20,5 cm

Lo mejor de trabajar al aire libre es nuestra manera de responder al color vivo. Sabemos que los cielos son azules y los árboles son verdes, pero, cuando estamos al aire libre, la percepción del color es nuestro objetivo: el color de un objeto tal como se aprecia bajo la luz de un color determinado. En *El álamo*, la luz del horizonte al caer la tarde se ve más amarilla que azul, por eso la pinté de ese color. Las sombras del árbol se veían más azules que verdes, y ese fue el color que mezclé.

LAS LECCIONES DEL COLOR VIVO

Un paisajista no puede pretender entender cómo los colores de la luz natural se plasman en la pintura si no los ha observado en su hábitat natural y ha intentado mezclarlos. Se trata de la experiencia al aire libre. Cuando un paisajista trabaja en el estudio, pueden serle de gran ayuda los años de experiencia observando los colores en plena naturaleza. Nada puede reemplazar la observación directa.

EN EL ESTUDIO: «MODIFICACIÓN FUNDAMENTADA»

En el estudio, nuestra relación con el color cambia, puesto que la observación directa ya no es posible. Estamos alejados del motivo en sí. Si no estamos frente al color vivo, cada decisión que tomemos respecto al color se convierte en una modificación fundamentada. Aún podemos «inspirarnos» en lo que hemos visto a través de la memoria, los estudios y las fotos de referencia, pero ahora la estrategia del color depende por completo de nosotros.

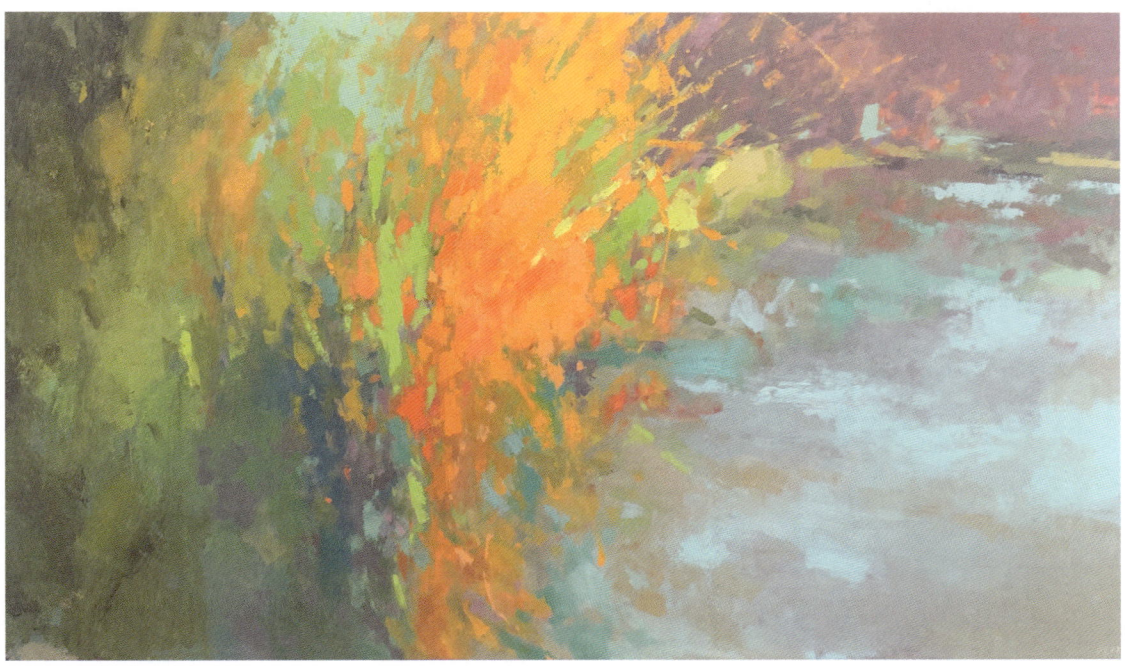

Scott Gellatly, *Orilla*
Óleo sobre tablilla, 68,5 × 114,5 cm

Orilla, de Gellatly, se desmarca notablemente de su estudio de campo, *Pantano en otoño* (abajo), en el que está basada la pintura. En el estudio, Gellatly aplica la modificación informada, es decir, cambia los colores en función de sus conocimientos y su interpretación subjetiva. Crea una intensa tensión cromática al contraponer los naranjas y verdes saturados del follaje central con las áreas de colores menos saturados de ambos lados.

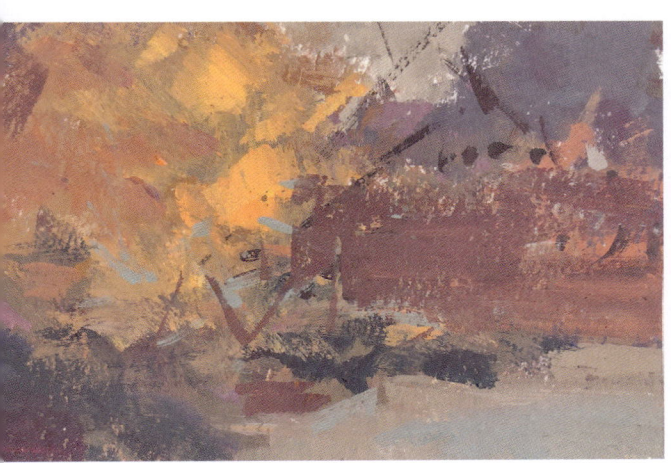

ESTUDIO DE CAMPO DE *ORILLA*

Scott Gellatly, *Pantano en otoño*
Gouache sobre papel, 10 × 16,5 cm

Las decisiones cromáticas de Gellatly en el estudio de campo están más basadas en la observación directa. Está respondiendo a los colores que observó en el momento, tomándose menos libertades con el color que en el estudio, con *Orilla* (arriba). Según Gellatly: «Estos estudios son una especie de catálogo de imágenes en el que puedo encontrar inspiración visual que me sirva de base para realizar pinturas de estudio de mayor tamaño».

COLOR CONVINCENTE
Y COLOR CREÍBLE

El color nos permite una gran libertad de expresión. Tanto si confiamos más en la observación directa o la modificación fundamentada, lo importante es que los colores que acaban en la pintura final son creíbles en el contexto de dicha pintura.

El color «creíble» no se refiere a la precisión con la que los colores se adecuan a la realidad. Significa que el espectador acepta la realidad del pintor en sus propios términos.

La escritura dramática cuenta con un recurso denominado la «suspensión de la incredulidad». Un guionista puede escribir una historia fantástica de magos con poderes mágicos, pero, si saliéramos del cine pensando que no ha sido creíble, la película se consideraría un fracaso. El escritor experto sabe cómo urdir una historia de manera que, durante el breve tiempo que pasamos delante de la pantalla, la aceptemos en sus propios términos.

El paisajista tiene un objetivo parecido. Tanto si se urde una historia del color tan aparentemente naturalista como *Día de eclipse* de Marc Hanson (abajo) o tan expresiva como *Valle, cañón, arroyo: arcadia* de Mark Gould (página 109), debe hacerse de manera que resulte creíble en el contexto de la pintura. Una pintura no es la realidad, por eso los colores no necesariamente tienen que coincidir con los reales. Sin embargo, deben crear una impresión que sea coherente con la lógica cromática interna de la pintura.

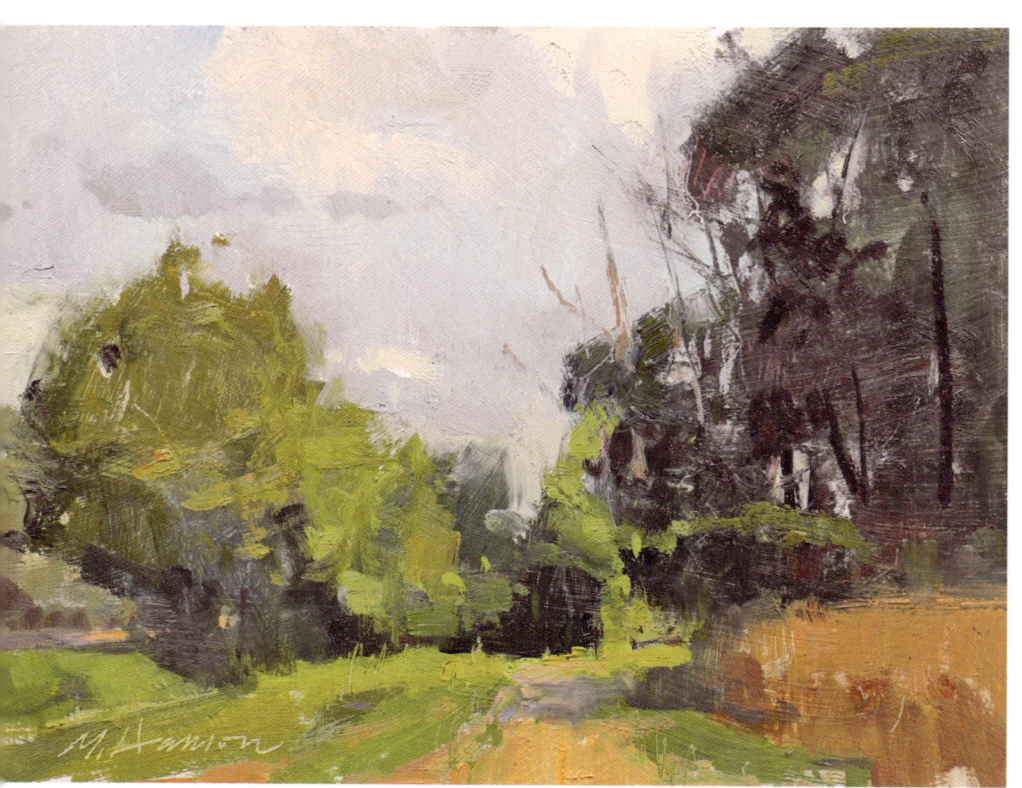

Marc Hanson, *Día de eclipse #1*
Óleo sobre tablilla, 23 × 30,5 cm

Por mucho que un pintor se base en la observación directa cuando trabaja al aire libre, siempre recurre a alguna modificación fundamentada. Según Hanson: «Aunque los colores de *Día de eclipse* puedan parecer naturalistas (por mis preferencias y estilo personales), están muy alejados de cómo se veían en realidad… Quiero tomar decisiones sobre el color que sean interesantes como pintura y no solo descriptivas».

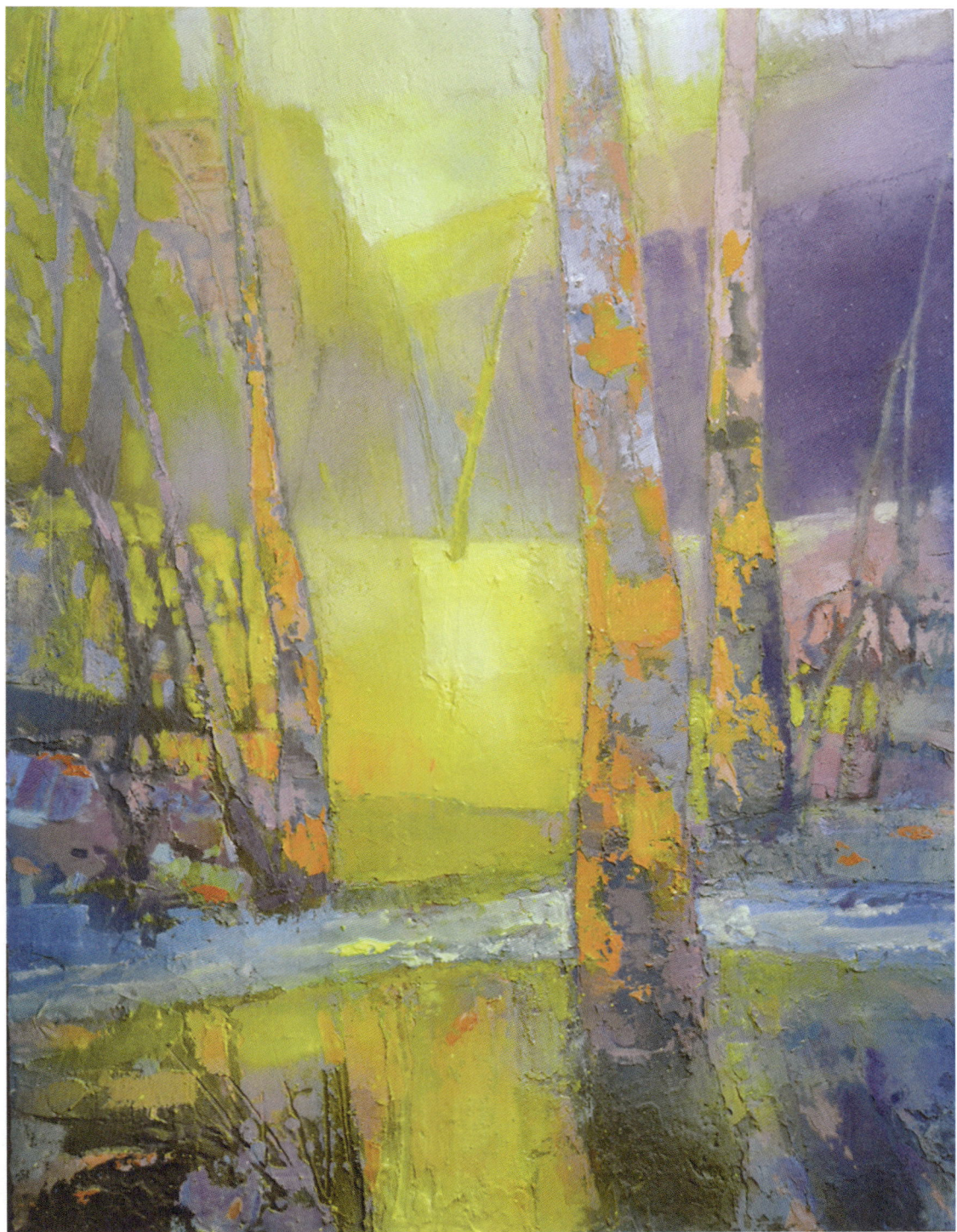

Mark Gould, *Valle, cañón, arroyo: arcadia*
Acrílico sobre tablilla, 51 × 40,5 cm

Todas las pinturas nos plantean una realidad alternativa, pero unas lo hacen más que otras. En comparación con *Día de eclipse* de Hanson (página anterior), la interpretación cromática de Gould es mucho más expresiva. Sus colores intensos no son lo que llamaríamos realistas, pero, en el contexto de la pintura, nos recuerdan a la naturaleza y tienen sentido. Según Gould: «Un color saturado tiende a llevar a otros colores saturados. Los colores saturados tienen más sentido en el contexto de otros colores saturados».

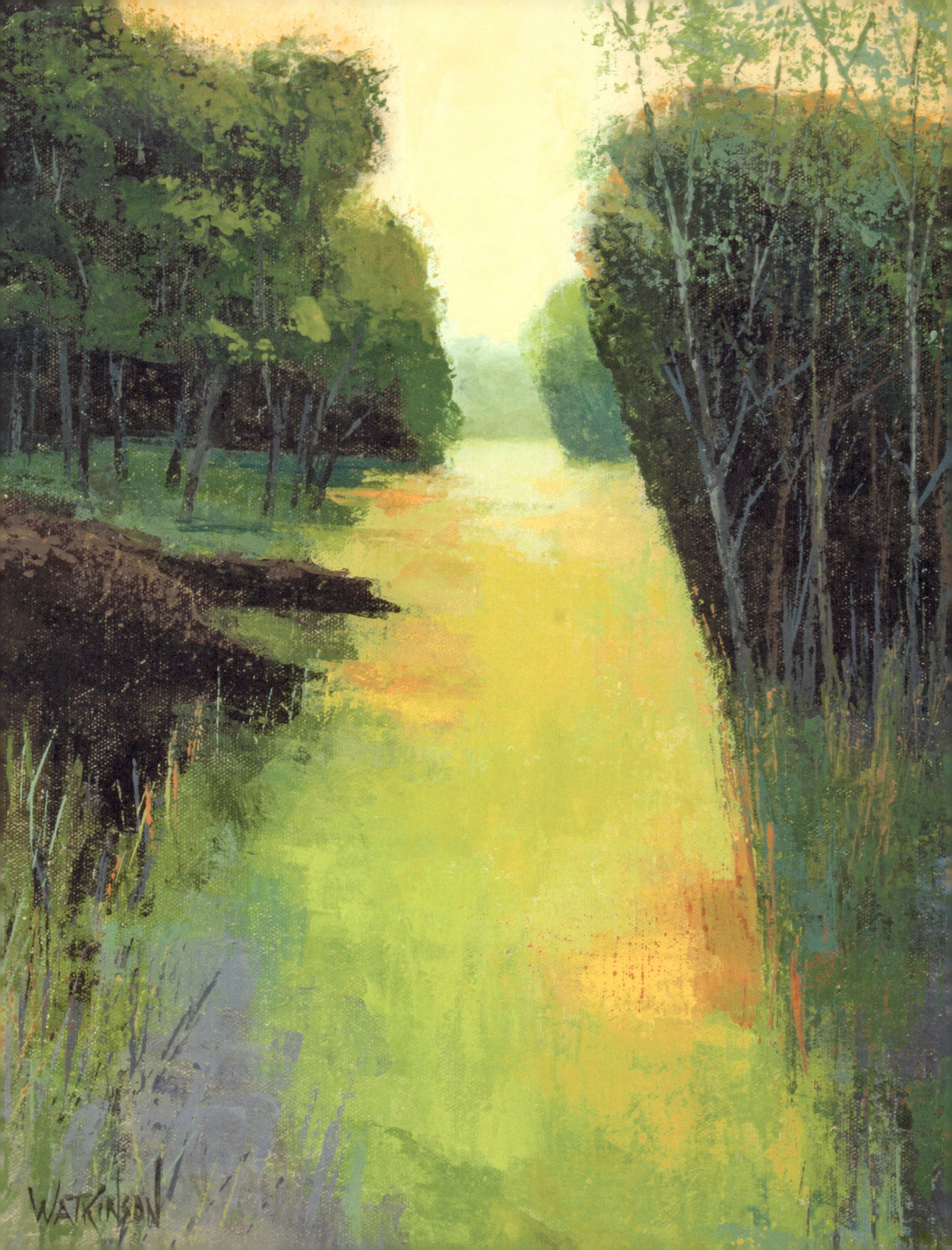

6

LA ESTRATEGIA COMPLETA DEL COLOR

Cuando observamos la miríada de colores del mundo natural, nunca pensamos que no se ven armoniosos. La luz y el color naturales siempre resultan convincentes. Pero ¿cómo logran los pintores, en el mundo sintético de sus pinturas bidimensionales, mantener la misma sensación de armonía y coherencia cromática? ¿Cómo pueden plasmar un ambiente, un efecto atmosférico o un determinado color de la luz?

Empezamos dibujando a partir de la paleta de la naturaleza. Nos inspiramos en sus tonalidades y sus relaciones de valores, sus temperaturas y su cromatismo. Sin embargo, esto no es más que un punto de partida. Inevitablemente, descubrimos que, para conseguir los efectos que buscamos, también tenemos que modificar los colores de manera fundamentada. Necesitamos aplicar algún plan global a nuestro color, una estrategia del color.

En este capítulo aprenderá que una estrategia completa del color está formada por tres tipos de relaciones cromáticas: las interacciones de tonos, los contrastes de valores y la saturación relativa. Analizaremos varias pinturas para ver cómo crean distintas armonías, colores de luz y ambientes.

◄ Brent Watkinson, *Árboles vespertinos*
Óleo sobre lienzo, 76 × 61 cm

INTERACCIÓN DE TONOS: **SIMILITUD**, análoga con toques de contraste
CONTRASTE DE VALORES: BAJO / MEDIO / **ALTO**
SATURACIÓN: BAJA / **MEDIA-ALTA**

En una pintura, la ilusión de la luz no se consigue imitando la naturaleza. Se basa en un plan o una estrategia del color, que implica tres tipos de contraste: interacciones de tonos, valores y saturación relativa. *Árboles vespertinos* es predominantemente amarillo verdoso, pero cuenta con toques naranja y azul violáceo. La intensidad de la luz crepuscular es el resultado de fuertes contrastes de valores combinados con una saturación del color.

DEFINICIÓN DE LA ESTRATEGIA DEL COLOR

Todos los paisajistas buscan la armonía, esa sensación inconfundible de que todos los colores de la pintura están cohesionados y funcionan bien juntos. En general, la armonía se define como una «distribución agradable de los colores en forma de un todo coherente». La estrategia del color es el principio organizador a través del cual logramos una sensación «agradable» y «armoniosa».

Una estrategia del color es una fórmula para interacciones cromáticas, una serie de colores que se relacionan de maneras concretas para obtener el efecto deseado. Los paisajistas cuentan con una estrategia para elegir los colores y garantizar que creen las armonías propias de un paisaje.

Una estrategia del color busca responder la eterna pregunta del paisajista: ¿qué colores concretos, interactuando de qué determinadas maneras, podrán plasmar un ambiente, una hora del día o un color de la luz concreto?

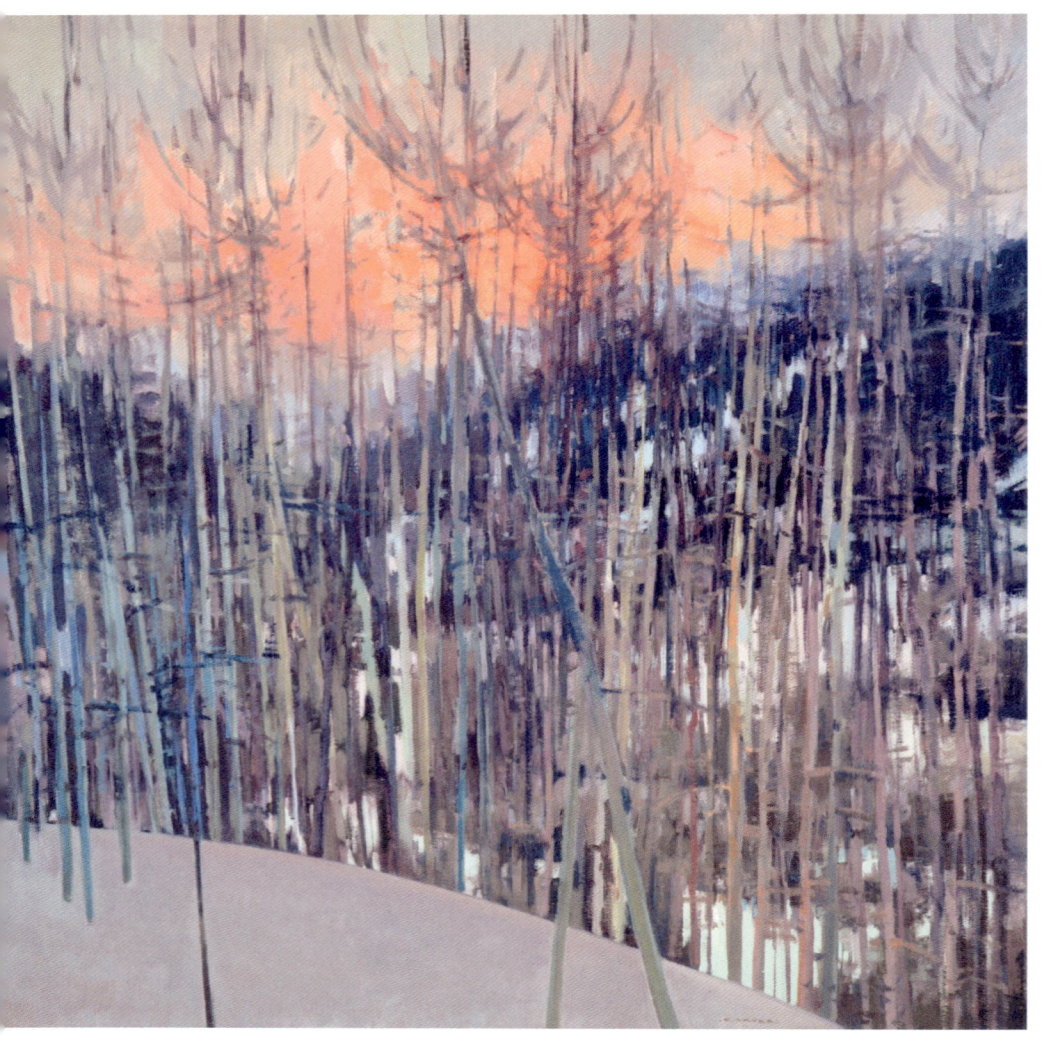

Jill Carver, *Un nuevo día*
Óleo sobre lienzo, 91,5 × 91,5 cm

INTERACCIÓN DE TONOS:
SIMILITUD, armonía análoga con toque de contraste

CONTRASTE DE VALORES:
BAJO / **MEDIO** / ALTO

SATURACIÓN:
BAJA / **MEDIA** / ALTA

Un nuevo día captura maravillosamente una mañana de invierno, bañada por un destello cálido al amanecer. Toda estrategia implica interacciones de tonos, contrastes de valores y saturación relativa. Aquí, el azul violáceo dominante crea una armonía unificadora. Sin embargo, es el contraste del toque rosado del cielo lo que da un significado especial al motivo.

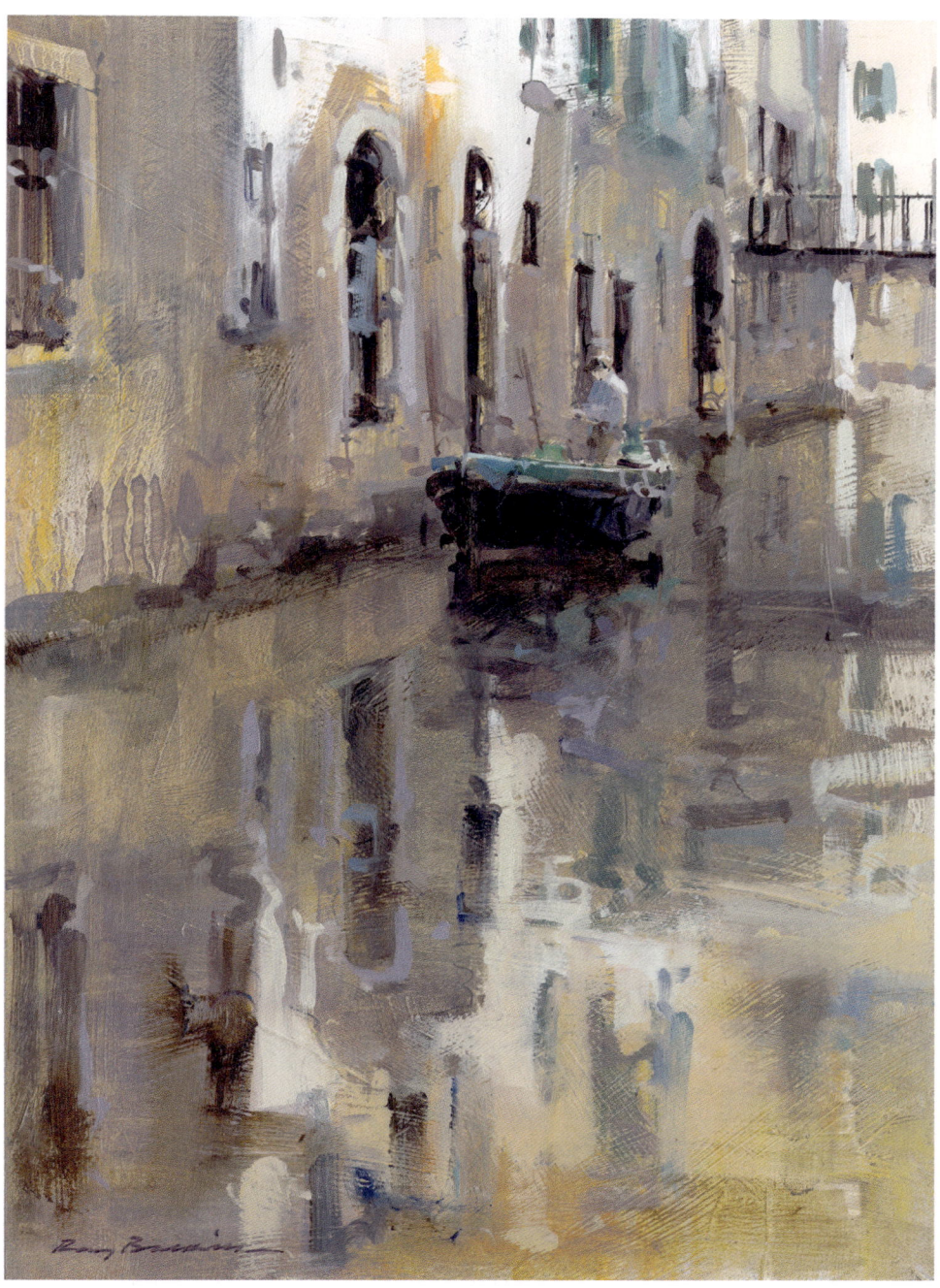

Ray Balkwill, *Reflejos venecianos*
Óleo sobre tablilla, 25,5 × 35,5 cm

INTERACCIÓN DE TONOS: **DIFERENCIA**, complementaria
CONTRASTE DE VALORES: BAJO / **MEDIO** / ALTO
SATURACIÓN: BAJA / **MEDIA** / ALTA

En *Reflejos venecianos* existe una interacción de tonos complementarios basada
en el amarillo y el violeta, que se corresponde con los diseños de las luces y las
sombras. Para crear un contraste eficaz, los complementarios no tienen que estar
completamente saturados. Los valores oscilan entre claros y oscuros, pero la mayoría
son intermedios, lo que permite que las sombras sean más luminosas.

CONTRASTE: EL MOTOR DE LA ESTRATEGIA DEL COLOR

El contraste cromático, es decir, las diferencias entre colores, es el motor de la estrategia del color. Tanto si estas diferencias son sutiles como notables, dan vida a nuestras relaciones cromáticas y a nuestras pinturas. ¿Los tonos son parecidos y guardan relación entre sí o crean contraste? ¿La relación de los valores es estrecha o el contraste es marcado? ¿Los colores son saturados e intensos o neutros y parecidos al gris? ¿O tal vez una combinación de ambas cosas?

En el mundo artificial de nuestras pinturas, el contraste cromático es el recurso que tenemos para hacer que nuestros colores interactúen de maneras que simulen los efectos de la luz natural.

DEFINICIÓN DE LA ESTRATEGIA EN TÉRMINOS DE TONO, VALOR Y SATURACIÓN

Cuando los pintores hablan de «estrategias del color», normalmente se refieren a las relaciones del círculo cromático de 12 colores estándar: monocroma, análoga, complementaria, de complementarios divididos y tríada. Más concretamente, estas relaciones se refieren a las interacciones de los tonos. Definen la interacción de distintas familias de tonos entre sí.

Por esenciales que sean las interacciones de tonos, no constituyen una estrategia completa por sí mismas. Una estrategia completa también implica otros dos aspectos fundamentales del color: el contraste de valores y la saturación relativa.

Estos aspectos de contraste actúan como las palancas que controlan la estrategia global. Cuando mantienen un delicado equilibrio, son responsables de tosos los momentos de magia cromática plasmados en el papel o el lienzo. El control de estas relaciones nos permite mezclar el color a nuestro antojo y crear los efectos que buscamos.

LAS INTERACCIONES DE LOS TONOS Y EL CÍRCULO CROMÁTICO

El círculo cromático es una referencia muy práctica para hacer un esquema de las distintas interacciones de los tonos (por ejemplo, análoga, complementaria, etc.). Una estrategia completa del color no solo se define por estas interacciones, sino que también tiene en cuenta el valor relativo y los niveles de saturación de los colores. Algunos círculos tratan de indicar diferencias de valores o niveles de saturación, pero ninguno puede describir los tres aspectos del contraste cromático de manera bidimensional. A principios del siglo xx, Albert Munsell intentó superar esta limitación con un modelo tridimensional del color que representa los colores en términos de tono, valor y saturación. Aun así, todos los sistemas de representación del color solo muestran los colores individuales. No pueden indicar cómo mezclar un color o cómo encaja el mismo en el contexto de su estrategia global.

Foto: The Color Wheel Company

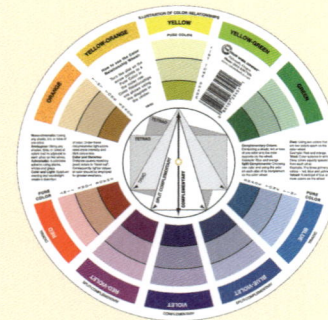

ASPECTO DEL CONTRASTE CROMÁTICO: INTERACCIONES DE LOS TONOS

LA IMPORTANCIA DE LAS INTERACCIONES DE LOS TONOS

El primer aspecto del contraste cromático es la interacción de los tonos. Se trata de las relaciones estándares del círculo cromático con las que estamos familiarizados. Definen cómo interactúan las familias de los distintos tonos y, en buena medida, son responsables de las fuerzas de atracción y oposición que encontramos entre los colores. ¿Los colores mantienen una relación estrecha, con fuertes vínculos, como en la armonía análoga? ¿O difieren entre ellos como en las relaciones complementarias?

INTERACCIONES DE LOS TONOS EN EL CONTEXTO DE SIMILITUD O DIFERENCIAS

Los pintores suelen creer que la estrategia del color solo depende de las interacciones de los tonos, sin tener en cuenta otros aspectos. Dicen «esto es una armonía análoga» o «esto otro es una relación complementaria».

De hecho, una pintura suele ser una combinación compleja de distintas interacciones de tonos. Así queda patente en *Cuando los días son cortos*, de Brent Cotton (página 119). En ella hay una gran armonía análoga. Pero, además, hay un pequeño toque complementario. ¿La convierte esto en una pintura complementaria? ¿O es análoga? De hecho, es ambas cosas. Por esta razón, también conviene pensar en las interacciones de los tonos en términos de similitudes o diferencias.

La identificación de una interacción de tono por su nombre (análoga, complementaria, etc.) ayuda, pero no es tan importante como reconocer si está basada en similitudes o en diferencias.

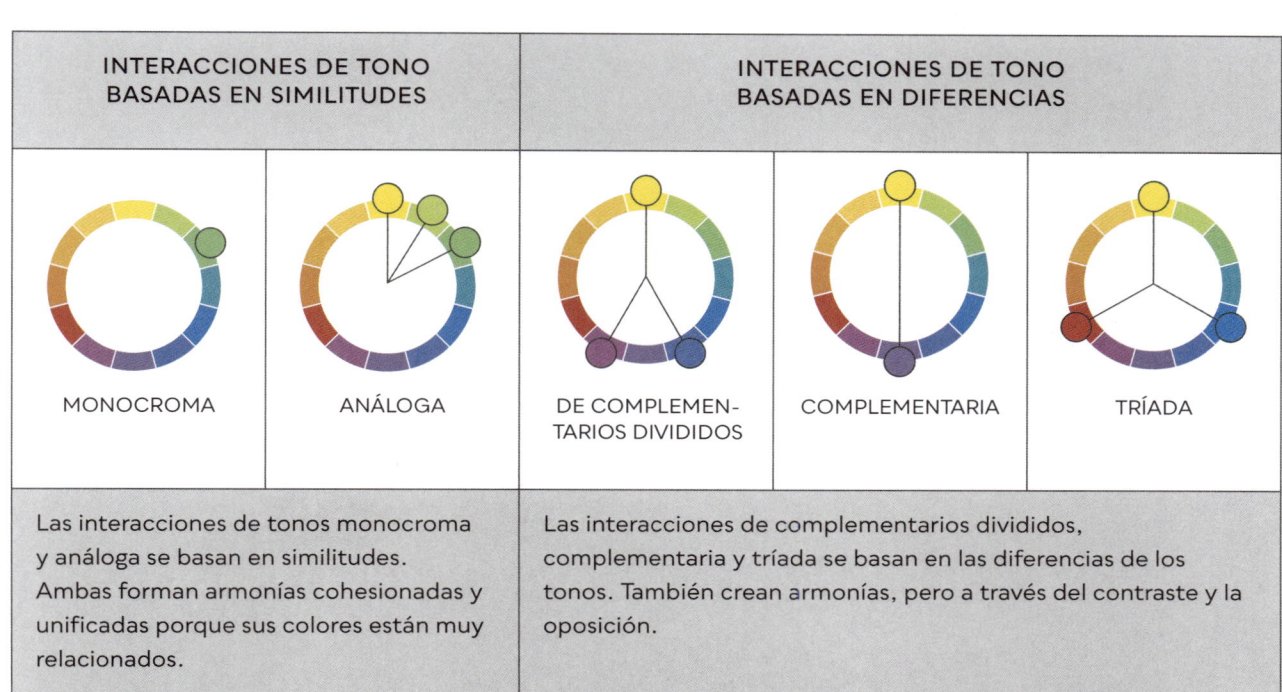

INTERACCIONES DE TONO BASADAS EN SIMILITUDES		INTERACCIONES DE TONO BASADAS EN DIFERENCIAS		
MONOCROMA	ANÁLOGA	DE COMPLEMENTARIOS DIVIDIDOS	COMPLEMENTARIA	TRÍADA

Las interacciones de tonos monocroma y análoga se basan en similitudes. Ambas forman armonías cohesionadas y unificadas porque sus colores están muy relacionados.

Las interacciones de complementarios divididos, complementaria y tríada se basan en las diferencias de los tonos. También crean armonías, pero a través del contraste y la oposición.

EL PODER INDIVIDUAL: MONOCROMA

Mitchell Albala, *Anochecer en cascada*
Óleo sobre lienzo, 51 × 96,5 cm

INTERACCIÓN DE TONOS: **SIMILITUD**, monocroma
CONTRASTE DE VALORES: **BAJO** / MEDIO / ALTO
SATURACIÓN: BAJA / **MEDIA** / ALTA

La interacción de tonos de *Anochecer en cascada* es monocroma, la más sencilla de todas. Todos los colores de la pintura pertenecen a la familia del azul, pero los azules varían en cuestión de valor, temperatura y saturación. Incluso los sutiles toques verdes de los árboles de la parte central están muy teñidos de azul. La gama de valores está comprimida. En una escala de valores de 10 escalones, el campo de nieve estaría en el cuarto y los árboles más oscuros en el séptimo. Esta gama comprimida, en combinación con el esquema monocromo, crea una sensación de atmósfera profunda y luz unificada. La nieve se ve especialmente luminosa porque su saturación contrasta con el grupo de árboles, mucho más gris.

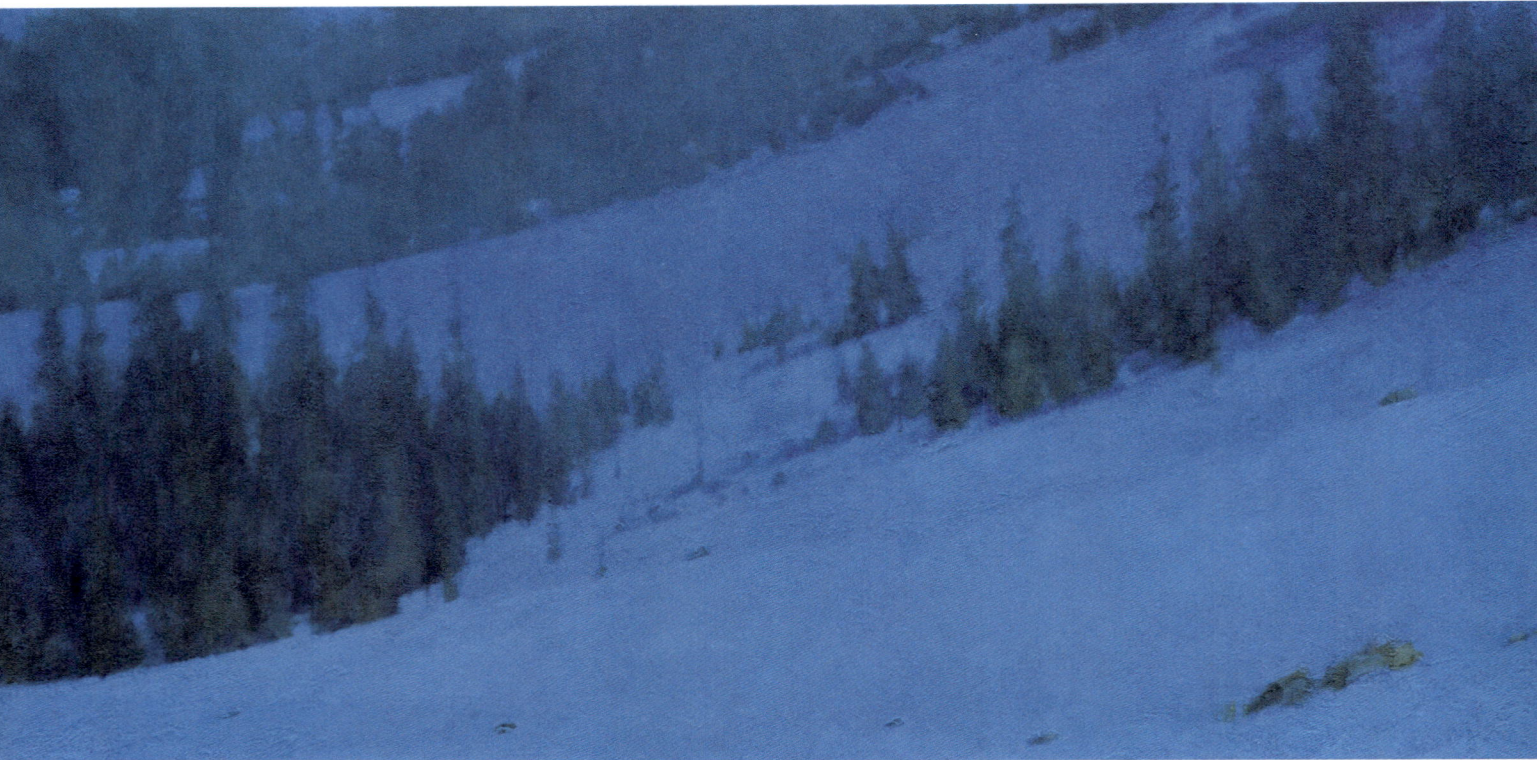

LA ESTRATEGIA DEL COLOR: TRES PRÁCTICAS INTERRELACIONADAS

En el resto del capítulo, veremos cada forma de contraste por separado. Sin embargo, tenga en cuenta que las interacciones de los tonos, los contrastes de valores y la saturación relativa no funcionan de manera independiente. Al contrario, mantienen una relación dinámica, es decir, cada uno influye en el otro.

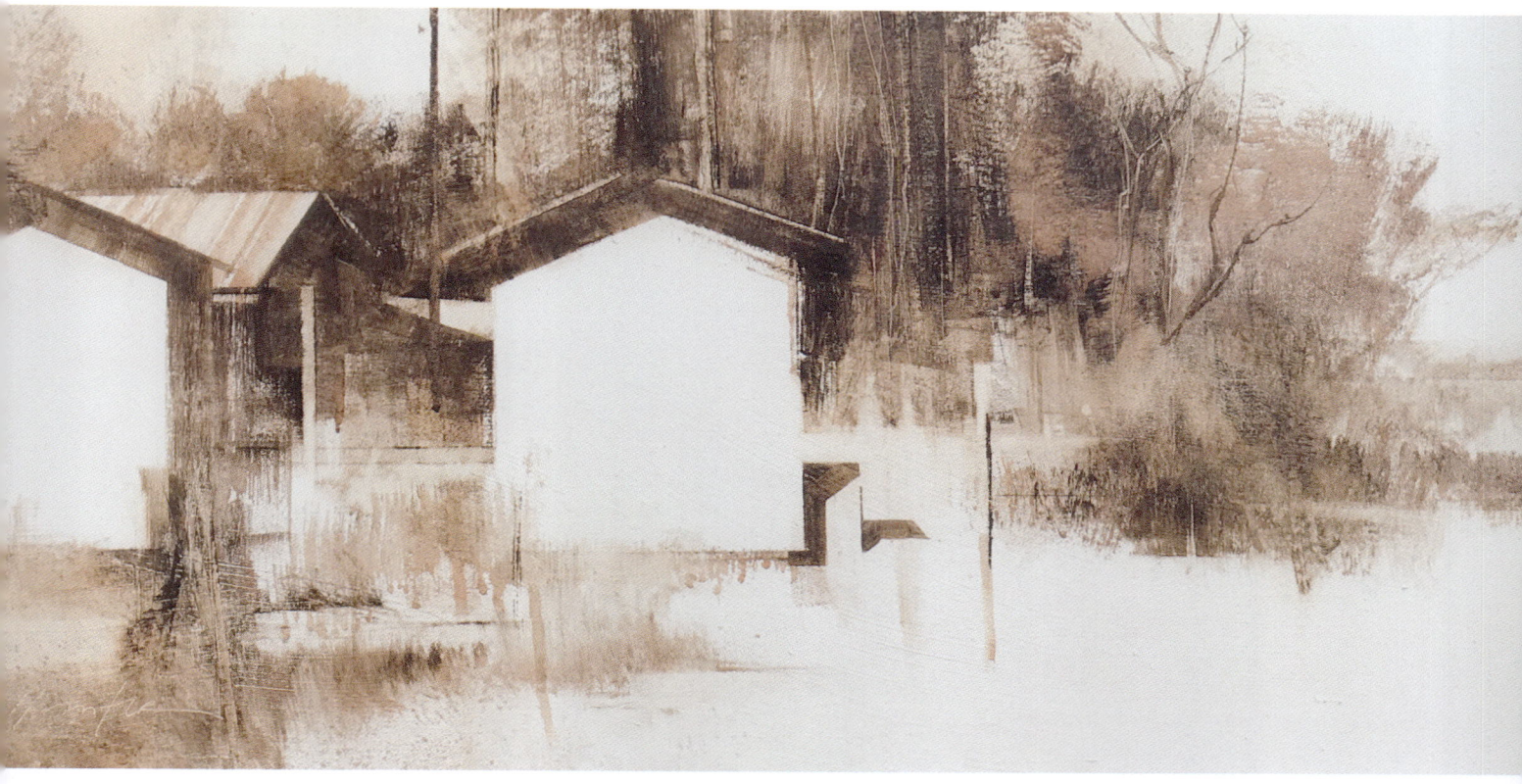

EL PODER DE LA LUZ Y LA OSCURIDAD

Charlie Hunter, *Cinco cinco dieciocho*
Óleo sobre tablilla, 30,5 × 61 cm

INTERACCIÓN DE TONOS: **SIMILITUD**, monocroma
CONTRASTE DE VALORES: BAJO / MEDIO / **ALTO**
SATURACIÓN: **BAJA** / MEDIA / ALTA

En *Cinco cinco dieciocho*, Hunter trabaja monocromáticamente con un solo pigmento, el marrón
Van Dyke. Con todo el contraste cromático que ofrece una paleta completa, ¿por qué optaría
un pintor por esta estrategia? La pureza de la claridad y la oscuridad posee una belleza innata.
Lo que a una pintura como esta le puede faltar de contraste cromático lo compensa con creces
la espectacularidad de los contrastes de valores. Para lograr una gama de valores con el único
pigmento oscuro, Hunter prescinde del blanco. Solo emplea el marrón Van Dyke en distintos grados
de opacidad y transparencia.

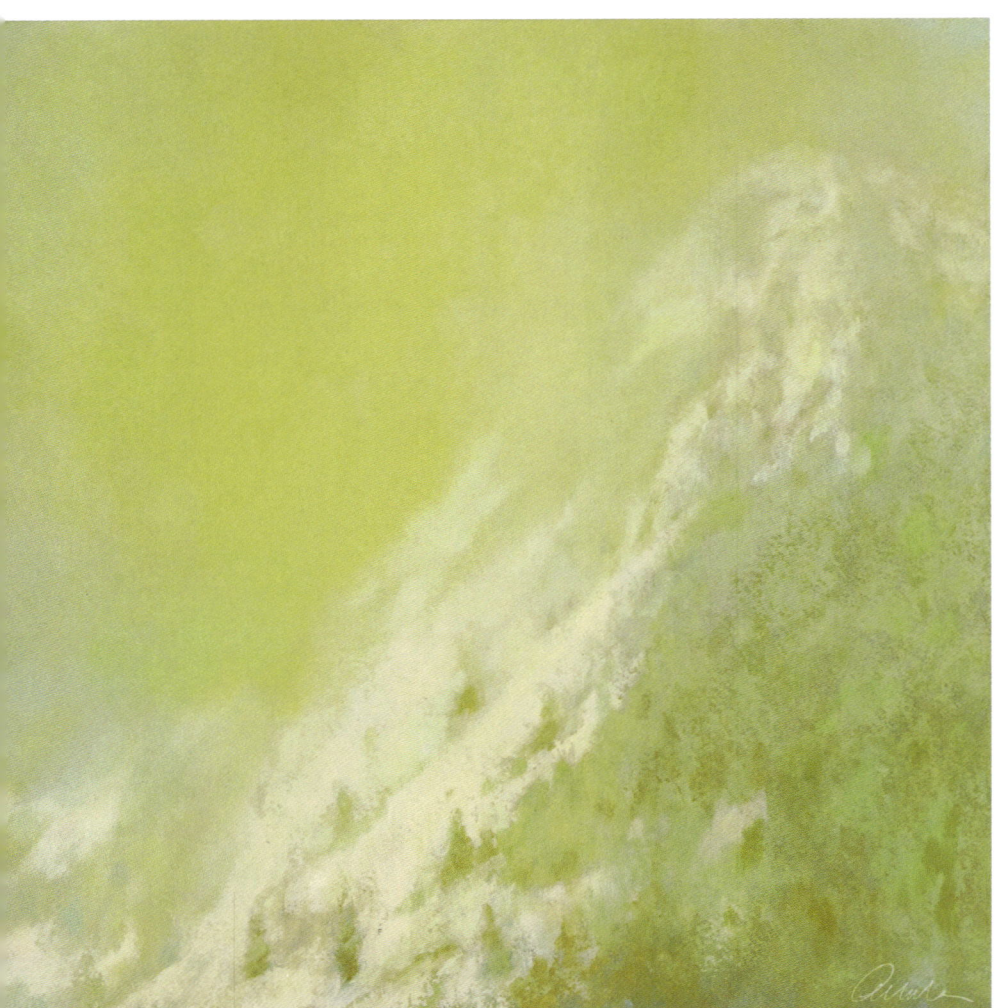

EL PODER DE LA AMISTAD: LA ARMONÍA ANÁLOGA

Mitchell Albala, *Cresta nevada, primera luz del día*
Óleo sobre tabla, 30,5 × 30,5 cm

INTERACCIÓN DE TONOS:
SIMILITUD, análoga

CONTRASTE DE VALORES:
BAJO / MEDIO / ALTO

SATURACIÓN:
BAJA / **MEDIA** / ALTA

Los colores análogos están uno al lado del otro en el círculo cromático y, por tanto, mantienen la relación más estrecha que pueden tener dos o tres colores cualesquiera. Aquí, la profundidad del color de la atmósfera se consigue con una analogía de tres tonos, que va del amarillo al verde, pasando por el amarillo verdoso. El amarillo es el tono común que comparten los tres colores de la analogía. Una gama de valores comprimida también contribuye a la cualidad atmosférica.

ATMÓSFERA Y ANALOGÍA

Una de las cualidades mágicas de la luz del paisaje es su capacidad para mantener el color en la atmósfera. Según la hora del día y la cantidad de humedad y polvo del aire, la atmósfera puede reflejar determinados colores (como podemos ver al atardecer) y bañar todo lo que toca en un velo unificador de luz en color. La armonía análoga resulta muy eficaz para crear este efecto. La capacidad innata de los colores análogos de crear relaciones profundamente armoniosas hace que resulten una forma ideal de simular la ilusión de la luz y la atmósfera en color.

Foto: Obadinah Heavner

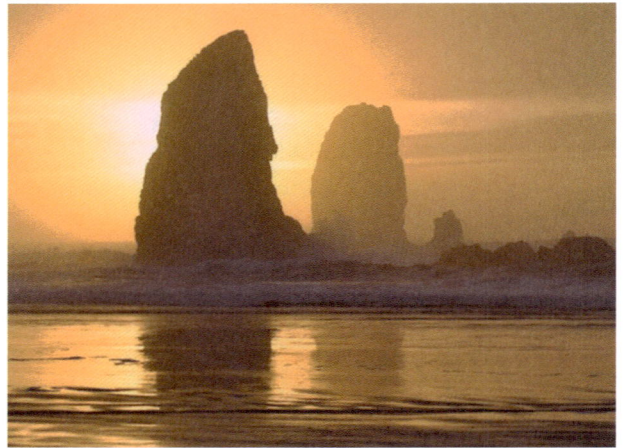

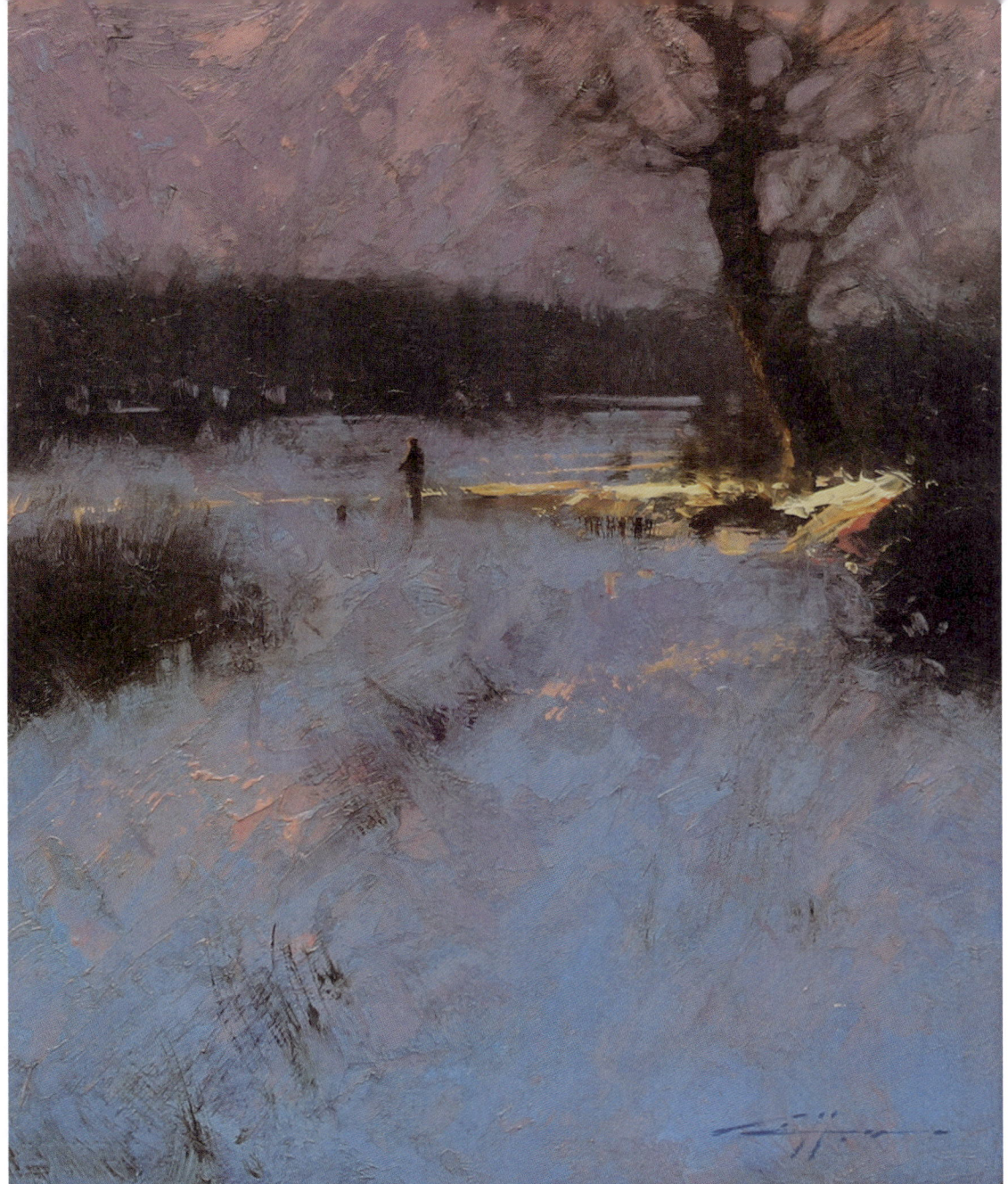

ARMONÍA ANÁLOGA CON TOQUE DE CONTRASTE

Brent Cotton, *Cuando los días son cortos*
Óleo sobre lino, 25,5 × 20,5 cm

INTERACCIÓN DE TONOS: **SIMILITUD**, armonía análoga con toque de contraste
CONTRASTE DE VALORES: BAJO / **MEDIO** / ALTO
SATURACIÓN: BAJA / **MEDIA** / ALTA

Si la armonía análoga es tan eficaz para sugerir luz unificada, ¿por qué no hay más pintores que trabajen con ella? Porque no siempre les proporciona el contraste cromático que necesitan. En la pintura de Cotton, experimentamos todas las ventajas de la profundidad del color de la luz a través de una analogía azul violáceo/rojo violáceo. Aun así, aviva el campo cromático con un toque complementario de amarillo anaranjado. La gama de valores comprimida también contribuye a la ilusión de la profundidad del color de la luz.

EL PODER DE LOS OPUESTOS: COMPLEMENTARIOS

Si la armonía implica una relación agradable entre colores, ¿cómo pueden considerarse armoniosos dos complementarios, con una oposición y vibración innatas? Porque los colores que vibran no necesariamente son disonantes. De hecho, muchos pintores encuentran deseable este tipo de interacción. Crea un tipo de contraste que puede simular la luminosidad de la luz a través del color. Los colores complementarios son la interacción de tonos más potente.

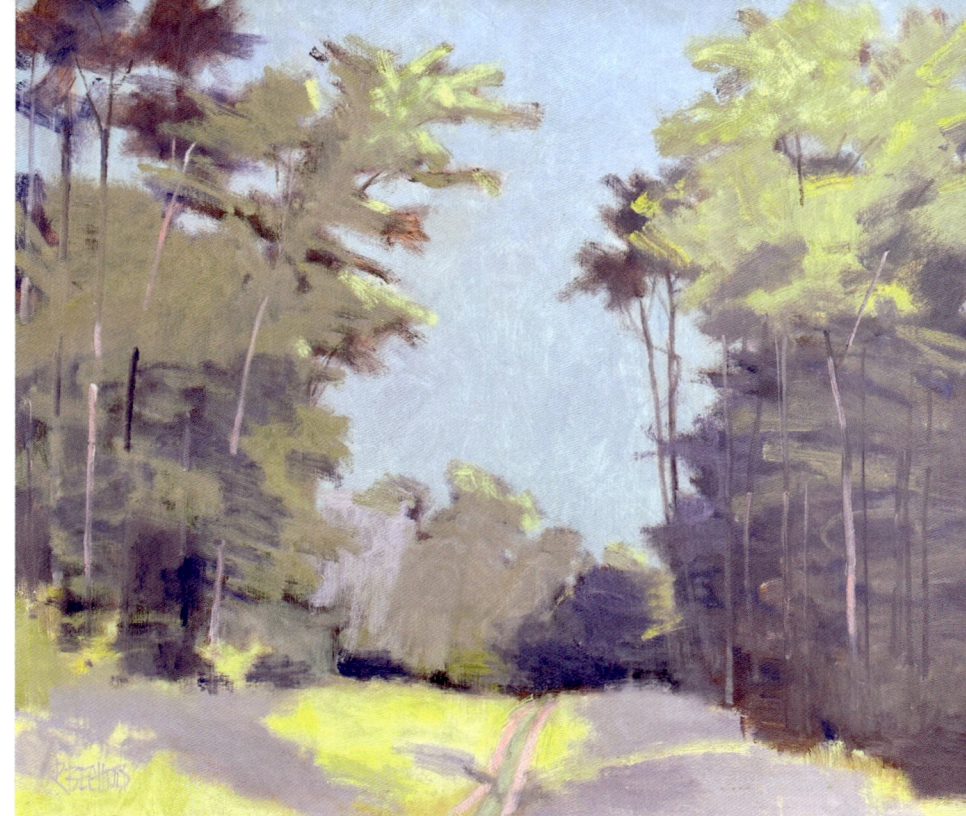

Rodger Bechtold, *Árboles altos*
Óleo sobre lino, 91,5 × 107 cm

INTERACCIÓN DE TONOS: **DIFERENCIA**, complementaria
CONTRASTE DE VALORES: BAJO / **MEDIO** / ALTO
SATURACIÓN: BAJA / **MEDIA-ALTA**

Árboles altos está basada claramente en dos colores complementarios: el amarillo y el violeta. El manejo de esta radiante relación complementaria de Bechtold denota control. A excepción de unos cuantos pequeños fragmentos, no utiliza el amarillo y el violeta completamente saturados. Eso realzaría el efecto radiante pero se vería muy poco natural. En la mayor parte de la pintura, el amarillo y el violeta están parcialmente desaturados.

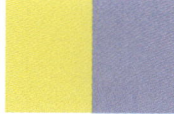 

COMPLEMENTARIOS «RADIANTES» Y «NEUTRALIZANTES»

Los complementarios tienen una naturaleza dual. Cuando se colocan uno al lado del otro, potencian la intensidad visual del otro. En este caso reciben el nombre de complementarios *radiantes*. Cuando los mismos colores se mezclan, crean el efecto contrario. Empiezan a anularse mutuamente y crean neutros, como se ve en el centro de la muestra mezclada. En este caso se denominan complementarios *neutralizantes*. Johannes Itten los describió de este modo: «Dos colores así forman una extraña pareja. Son opuestos, pero, sin embargo, se necesitan. Se incitan mutuamente con toda su intensidad cuando están juntos y se anulan mutuamente cuando se mezclan, como el fuego y el agua».

ASPECTO DEL CONTRASTE CROMÁTICO: EL VALOR

LA IMPORTANCIA DEL CONTRASTE DE VALORES

El valor es la segunda forma de contraste que interviene en la estrategia cromática. Como hemos visto en el capítulo 1, el valor es la claridad o la oscuridad relativas de un color. No hay que sobrevalorar su importancia. En gran medida es el responsable de transmitir la sensación de luz, profundidad y volumen. Los pintores suelen creer que el valor funciona de manera independiente del color. Pero, en realidad, el color y el valor están dinámicamente interrelacionados.

El valor de un color ejerce un efecto directo en la expresión de la identidad cromática de dicho color. Lo claro u oscuro que sea un color influirá en nuestra manera de percibirlo como es realmente.

Al ajustar el valor relativo de los colores, los pintores pueden sugerir la luz de distintas formas. Algunos se basan en marcados contrastes de valores, hasta el punto de que el propio tono desempeña un papel secundario. Es lo que se denomina planteamiento prioritario del valor. Otros dan la vuelta al equilibrio entre el color y el valor con un planteamiento prioritario del color. Al mantener los valores más intermedios y aumentar su saturación, los contrastes cromáticos pueden ser más decisivos a la hora de sugerir luz. Los pintores también pueden combinar ingeniosamente ambos planteamientos.

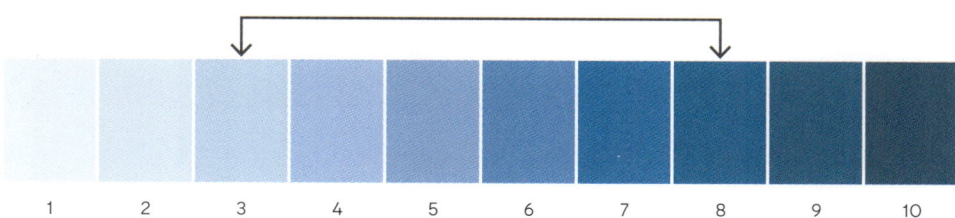

1 2 3 4 5 6 7 8 9 10

CÓMO INFLUYE EL VALOR EN LA IDENTIDAD DEL COLOR

En esta escala de 10 valores para el azul, algunos azules lo son más que otros. En la parte intermedia de la escala (3 a 8), queda más patente su «azulidad» característica. Su identidad cromática es más obvia, sobre todo cuando los colores están más saturados, como en estas muestras. En los valores de los extremos de la escala (1-2 y 9-10), la identidad del azul resulta menos aparente. Los colores muy claros y muy oscuros poseen una menor identidad de tono que los colores intermedios. Esto tiene implicaciones importantes para los pintores que desean utilizar más colores saturados para simular los efectos de la luz natural.

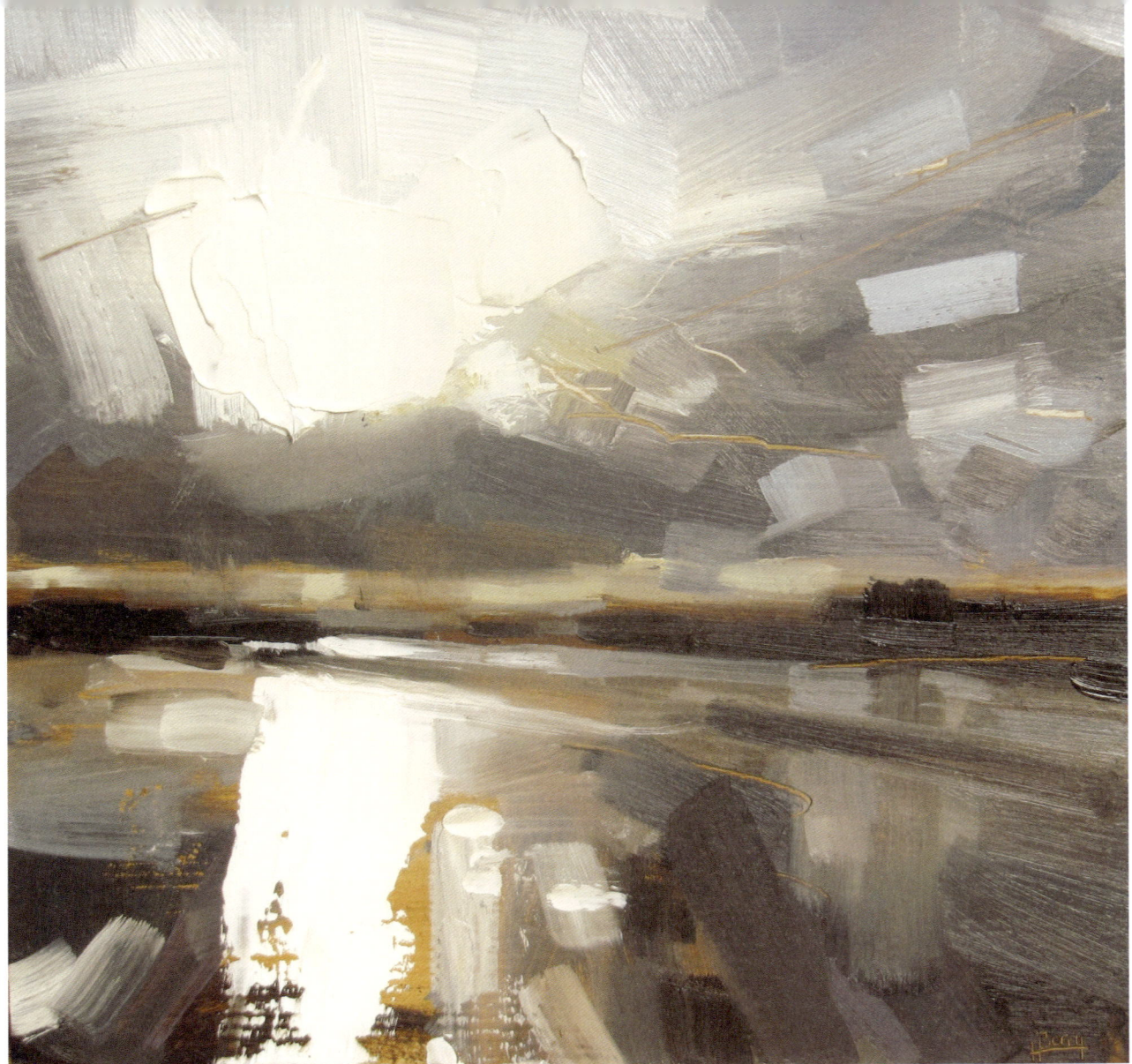

PLANTEAMIENTO PRIORITARIO DEL VALOR

Hester Berry, *Instow*
Óleo sobre tablilla, 20,5 × 20,5 cm

INTERACCIÓN DE TONOS: **DIFERENCIA**, sutiles diferencias de temperatura
CONTRASTE DE VALORES: BAJO / MEDIO / **ALTO**
SATURACIÓN: **BAJA** / MEDIA / ALTA

La espectacularidad de la luz de *Instow* se logra casi por completo mediante fuertes contrastes de valor. En un planteamiento prioritario del valor, el tono tiende a desempeñar un papel menor. Aquí existen diferencias muy sutiles de temperatura entre los grises azulados fríos del cielo y los tonos tierra más cálidos de abajo. Pero solo tienen un pequeño papel secundario en comparación con el marcado contraste entre los claros y los oscuros.

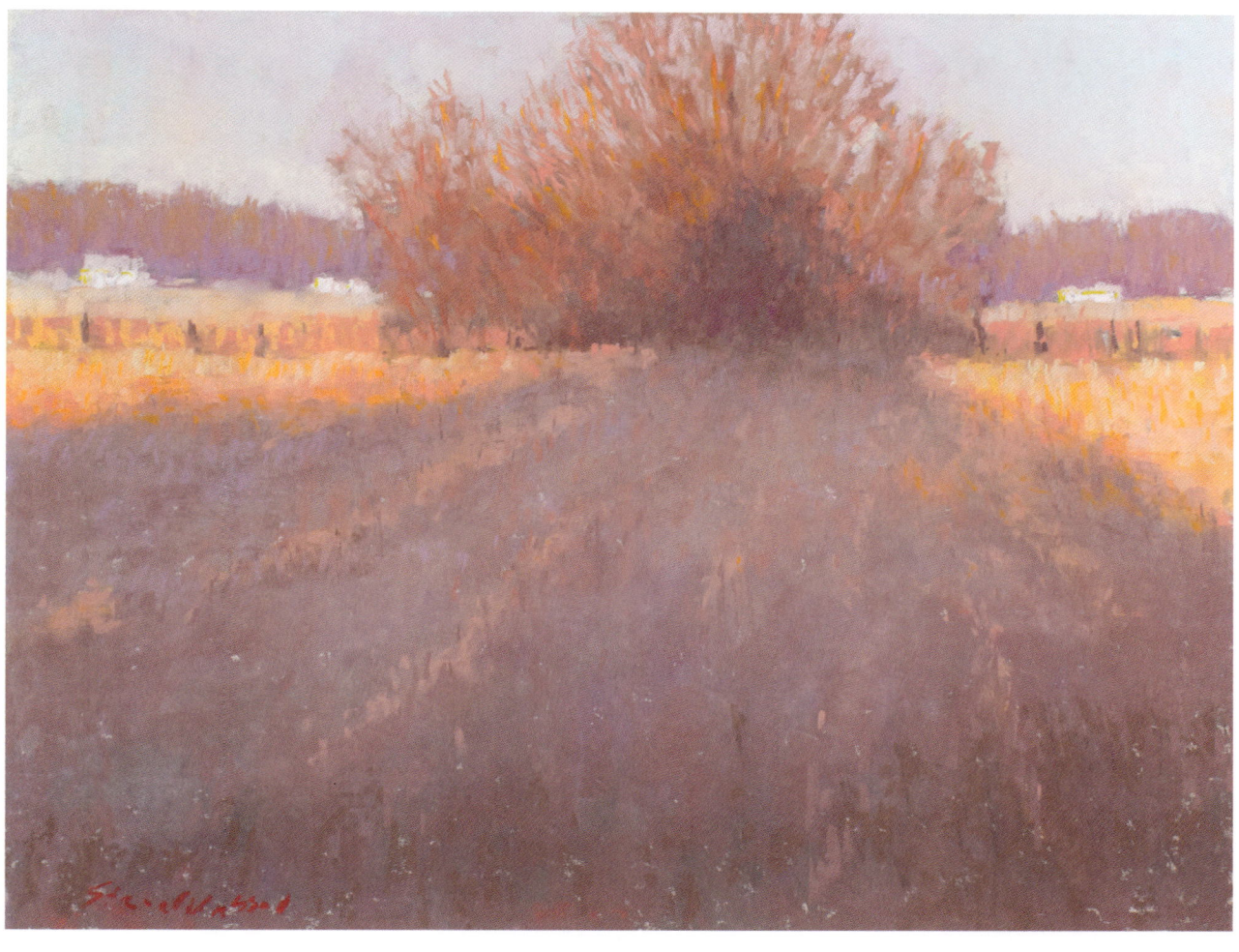

PLANTEAMIENTO PRIORITARIO DEL COLOR

Carol Strock Wasson, *La última luz*
Pastel sobre papel, 40,5 × 51 cm

INTERACCIÓN DE TONOS: **DIFERENCIA**, complementaria
CONTRASTE DE VALORES: BAJO / **MEDIO** / ALTO
SATURACIÓN: BAJA / **MEDIA-ALTA**

Es fácil olvidar que hubo un tiempo en que un planteamiento prioritario del color como este se consideraba escandaloso. Para el paisajista colorista, el gran legado del impresionismo del siglo XIX es este: el color más puro, cuando se utiliza en la gama intermedia, puede ser tan, si no más, eficaz para sugerir las cualidades de la luz como los fuertes contrastes de valor. En términos de color y valor, *La última luz* es casi lo contrario a *Instow*, de Berry, en la página anterior. Naturalmente, hay contrastes de valor en la primera, pero no son tan marcados. Los valores se mantienen en el término medio, donde los colores revelan más su identidad cromática intrínseca.

ASPECTO DEL CONTRASTE CROMÁTICO: LA SATURACIÓN:

LA IMPORTANCIA DE LA SATURACIÓN DEL COLOR

La saturación del color es el tercer aspecto del contraste que interviene en la estrategia del color. Cuando hablan de saturación, los pintores suelen referirse a la saturación *global* del color del cuadro. Por ejemplo, los colores de una pintura impresionista tendrán más saturación global que, pongamos, una pintura tonalista, que cuenta con colores menos saturados. Esta es una de las razones de la importancia de la saturación para definir el tono emocional de una pintura. Una pintura impresionista, con sus valores más claros y sus colores más saturados, puede llenarnos de alegría, mientras que una pintura tonalista, con sus tonalidades más oscuras y sus armonías neutras, puede evocar un ambiente contemplativo.

Naturalmente, los distintos colores de un cuadro también pueden tener diferentes saturaciones. Sin variar los niveles de saturación, nuestras relaciones cromáticas serían unidimensionales. Todos los colores tendrían la misma tonalidad.

Dado que el color nos evoca tantas emociones, suele haber una preferencia por los colores saturados. Aun así, estos colores luminosos son solo un aspecto de una paleta completamente equilibrada. Los colores menos saturados son otra dimensión y sirven de contrapunto necesario de los colores saturados.

SATURACIÓN ALTA ⟵⟶ SATURACIÓN BAJA

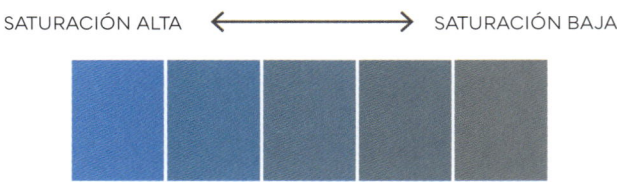

SATURACIÓN DEL COLOR

Como el contraste de los valores, la saturación del color es una medida relativa. En esta gama de azules, los valores son los mismos, pero los niveles de saturación varían. El azul de la izquierda está completamente saturado (intenso y colorido). A medida que nos desplazamos a la derecha, los azules pierden cada vez más saturación, hasta la muestra de la derecha, que está tan desaturada que parece gris.

SEMÁNTICA: La saturación también se conoce como «croma» o «intensidad». Cada una de estas palabras tiene un significado algo distinto. Lamentablemente, los artistas las utilizan indistintamente. Los colores poco saturados también pueden denominarse «de baja intensidad», «neutros» o «grises». Por coherencia, me refiero a este aspecto del contraste cromático como «saturación» y utilizo la palabra «neutros» para describir los colores que no están completamente saturados.

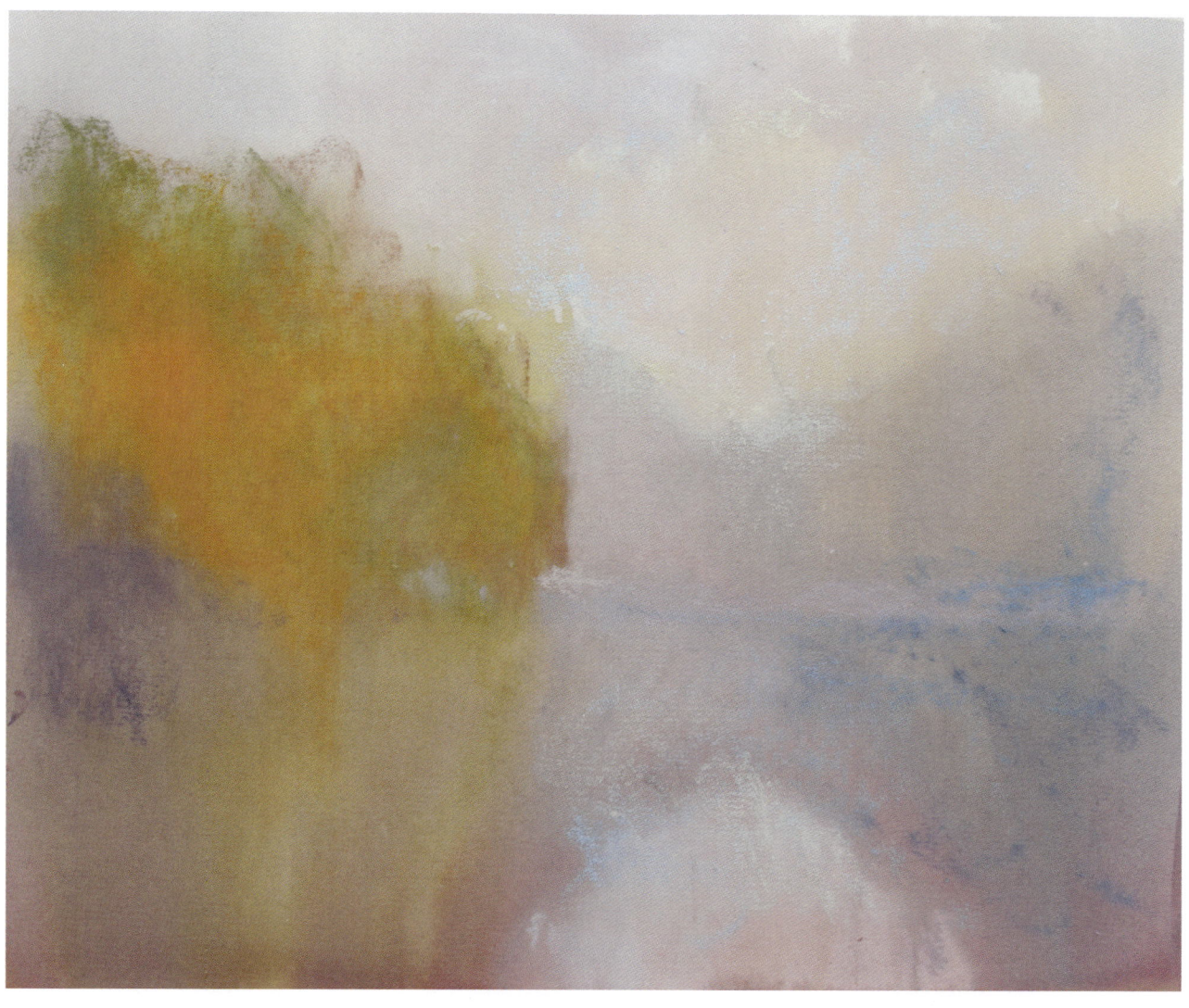

EQUILIBRIO DE COLORES SATURADOS CON NEUTROS

Loriann Signori, *Grandeza sutil*
Pastel, 24 × 28 cm

INTERACCIÓN DE TONOS: **DIFERENCIA**, complementaria sutil
CONTRASTE DE VALORES: BAJO / **MEDIO** / ALTO
SATURACIÓN: BAJA / **MEDIA** / ALTA

Los colores saturados se ven más llamativos al lado de colores neutros, y los colores neutros cobran relevancia cuando se combinan con colores saturados. Según Signori: «Confío en la belleza de los colores neutros para realzar los colores más saturados». En *Grandeza sutil*, vemos una leve interacción de tonos complementarios entre la isla naranja y el azul del agua y el cielo.

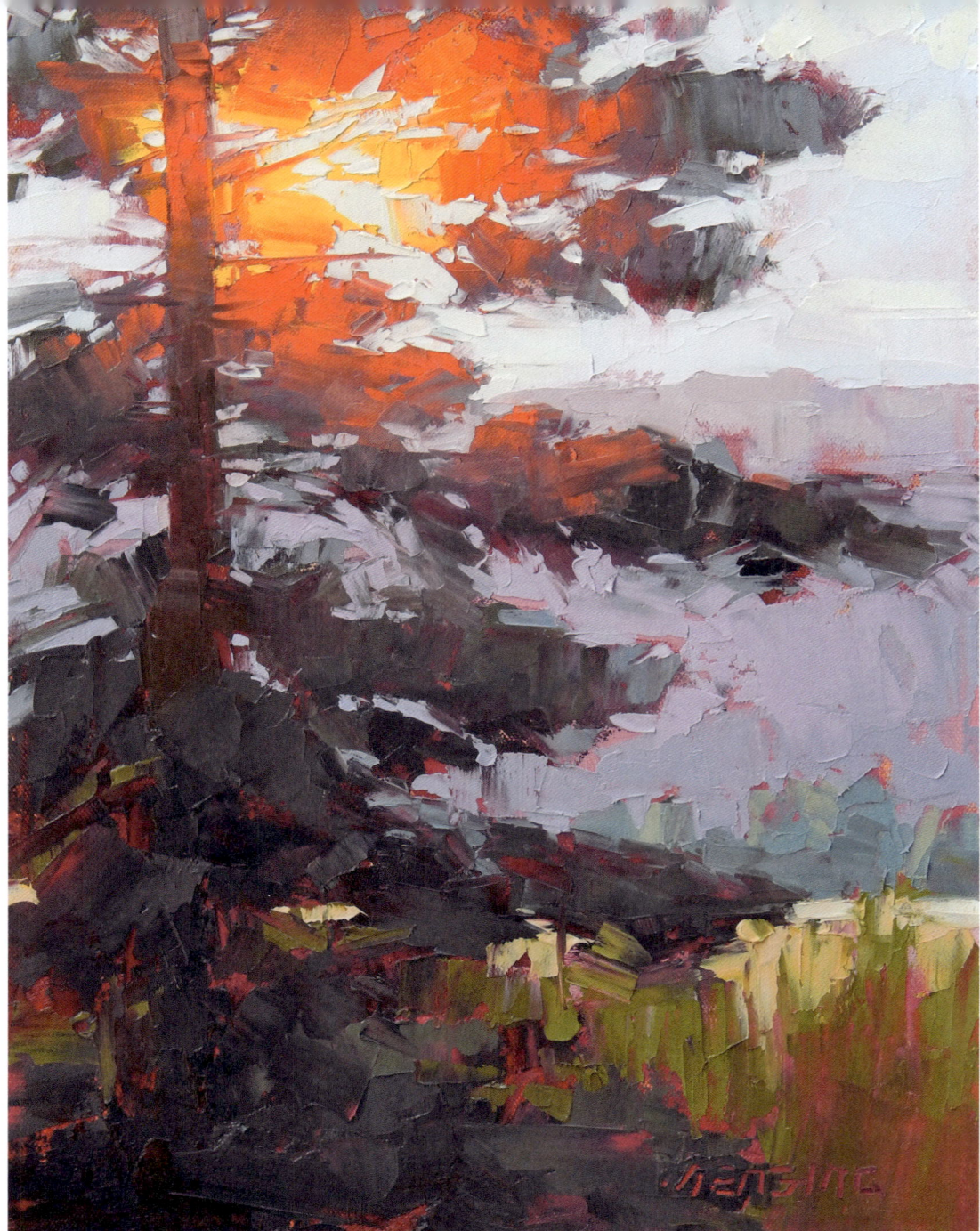

COLOR SATURADO Y OSCUROS INTENSOS

David Mensing, *Moderación excesiva*
Óleo sobre lienzo, 40,5 × 30,5 cm

INTERACCIÓN DE TONOS: **DIFERENCIA**
CONTRASTE DE VALORES: BAJO / MEDIO / **ALTO**
SATURACIÓN: BAJA / MEDIA / **ALTA**

Otro planteamiento para trabajar con colores saturados es combinarlos con oscuros intensos. Podría considerarse una combinación de los planteamientos prioritarios del valor y del color. En el cuadro de Mensing, los rojos y naranjas saturados están rodeados de valores muy oscuros que realzan aún más su luminosidad. Con este planteamiento se obtienen claros y oscuros intensos que crean la ilusión de luminosidad y saturación del color para realzar la luz.

LA ARMONÍA DE LOS NEUTROS

Si el objetivo de una estrategia del color es conseguir una mejor unidad cromática, la falta de saturación o las paletas neutras podrían considerarse una de las maneras más eficaces de lograr dicha armonía. Los colores neutros tienen un poder especial: combinan con naturalidad con otros colores neutros.

Un neutro absoluto sería un gris perfecto, sin ninguna desviación. A medida que los pintores hacen los colores cada vez más neutros, los colores empiezan a armonizar a través de una asociación común con el gris neutro. La pintura de David Curtis de la página 128 es un magnífico ejemplo de ello.

Los colores neutros crean un efecto mágico. Los tonos que, de otro modo, desentonarían en un campo de color saturado, se suavizan cuando se neutralizan y armonizan mejor entre sí.

TENGA EN CUENTA QUE: Una armonía neutra no significa la ausencia de color. Aunque los neutros no gritan tanto como los colores saturados (prefieren susurrar), son más que capaces de crear relaciones armoniosas. Como demuestran los cuadros de Renato Muccillo y David Curtis de las páginas siguientes, los colores neutros también son bonitos.

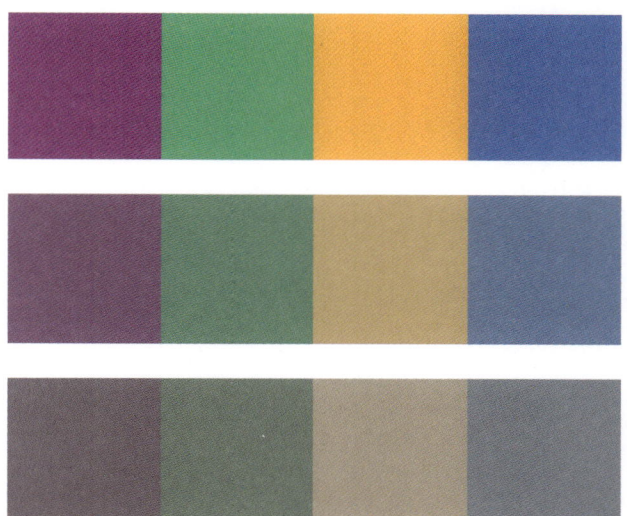

DE LA DISCORDANCIA A LA ARMONÍA

Los colores neutros tienen la capacidad innata de armonizar colores dispares. Esto permite al pintor incluir una amplia gama de tonos, de múltiples puntos del espectro, sin arriesgarse a que desentonen. En estas muestras, cada fila tiene los mismos cuatro tonos. En la superior, los colores están completamente saturados. Tienen poco en común e incluso desentonan. En la intermedia, los colores están parcialmente desaturados y parecen menos discordantes. En la inferior, los colores están extremadamente desaturados, recuerdan ligeramente a su tono original, y son considerablemente más armoniosos y están más unificados que los de las dos filas superiores.

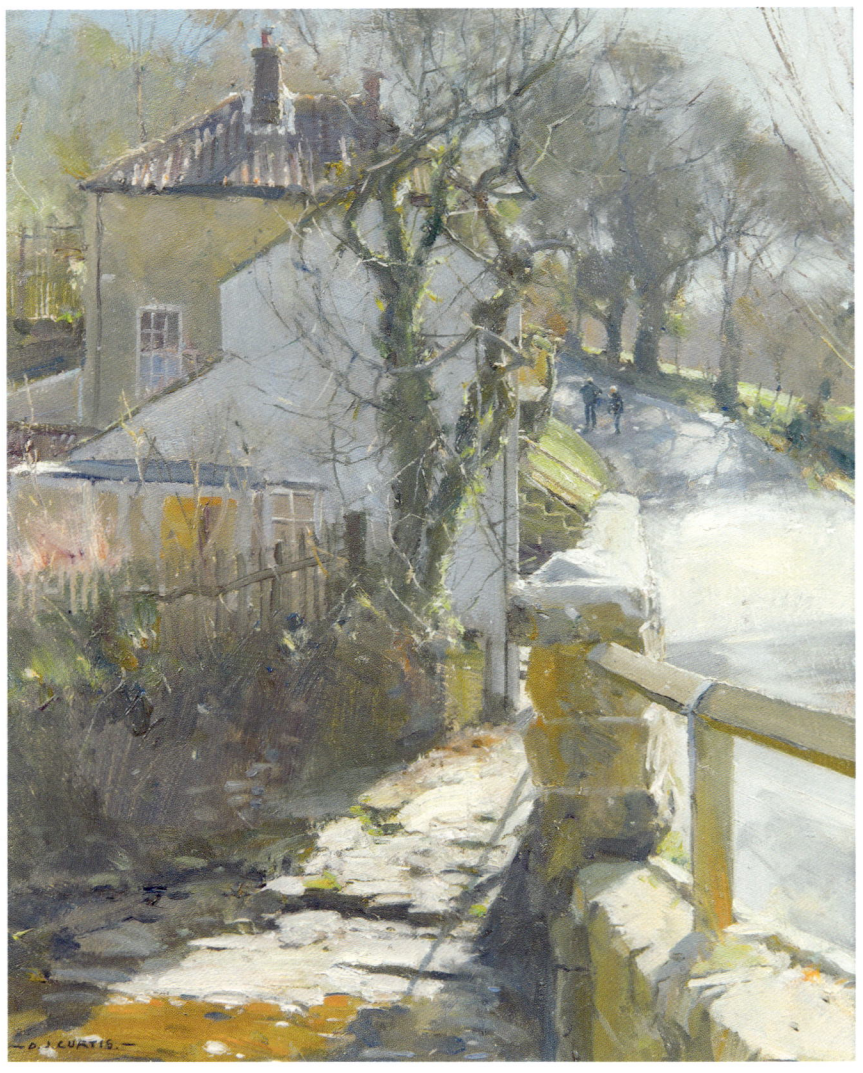

ARMONÍA DE COLORES DISPARES A TRAVÉS DE LOS NEUTROS

David Curtis, *Luz primaveral – Beck Hole, North Yorkshire*
Óleo sobre tablilla, 30,5 × 25,5 cm

INTERACCIÓN DE TONOS: **MÚLTIPLE**
CONTRASTE DE VALORES: BAJO / **MEDIO** / ALTO
SATURACIÓN: **BAJA** / MEDIA / ALTA

En *Luz primaveral*, Curtis consigue una de las mayores hazañas de la armonía cromática: utiliza los colores de todo el espectro (rojos, amarillos, azules, verdes, naranjas y violetas), pero evita que tanta diversidad de tonos desentone. Curtis lo logra a través de la armonía de los neutros. Los colores neutros combinan con naturalidad con otros colores neutros. A excepción de la pequeña mancha de naranja de la parte inferior, todos los tonos de la pintura están parcialmente desaturados y armonizan a través de una asociación común con el gris neutro.

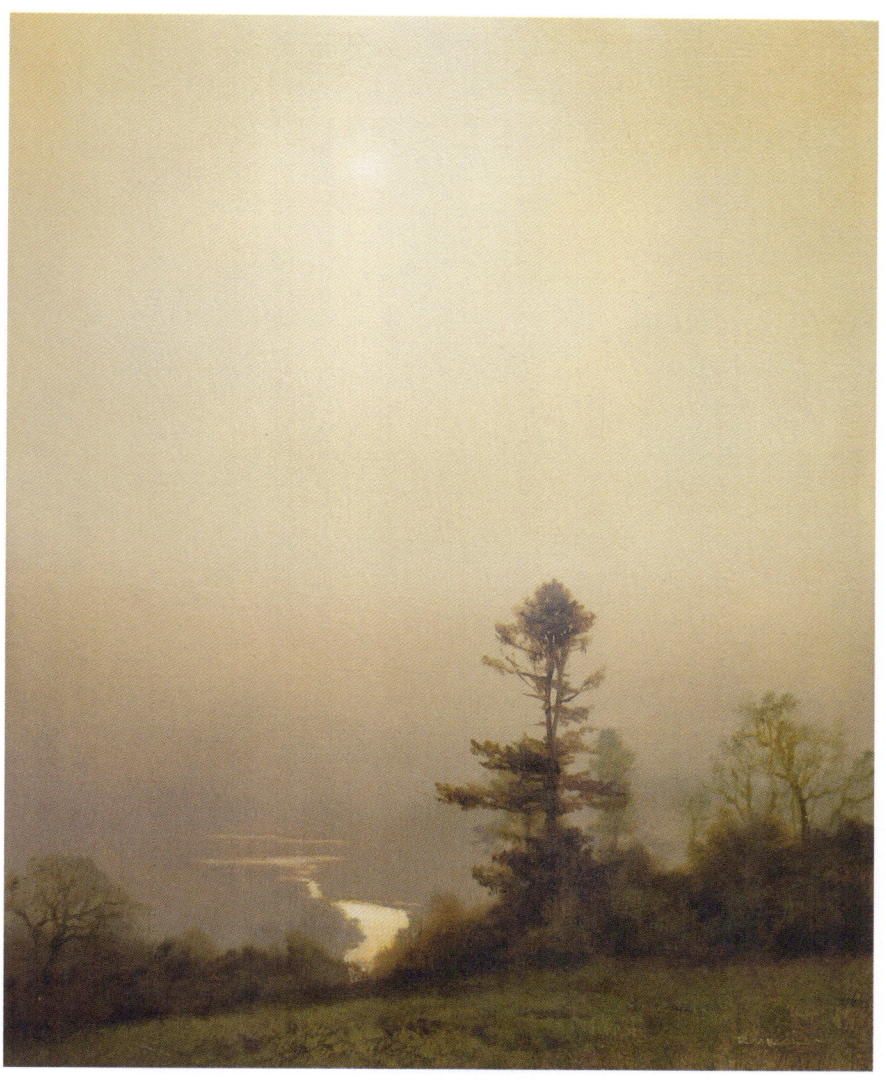

LAS ARMONÍAS NEUTRAS DEL TONALISMO

Renato Muccillo, *Resplandor en el valle II*
Óleo sobre tablilla, 20,5 × 15 cm

INTERACCIÓN DE TONOS: **SIMILITUD**
CONTRASTE DE VALORES: BAJO / MEDIO / **ALTO**
SATURACIÓN: **BAJA** / MEDIA / ALTA

Renato Muccillo practica la tradición tonalista contemporánea. Los tonalistas raramente recurren a los colores saturados, al contrario, sus paletas están cargadas de tonos tierra y colores neutros. Cuando la armonía obtenida con colores neutros se combina con fuertes contrastes de valores, es una fórmula tanto para la luz efectista como unificada. La paleta tonalista de Muccillo incluye solo cuatro colores, además de blanco: AMARILLO DE NÁPOLES, VERDE VEJIGA, ÓXIDO ROJO TRANSPARENTE y AZUL ULTRAMAR. El uso de tan pocos colores (una paleta restringida) también favorece la formación de armonías unificadas.

PREGUNTAS DE REPASO: **LA ESTRATEGIA COMPLETA DEL COLOR**

Cuando planifica una estrategia, ¿recuerda que no solo consiste en las interacciones de los tonos (por ejemplo, complementarias, análogas, etc.)?

Una estrategia completa también implica contrastes de valores y una saturación relativa del color. ¿Cómo afectan a la composición en color global?

¿Qué interacciones de tonos se dan en el motivo?

Las interacciones de tonos son responsables de las fuerzas de atracción y oposición que se producen entre los colores. ¿Las interacciones de tonos se basan principalmente en los colores que están muy relacionados o que son muy distintos? ¿O tal vez una combinación de ambas cosas? ¿Existe más de un tipo de interacciones de tono?

¿Aprovecha las diferencias de temperatura o crea estrategias solo cálidas o solo frías?

La frialdad frente a la calidez es un aspecto importante del contraste cromático. Las diferencias de temperatura aportan variedad al tapiz de color.

¿Cómo afectan los contrastes de valores a la impresión cromática global?

¿Los contrastes de valores son muy marcados? ¿O los valores son muy próximos? ¿Cómo afecta el valor de un color a la expresión de la identidad cromática de dicho color? Lo claro u oscuro que sea un color influirá en nuestra manera de percibirlo como es realmente.

Mitchell Albala, *El puente Ballard en dirección a Shilshole, invierno*
Pastel sobre papel, 14,5 × 23 cm

INTERACCIÓN DE TONOS: **DIFERENCIA**, temperatura
CONTRASTE DE VALORES: **BAJO** / MEDIO / ALTO
SATURACIÓN: **BAJA** / MEDIA / ALTA

¿Qué son los niveles de saturación de los colores?

¿Hay muchos colores luminosos y saturados? ¿La estrategia global se basa en armonías neutras? ¿O tal vez una combinación de ambas cosas? ¿Cómo influye el nivel de saturación de los colores en la ilusión de la luz unificada? ¿Dónde puede ser necesario aumentar o disminuir la saturación?

¿Está siguiendo demasiado de cerca los colores que ve en el motivo?

El éxito de una estrategia del color no se mide solo por lo fiel que es a la escena original, sino por lo bien que la pintura funciona como una pintura. El color que ve en el motivo es solo un punto de partida. Puede desviarse de lo que ve en la naturaleza (o en la foto) en función de las necesidades de la pintura.

EJERCICIO: UN MOTIVO, DISTINTAS ESTRATEGIAS

PLANTEAMIENTO: No hay nada mejor para experimentar todo el potencial de la estrategia del color que pintar el mismo motivo con distintas estrategias. Puede que no disponga de varias fotos del mismo motivo con armonías cromáticas distintas, lo que significa que deberá tener inventiva a la hora de elegir los colores o incluso inspirarse en otras pinturas. Una estrategia cromática es mutable y flexible, es decir, puede crear prácticamente cualquier esquema de colores siempre y cuando el color resulte convincente en el contexto de la pintura. (Véase «Color convincente y color creíble» en la página 108).

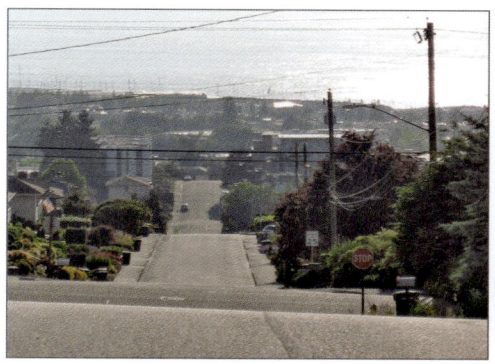

FOTO ORIGINAL

La foto original tiene una composición potencialmente interesante, pero no captura los colores del atardecer. Solo se utilizará como punto de partida. Solo una de las pinturas de la serie se inspira en las armonías neutras de la foto original. Las estrategias del resto son fruto de la imaginación. Además, el agua de la parte superior se convertirá en cielo. Todas las pinturas de esta serie conservan el tema del atardecer, pero lo interpretan con una paleta completamente distinta. Cada cuadro es una manifestación única de un determinado color de la luz.

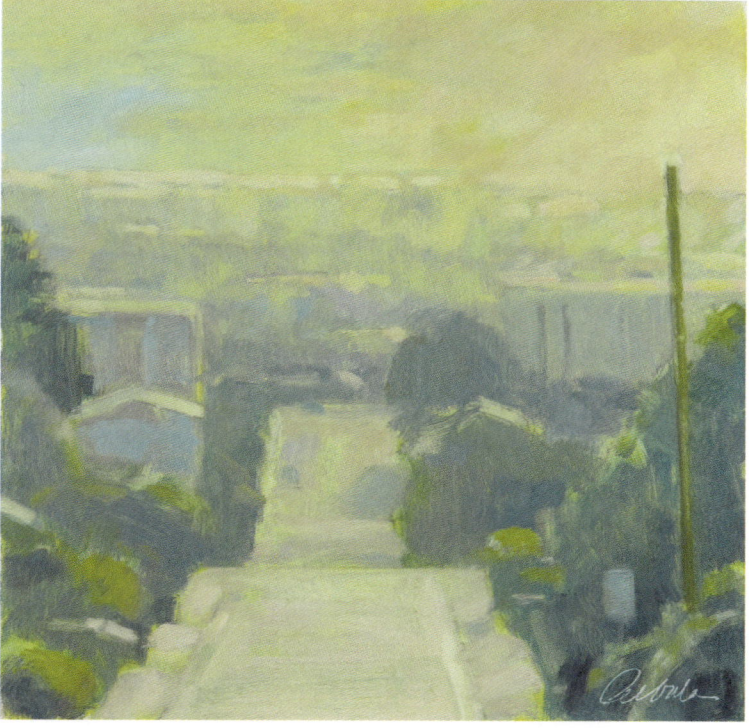

Mitchell Albala, *Camino a casa, estudio en amarillo y azul ftalo*
Óleo sobre papel, 20,5 × 20,5 cm

La profundidad atmosférica de este estudio se consigue principalmente con armonía análoga (amarillo/amarillo verdoso) con toques de azul verdoso. Los toques de azul del cielo y la casita de la izquierda ofrecen sutiles notas de contraste de temperatura. Dado que los valores son intermedios, los colores relativamente saturados pueden revelar mejor su identidad cromática, lo que se suma a la luminosidad de la pintura.

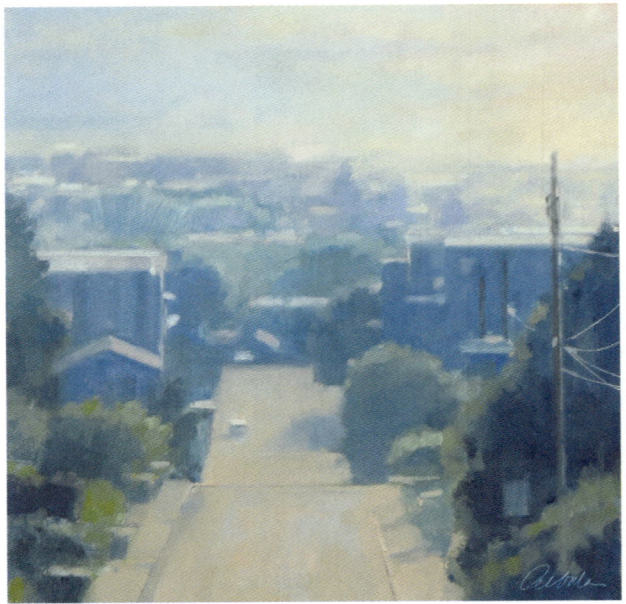

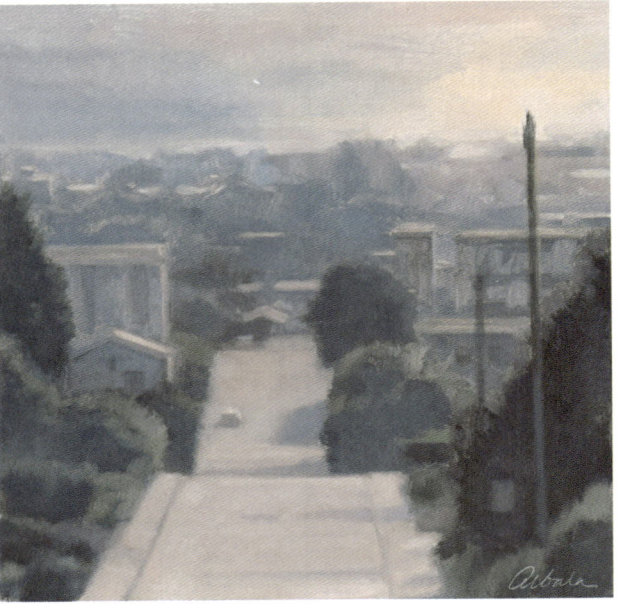

Mitchell Albala, *Camino a casa,
estudio en azul celeste y naranja*
Óleo sobre papel, 20,5 × 20,5 cm

En este caso, la interacción de los tonos es
una armonía análoga con un tono en contraste.
El amarillo anaranjado pálido del cielo y la carretera pone el contrapunto al azul dominante.
Los contrastes de valores son intermedios, lo
que permite sugerir la ilusión de luz con colores
saturados, en oposición a los contrastes de
valores marcados, como vemos en *Estudio en
grises* (derecha).

Mitchell Albala, *Camino a casa,
estudio en grises*
Óleo sobre papel, 20,5 × 20,5 cm

Este estudio se acerca más a las armonías grises
de la foto original. Con un planteamiento prioritario del valor, los efectos de la luz se logran principalmente con contrastes de valores marcados.
Los suaves rosas del cielo y la carretera proporcionan un sutil toque de color a la fría armonía gris
predominante.

MÁS ALLÁ DEL COLOR FOTOGRÁFICO

Puesto que aceptamos sin reparos que las fotografías representan la realidad, muchos pintores cometen el
error de ser demasiado fieles a los colores de la foto y no se plantean cómo podrían mejorarse. Para trabajar
con el color como lo hacen los pintores, hay que dejar atrás la «realidad» de la foto. Si lo único que hacemos
es imitar el color fotográfico, nos negamos la posibilidad de ser inventivos con el color, de pensar como colo-
ristas. Nuestro planteamiento del color debe ser más creativo que la cámara. Para ser flexibles y creativos
con nuestros planteamientos del color (como nos enseñan las estrategias y los grupos cromáticos), debemos
estar dispuestos a alejarnos del color de la foto.

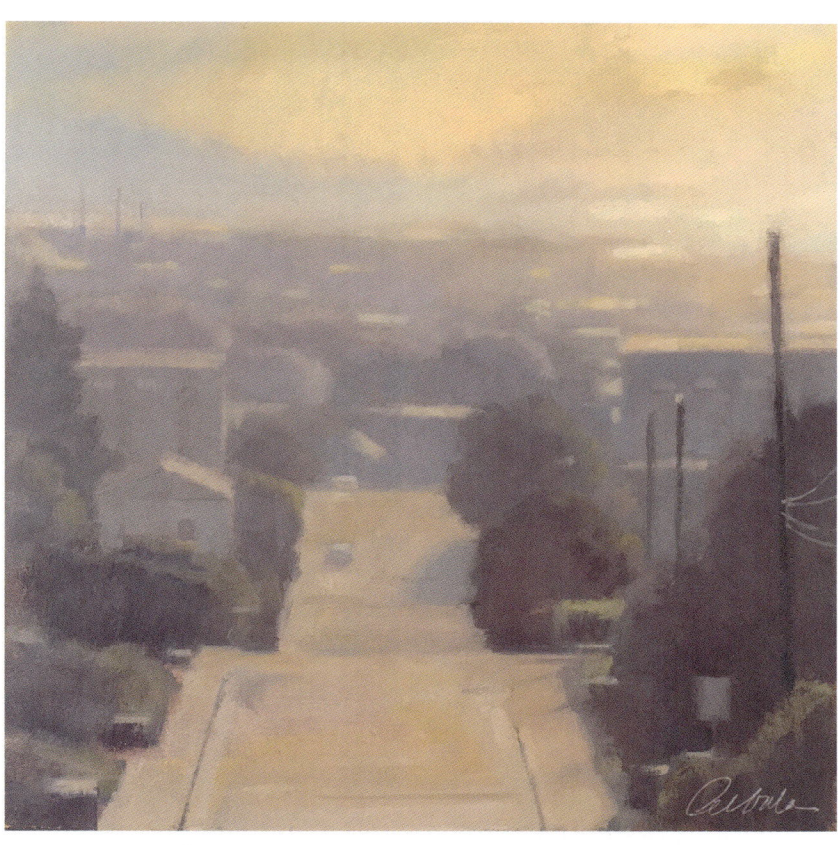

Mitchell Albala, *Camino a casa, estudio en naranja y violeta*
Óleo sobre papel, 20,5 × 20,5 cm

La interacción de tonos de esta pintura es complementaria: amarillo anaranjado/azul violáceo. Los colores de un par complementario tienen que estar completamente saturados para ser efectivos. Aquí, los colores están desaturados de forma parcial. Los contrastes de valores se inclinan a fuertes, lo que contribuye a la sensación de una luz de atardecer.

LA TEMPERATURA, UN ASPECTO DE LA INTERACCIÓN DE TONOS

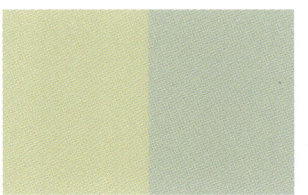
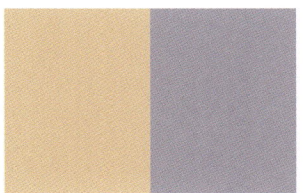

La temperatura describe los atributos «cálidos» o «fríos» de los colores, y se considera una forma de contraste cromático. Las diferencias de temperatura pueden ser sutiles, como en la combinación amarillo/verde, o marcadas, como en la combinación amarillo anaranjado/azul violáceo. Los pintores se valen de las diferencias de temperatura para aportar variación al tapiz cromático. Las distintas interacciones de tonos también reflejan diferencias de temperatura.

TENGA EN CUENTA QUE: La temperatura es una media relativa. Un color nunca es frío o cálido por sí mismo. Un color «frío» solo lo es cuando se pone junto a otro más cálido. Y, a la inversa, un color «cálido» solo lo es cuando se pone junto a otro más frío.

EJERCICIO: **COMPARATIVA DEL PLANTEA-MIENTO PRIORITARIO DEL COLOR Y DEL VALOR**

PLANTEAMIENTO: Una de las lecciones fundamentales que debe aprender todo colorista es esta: ¿hasta qué punto influye el valor de un color en nuestra manera de percibir como es realmente dicho color? (Véase «La importancia del contraste de valores» en la página 121). En este ejercicio, hará dos pinturas del mismo motivo o motivos parecidos. En una, dará prioridad al valor y, en la otra, al color. Se trata de un ejercicio exigente. Tendrá que estar dispuesto a hacer cambios en los colores que ve, tanto si pinta del natural como a partir de una foto. Kim English, que plasma la luz en el entorno urbano como nadie, demuestra ambos planteamientos.

Kim English, *Entrando en las callejuelas*
Óleo sobre lino, 30,5 × 30,5 cm

La sensación de luz de *Entrando en las callejuelas* se consigue principalmente con fuertes contrastes de valores. La luz amarilla de la calle se ve más vibrante cuando se contrapone a los colores casi negros que la rodean, pero el efecto se debe sobre todo a los contrastes de valores. En las sombras oscuras, los colores siguen siendo visibles, pero conservan mucho menos su identidad de tono.

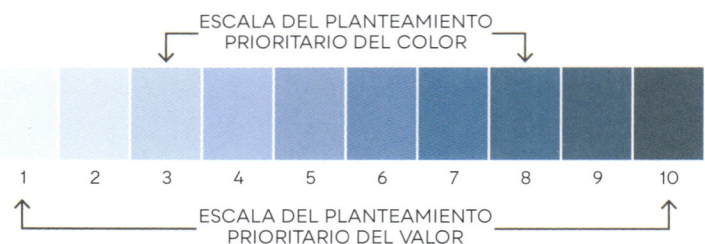

Cuando se da prioridad al valor, el pintor utiliza toda la escala de valores disponible, del más claro (1) al más oscuro (10). Los grandes contrastes de valores son un método infalible para crear la ilusión de luz. Cuando se da prioridad al color, el pintor evita los valores extremos y mantiene los intermedios (aproximadamente del 3 al 8). Al mantener los valores dentro de este rango y hacer esos colores más saturados, la identidad innata del tono resulta más evidente y el color puede tener más peso a la hora de sugerir la luz.

ESCALA DEL PLANTEAMIENTO PRIORITARIO DEL COLOR

| 1 | 2 | 3 | 4 | 5 | 6 | 7 | 8 | 9 | 10 |

ESCALA DEL PLANTEAMIENTO PRIORITARIO DEL VALOR

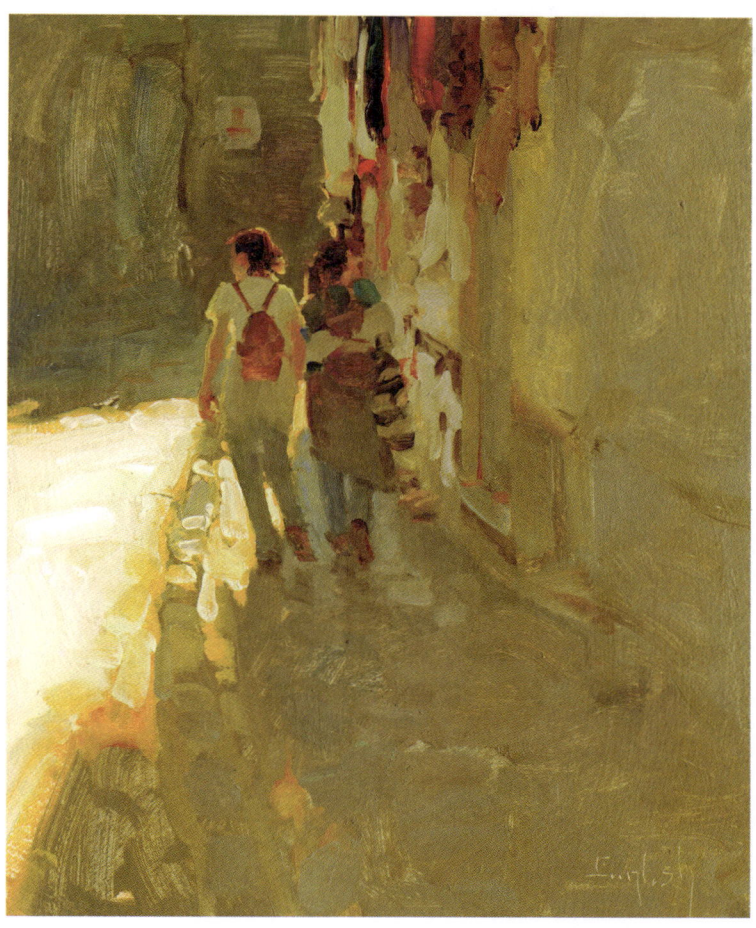

Kim English,
Paseo por Granada
Óleo sobre tablilla, 35,5 × 28 cm

En *Paseo por Granada*, la luz se sugiere de una manera completamente distinta. Siguen habiendo diferencias de valores características entre las luces y las sombras, pero, como las sombras son mucho más claras, el color influye más a la hora de sugerir la luz. Cuando se mantienen los valores intermedios, la identidad de tono del color es más evidente. El color queda realzado y las sombras ganan luminosidad.

CONSEJOS

- **Elija una foto de referencia adecuada.** En ambas versiones, la clave es cómo se modifican los valores, de modo que tendrá que elegir una foto que tenga las luces y las sombras bien definidas.

- **No se complique.** Su objetivo no es crear una obra maestra, sino comprobar la diferencia entre estos ambos planteamientos para plasmar la luz. No hace falta elegir un motivo complejo o detallado.

- **Remítase a la escala de 10 valores.**

- **Versión del planteamiento prioritario del valor.** Utilice todo el rango de valores, del 1 o el 2 al 9 o al 10. El color puede influir, pero el contraste entre claros y oscuros tendrá más peso.

- **Versión del planteamiento prioritario del color.** Evite los colores muy claros (1 o 2) o muy oscuros (9 o 10), puesto que conservan una mínima parte de la identidad intrínseca del tono. La clave para dar prioridad al color consiste en mantener los valores intermedios, entre el 3 y el 7, y aumentar la saturación del color.

- **Inspiración.** Los impresionistas aplicaban el planteamiento prioritario del color. Inspírese en ejemplos clásicos y contemporáneos. Véase *La última luz* de Strock Wasson en la página 123 y *Montaña a pleno sol* de Albala en la página 90. Para el planteamiento prioritario del valor, véase la obra de Berry de la página 122 y *Estudio en grises* de Albala en la página 132.

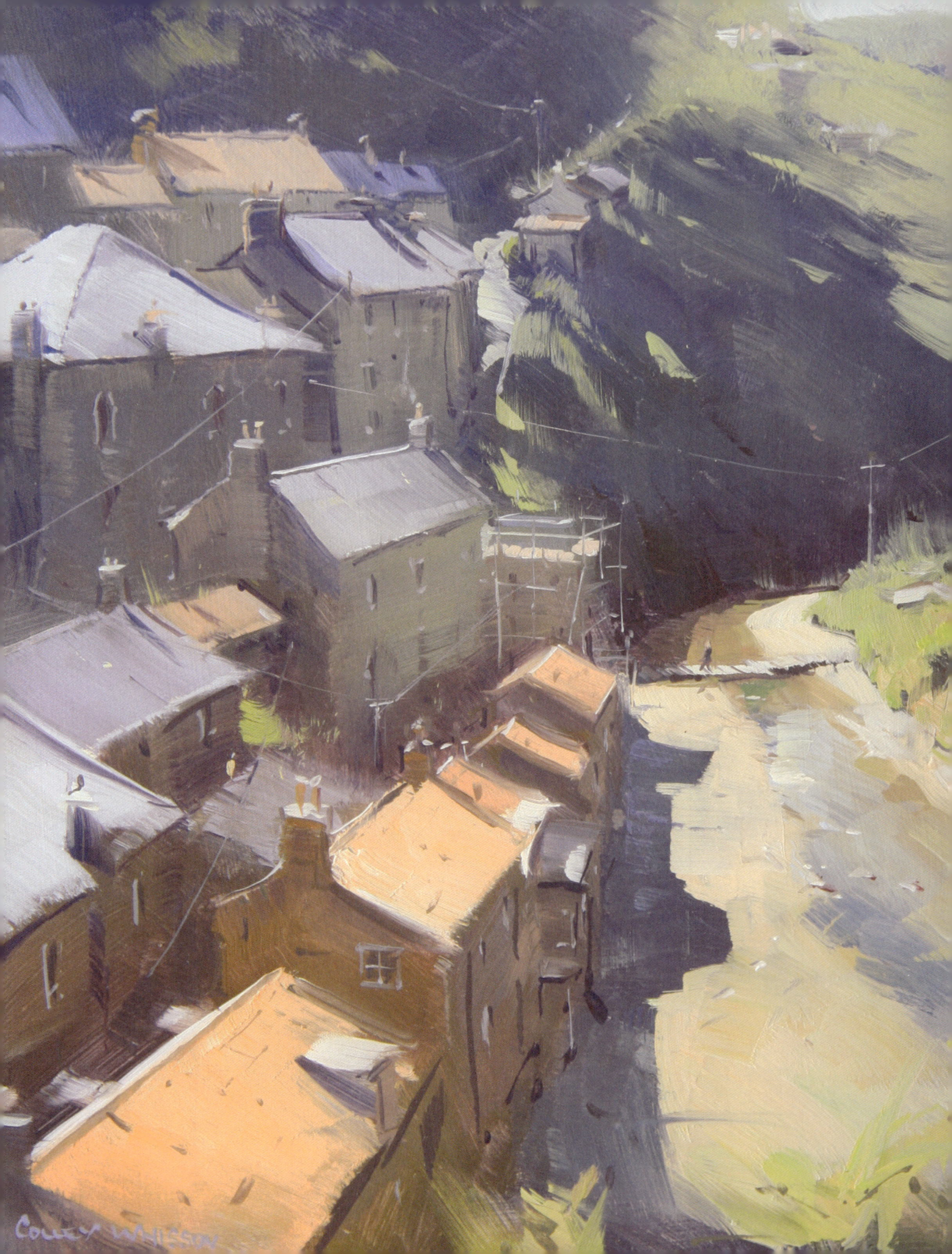

7

AGRUPACIÓN CROMÁTICA

Los paisajistas son exploradores, sobre todo en el ámbito del color, donde las opciones son casi infinitas. No obstante, una de las paradojas de la práctica artística es que, cuando restringimos nuestras opciones, en general se obtienen mejores resultados. La restricción de valores nos permite simplificar las relaciones de los valores y diferenciar las formas. Creamos composiciones más fuertes mediante un planteamiento limitado que prescinde de la información superflua. Las restricciones también son útiles cuando se trabaja con color.

Los pintores pueden tener la tentación de infundir una gama de tonos de todas las partes del espectro a su obra. Pero incluso un principiante sería consciente de que la clave de la armonía no consiste en usar todos los colores. Como dijo *sir* Kenneth Clark: «Todo color es ningún color». De hecho, nuestras pinturas tendrán más armonías paisajísticas si, en lugar de recurrir a demasiadas familias de colores, trabajamos con una cantidad restringida de agrupaciones cromáticas.

En este capítulo, aprenderemos el funcionamiento de las agrupaciones cromáticas a través de su análisis en varias pinturas. Además, haremos un ejercicio para que pueda identificar los grupos de colores de sus propias obras.

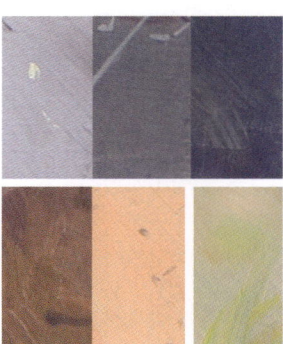

◄ Colley Whisson, *Tejados ingleses, Staithes, Inglaterra*
Óleo sobre tablilla, 30,5 × 23 cm

La agrupación cromática permite lograr armonía mediante la organización de colores en una cantidad limitada de familias. Todos los colores del cuadro de Whisson se clasifican en tres grupos, como se ilustra en las muestras: el grupo azul dominante (en las casas más altas y la sombra de la colina), el grupo naranja (en las casas bajas) y el grupo amarillo verdoso cálido.

DEFINICIÓN DE LA AGRUPACIÓN CROMÁTICA

Cuando analizamos las estrategias del color de las pinturas más logradas (las que presentan un color unificado y armonías paisajísticas), solemos caer en la cuenta de que los colores pertenecen a una cantidad limitada de familias cromáticas. Normalmente, hay una familia dominante, algo a lo que los pintores suelen referirse como la «clave» o el «acorde» de color de la pintura. Puede haber un solo acorde (como en una pintura monocroma), pero lo más habitual es que haya uno dominante y algunos secundarios. Se trata de las agrupaciones cromáticas.

La idea detrás de este concepto es la siguiente: es más probable que una pintura con menos grupos cree armonías unificadas que otra con una gran cantidad de colores y grupos divergentes.

La agrupación no impone límites a los numerosos colores individuales que pueda haber en una pintura, sino que le pide que se correspondan con una pequeña cantidad de grupos cromáticos.

La agrupación no dificulta la expresión colorista. Al contrario, nos permite concentrarnos en dicha expresión y simular mejor el comportamiento del color en el mundo natural. Cuando empiece a observar las pinturas de paisajes con la lente de la agrupación cromática, verá que los grupos de colores se utilizan continuamente. De hecho, todas las pinturas de este libro se han realizado con agrupaciones cromáticas.

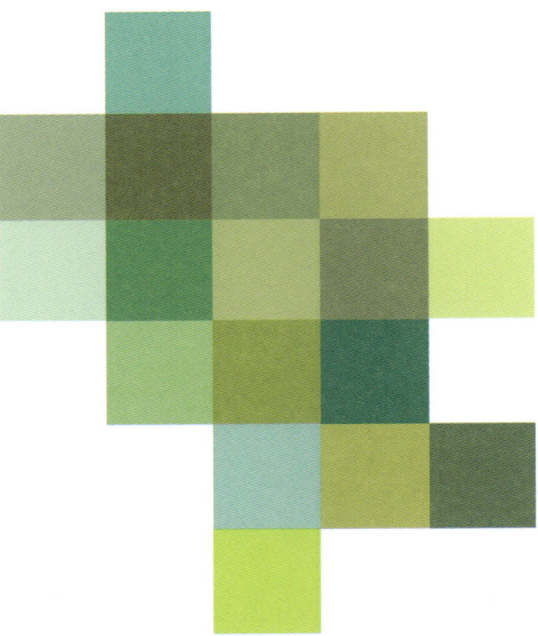

Como un acorde musical, en el que las notas relacionadas se combinan para crear un sonido unificado, un grupo cromático contiene «notas» de color, de tonos relacionados, que colectivamente forman una impresión unificada y armoniosa. Los verdes de este grupo tienen valores, temperaturas y niveles de saturación distintos, pero todos pertenecen a un mismo grupo.

AGRUPACIÓN POR NATURALEZA

La agrupación cromática podría parecer una teoría o una práctica especializadas, pero, en realidad, es simplemente una manera de plasmar lo que existe naturalmente en el paisaje en nuestras pinturas. Habitualmente, el mundo natural agrupa sus colores. Determinados tipos de escenas, como los jardines o los paisajes urbanos, podrían ser la excepción. Pueden presentar una variedad de colores de todos los puntos del espectro. En estos casos, un pintor debe estar preparado para imponer grupos cromáticos mediante la organización de todos los colores en menos grupos.

Cuando se difumina un motivo, las pequeñas diferencias de color se diluyen en los grupos que lo componen, dejando solo la media de todos los colores. Este tipo de difuminado es parecido a la técnica de entrecerrar los ojos con la que interpretamos los valores y buscamos masas simplificadas, salvo que, aquí, estamos intentando reducir todos los colores a los grupos que los componen.

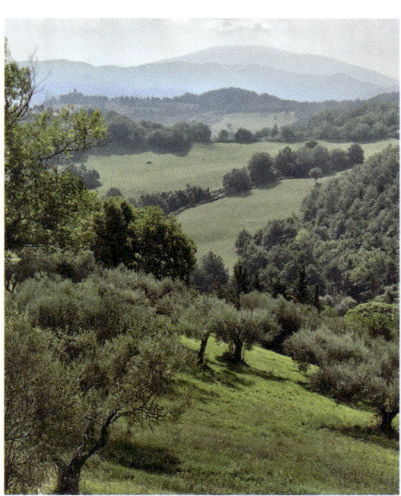

Muchos motivos están formados por un solo grupo cromático, como esta escena de verdor italiana. Cuando los grupos cromáticos guardan una relación tan estrecha (sobre todo cuando son verdes), el pintor se esfuerza por introducir más variedad cromática de la que realmente se ve. Aquí, podría añadir más amarillo a los fragmentos iluminados por el sol o realzar los azules y violetas de las sombras.

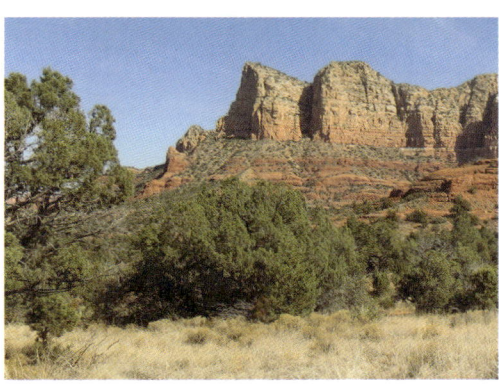
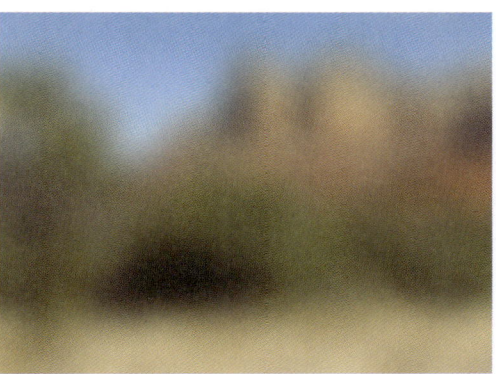

Esta escena cuenta con varios grupos cromáticos: el ocre claro de la hierba en primer plano, el follaje verde, el cielo azul y las rocas rojas. La hierba del primer plano y el color ocre de las rocas del fondo, aunque son elementos independientes del paisaje, son colores relacionados y, por tanto, forman un mismo grupo.

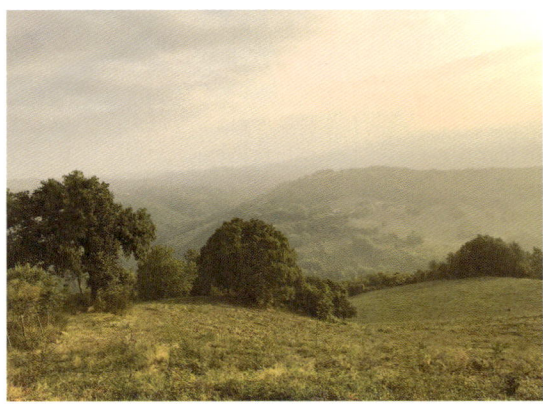 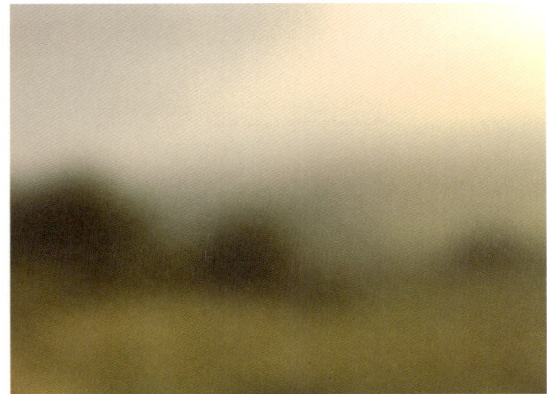

El tipo de agrupación cromática más habitual se produce cuando el color de la propia luz proyecta un velo unificador en toda la escena. Aquí, cada familia de colores (amarillos, verdes y azules) está teñida de la calidez de la luz de la mañana. Solemos encontrar este tipo de agrupaciones al amanecer y al atardecer en escenas con una profunda perspectiva atmosférica.

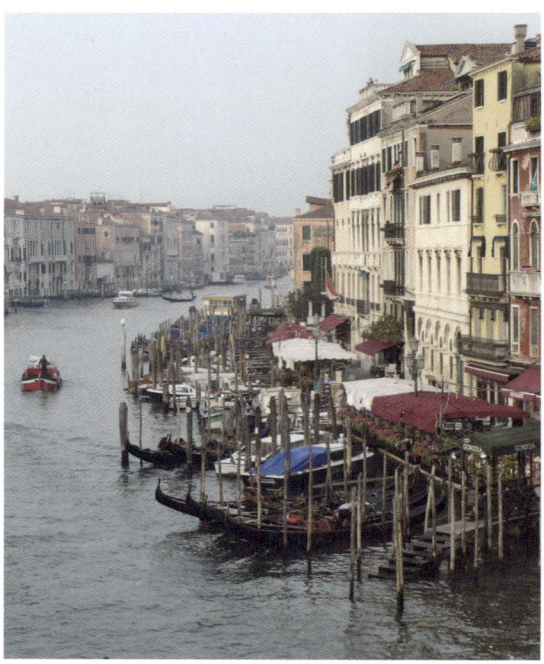 

Esta escena tiene más variedad cromática, pero, aun así, se ve bien agrupada. Esto es porque los colores están unificados a través de una asociación común con la tonalidad gris que recorre toda la escena. Los colores neutros armonizan con naturalidad con otros colores neutros. (Véase también «La armonía de los neutros» en la página 127).

AGRUPACIÓN CROMÁTICA EN ACCIÓN

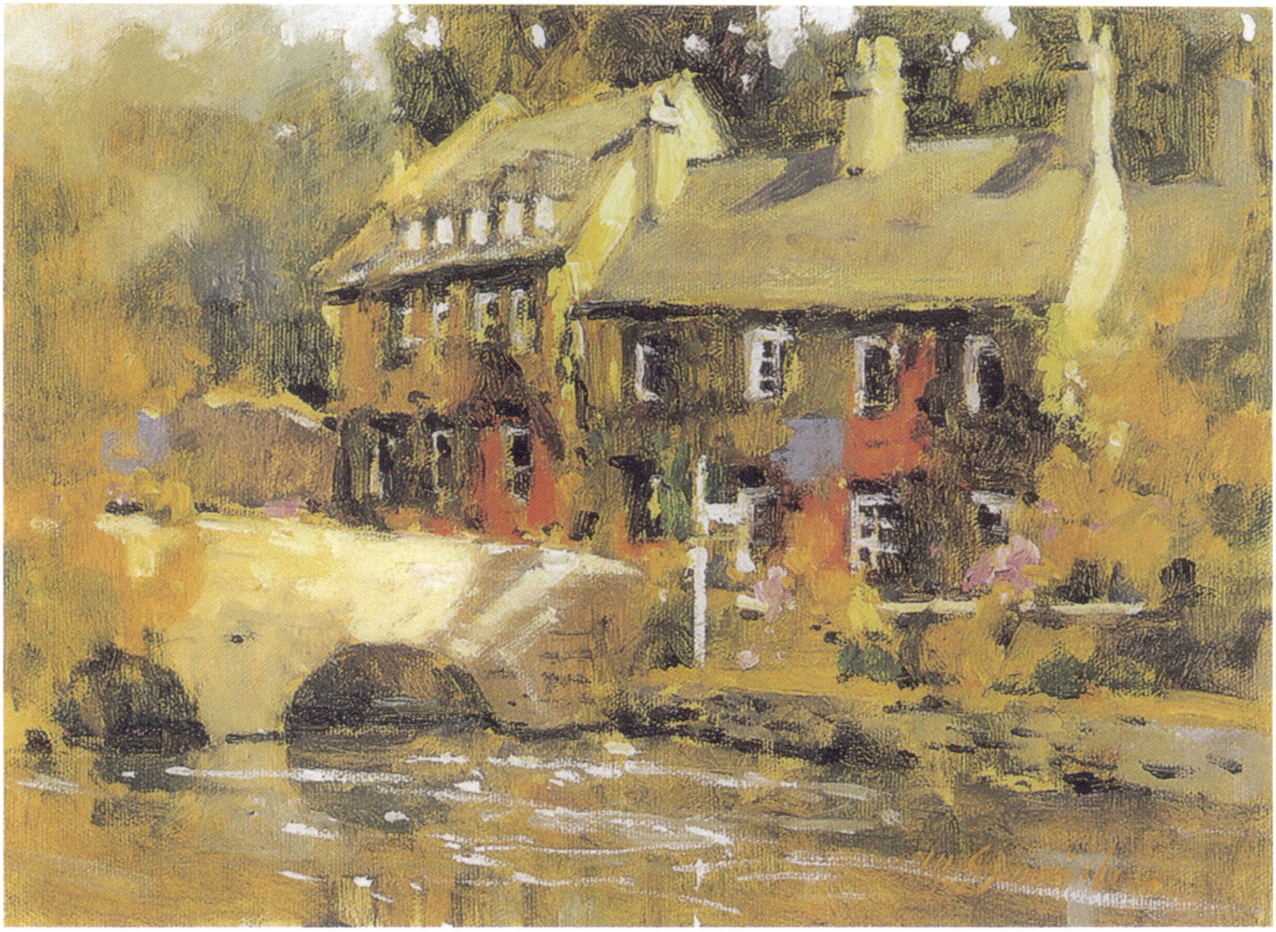

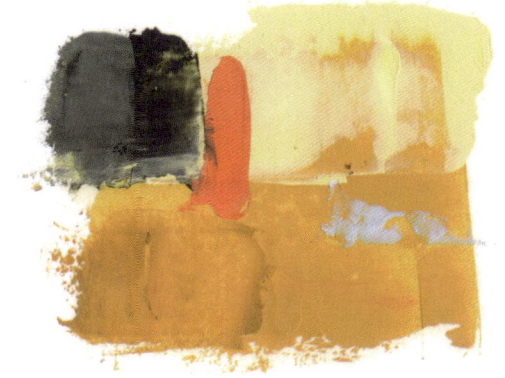

Marilyn Simandle, *Swan Hotel, Inglaterra*
Óleo sobre lienzo, 23 × 30,5 cm

Un único grupo de color domina la composición cromática. En *Swan Hotel* de Simandle, el ocre amarillo es claramente el tono dominante. Un segundo grupo negro verdoso oscuro se distingue delante y detrás del hotel y debajo del puente. Las pinceladas rojas de la parte central añaden un toque de viveza. Por lo general, una cantidad tan pequeña de color no se consideraría un grupo, pero, en este caso, es tan importante para animar la composición cromática que pueden considerarse un grupo independiente.

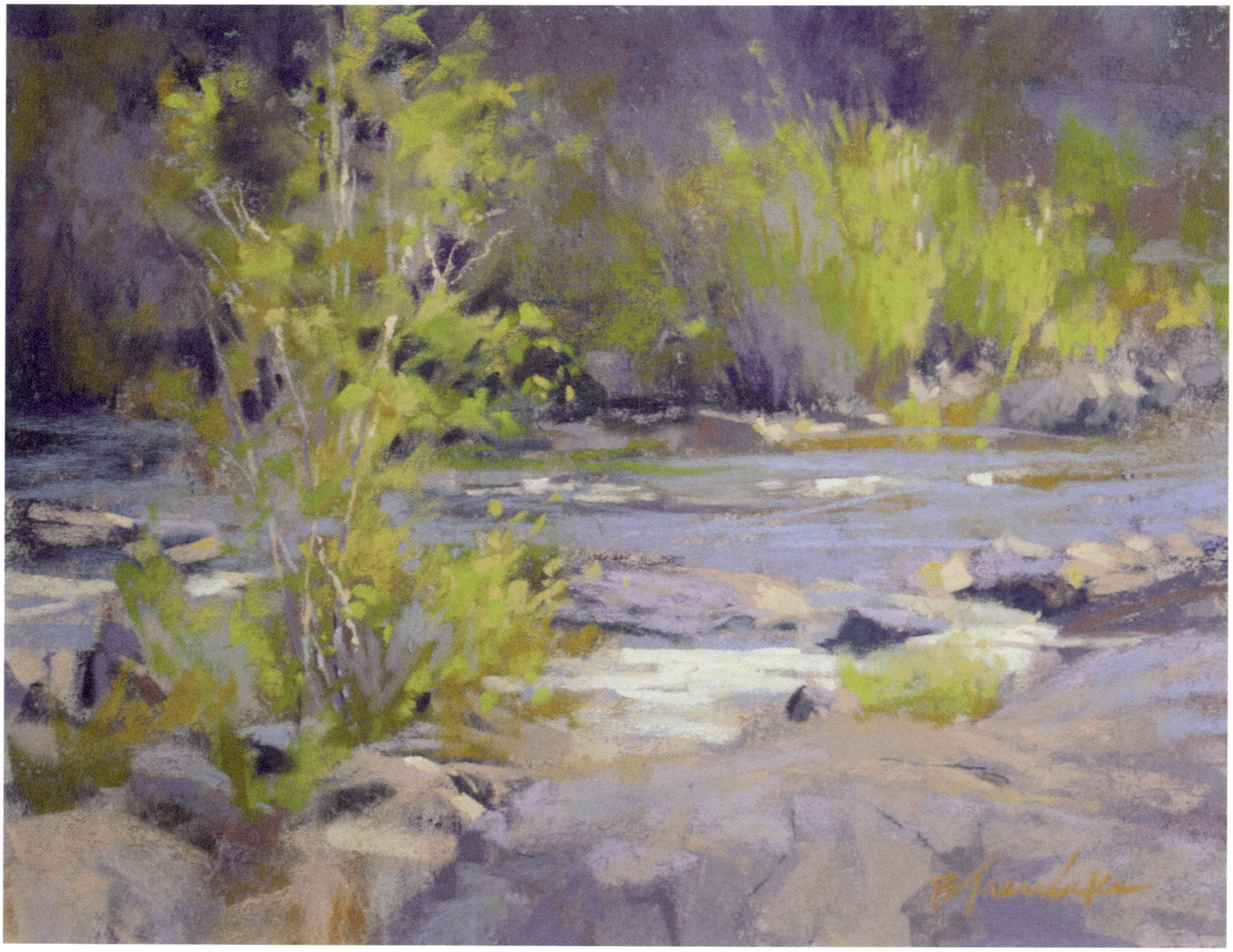

Barbara Jaenicke, *Recuerdos de primavera*
Pastel sobre plancha de cartón, 20,5 × 25,5 cm

Hay tres grupos cromáticos principales en *Recuerdos de primavera*. El azul violáceo es el tono dominante. El amarillo verdoso de los árboles y el naranja claro de las rocas en primer plano son grupos secundarios. La pintura tiene muchas pequeñas pinceladas de color roto, cada una de una temperatura, valor y nivel de saturación determinados. Si observa con atención, verá que los distintos colores encajan claramente en uno de los tres grupos cromáticos principales. (Véanse también los grupos cromáticos de *Luz dorada del ocaso de un día de invierno* de Jaenicke en la página 157).

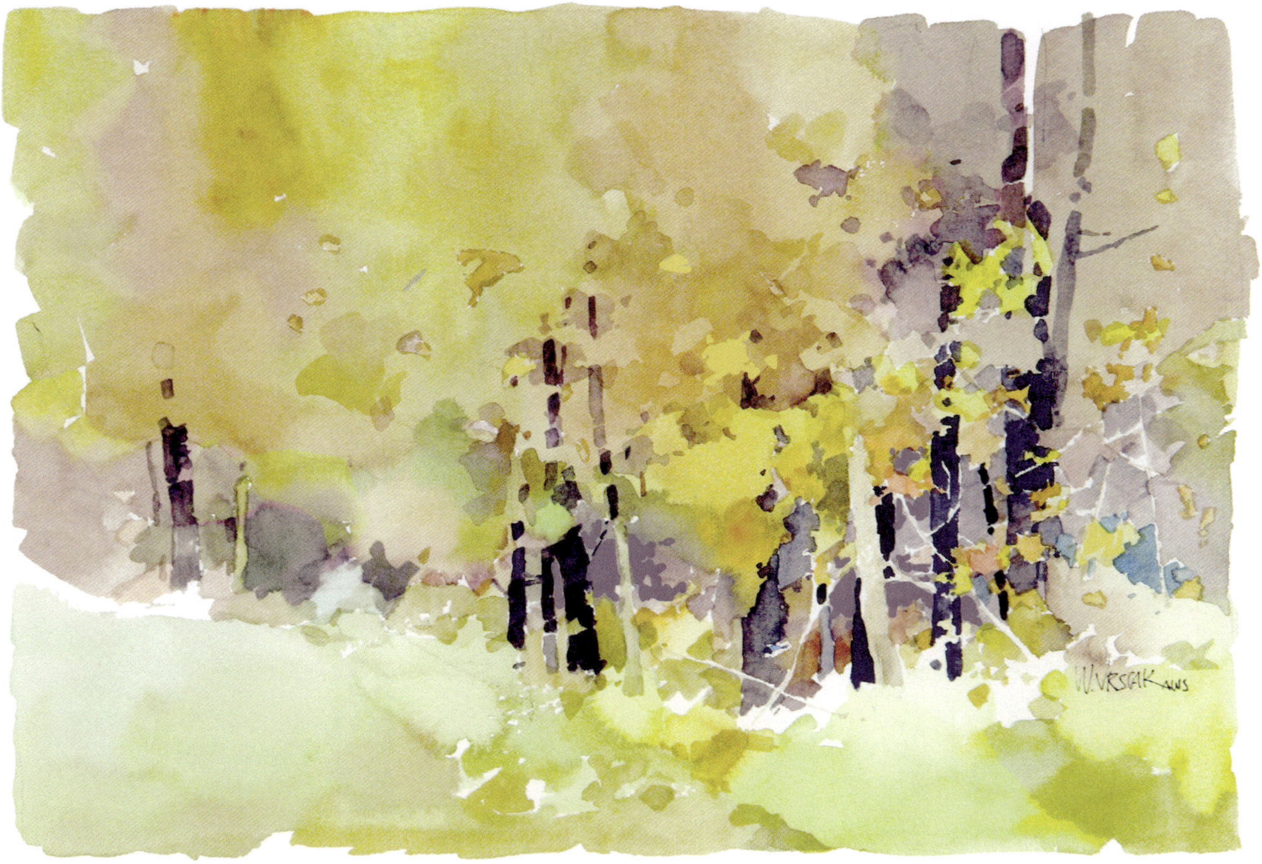

Bill Vrscak, *Otoño en el bosque*
Acuarela, 43 × 58,5 cm

Otoño en el bosque es un tapiz semiabstracto de muchos tonos distintos, todos los cuales encajan en tres grupos principales. El gran árbol de la parte superior izquierda forma el grupo amarillo dominante. En el cuerpo principal del amarillo hay sutiles cambios de tono y temperatura, pero todos estrechamente relacionados con el amarillo. Un grupo más pequeño pero relacionado es el primer plano amarillo verdoso dominante. Ambos grupos están separados por un área violeta claro que atraviesa todo el cuadro. Sus tonos violáceos complementan el amarillo de los otros dos grupos. Los pequeños toques de rojo y turquesa de la parte inferior derecha aportan interés, pero se han utilizado con mesura, para no eclipsar los grupos principales.

EL ESTUDIO DEL COLOR: PRUEBAS DE LAS AGRUPACIONES CROMÁTICAS Y LA ESTRATEGIA

A medida que creemos una pintura, iremos ajustando con naturalidad las relaciones cromáticas, pero, cuanto más clara tengamos la estrategia desde buen comienzo, más probabilidades tendremos de alcanzar nuestro objetivo del color. Tanto si se pinta al aire libre como en el estudio, no hay mejor manera de probar con antelación nuestra estrategia que con un sencillo estudio del color. ¿Qué colores y mezclas forman la estrategia y los grupos cromáticos?

Los estudios del color son prácticos y divertidos. Además, son un ejercicio que crea poca presión. Es menos probable que se implique con un rápido estudio «desechable» que con una pintura «valiosa» de mayor tamaño. El estudio de color es una vía segura para explorar (y perderse) sin dedicar mucho tiempo ni tener apego por el resultado. Lógicamente, a veces los estudios de color salen muy bien y se convierten en pequeñas joyas.

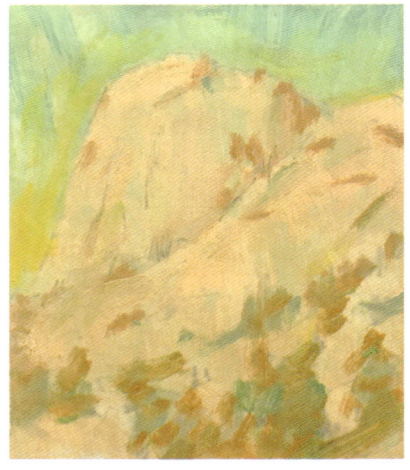

Mitchell Albala, *Estudio de una cumbre, naranja*
Óleo sobre papel, 10 × 9 cm

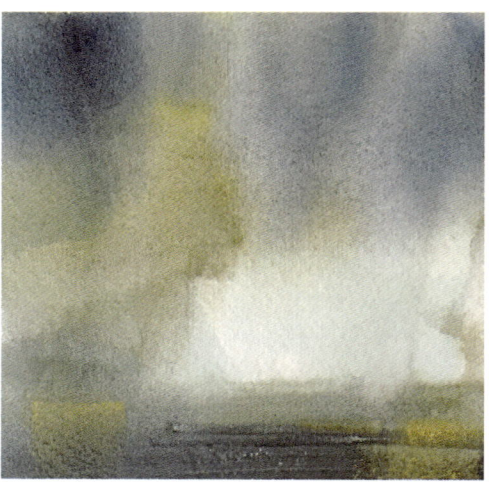

LA MINIATURA PINTADA
Mitchell Albala, *Estudio, Mañana cobriza*
Acuarela, 9 × 9 cm

Un estudio en color es como una miniatura pintada. No tiene que ser conciso ni depurado para saber si los colores combinan bien o no.

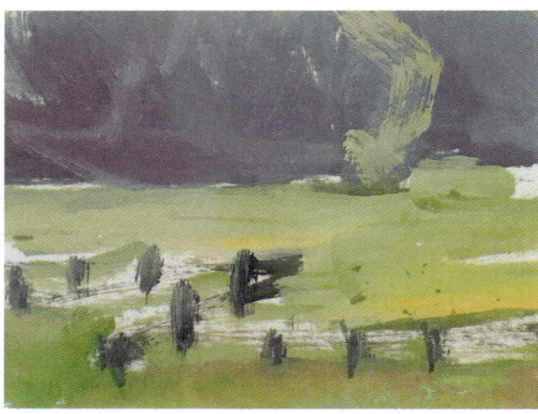

A FAVOR DEL ESTILO PICTÓRICO
Mitchell Albala, *Estudio, Camano Farm*
Óleo sobre papel, 7,5 × 10 cm

Cuanto más pequeño sea el estudio, más pictórico y gestual suele ser, como se aprecia en cada uno de los ejemplos ilustrados aquí. Muchos pintores se esmeran por crear marcas expresivas, pero les resulta difícil plasmarlas en obras más grandes. Un estudio pictórico y gestual como este puede servir de inspiración, como un recordatorio de las pinceladas más expresivas a las que aspiran en una obra de mayor tamaño.

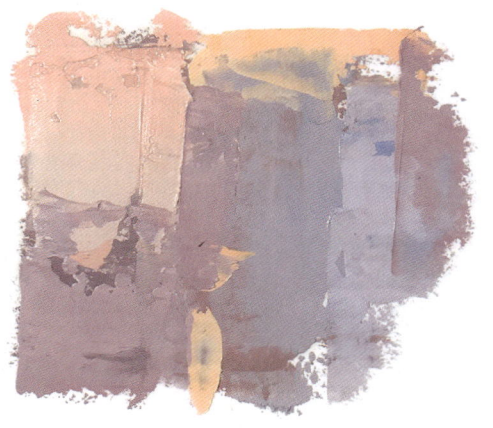

MUESTRAS DE GRUPOS CROMÁTICOS COMO ESTUDIO

Los grupos cromáticos son la expresión más esencial de una estrategia del color. Esto hace que las muestras de color, como las que hemos visto en este capítulo, sean estudios pequeños pero con mucha personalidad por méritos propios. En general, un estudio del color ilustra el motivo, pero no necesario. A veces, basta una sencilla distribución de colores para evaluar las relaciones cromáticas.

ANÁLISIS DE LAS OPCIONES: AMPLÍE EL ABANICO

Estamos tan acostumbrados a pintar los colores que vemos (sobre todo cuando trabajamos a partir de fotografías), que es fácil que restrinjamos nuestra capacidad de experimentar con el color. Al realizar una serie de estudios como los de abajo, descubrirá más opciones de color de las que creía posibles. No se diga que no debería probar determinadas combinaciones de colores. Pruebe cada una de las interacciones de los tonos. Explore las paletas neutras. ¿Qué colores convierten el día en la noche? Si se queda sin ideas, busque una estrategia del color en una pintura ajena y aplíquela a su estudio. (Véase también el ejercicio «Un motivo, distintas estrategias» en la página 131).

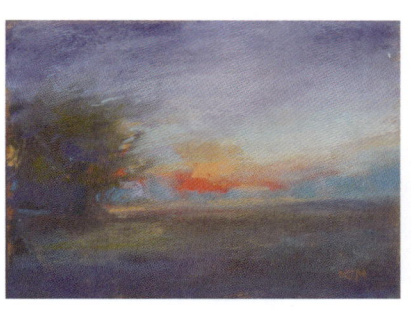
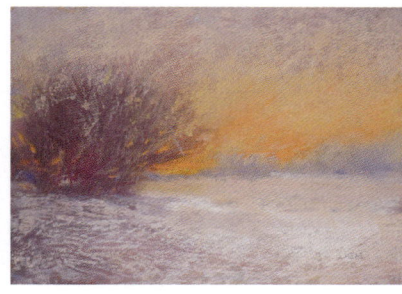
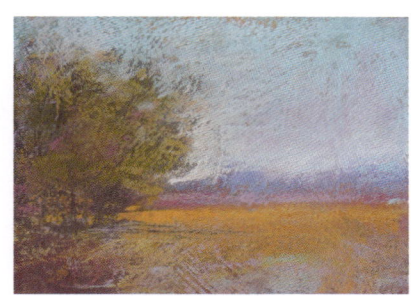
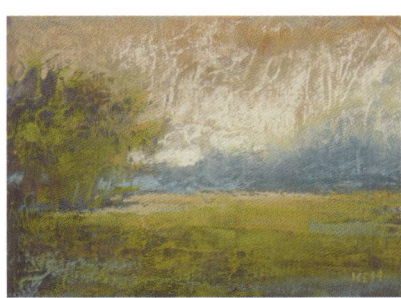
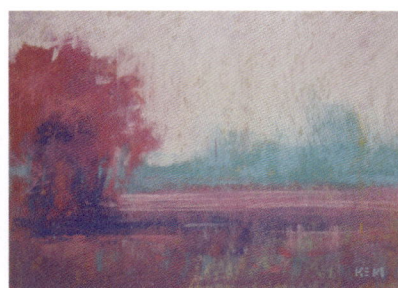
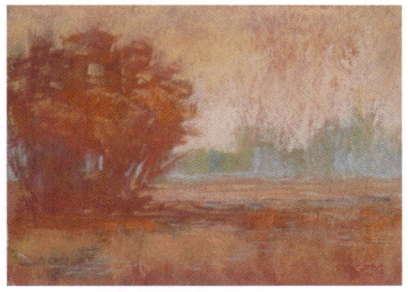

Karen Margulis, *Variaciones de un paisaje*
Pasteles sobre papel, 9 × 13 cm

Estos seis estudios son de los más de un centenar que Margulis hizo de este motivo. Cada uno sugiere la luz a una hora distinta del día o en condiciones atmosféricas diferentes. Según la artista: «En esta serie, quería explorar de cuántas maneras podía interpretar un sencillo paisaje. Me obligué a ir más allá del color local para descubrir el modo en que el color cambiaba el tono emocional de la pintura».

PREGUNTAS DE REPASO:
AGRUPACIÓN CROMÁTICA

¿El motivo cuenta con grupos cromáticos innatos?

Salvo contadas excepciones, el mundo natural agrupa sus colores. ¿Puede identificar los grupos en la escena? ¿Cuáles son los colores de cada grupo?

¿Cuántos grupos cromáticos hay en el motivo?

Cuantos menos grupos haya, mayor será la posibilidad de que la estrategia exprese armonías paisajísticas y unificadas.

¿Cómo se relacionan los grupos cromáticos de la pintura?

La relación de los grupos cromáticos es una expresión de la forma más básica de la estrategia del color. ¿Hay interacciones de tonos en juego? ¿Los grupos tienen tonos parecidos o crean contraste? ¿Las diferencias de valores son muy marcadas? ¿Qué grado de saturación tienen los colores? ¿La distribución de los colores da la impresión que busca?

¿Los grupos cromáticos se utilizan en distintas proporciones?

Una estrategia del color funciona mejor cuando los grupos cromáticos no se utilizan en la misma proporción. Suele haber un grupo dominante y algunos grupos más pequeños. ¿Qué grupo es dominante, y cuáles tienen un papel secundario?

¿Distingue entre los colores individuales y los grupos?

Una pintura puede tener docenas o incluso centenares de colores individuales. Esto nunca se desaconseja. Sin embargo, siempre debería preguntarse cómo pueden organizarse tantos colores en una pequeña cantidad de grupos.

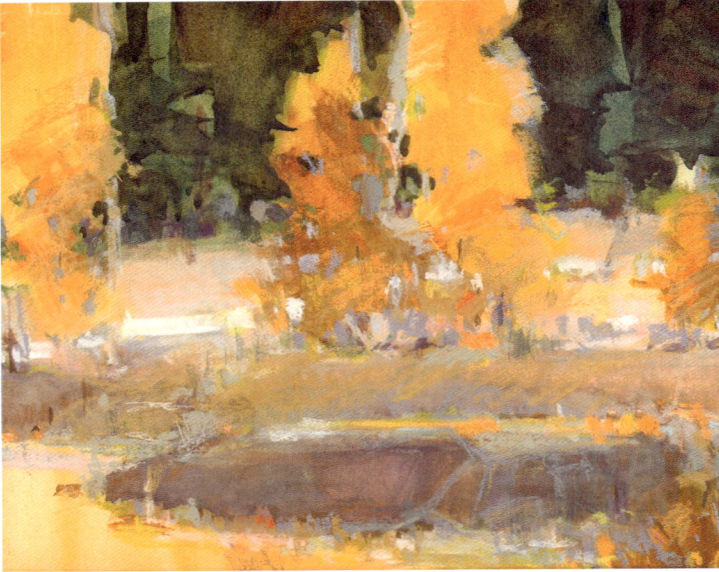

Catherine Gill, *Carretera del lago Cle Elum*
Acuarela y pastel sobre papel, 28 × 38 cm

¿Ha realizado un estudio del color o una prueba de muestras para evaluar los grupos?

Un estudio del color es una manera fiable de comprobar la eficacia de sus grupos cromáticos y, a su vez, la estrategia del color. Asimismo, permite determinar qué colores y mezclas de pigmentos formarán los grupos.

EJERCICIO: **IDENTIFICACIÓN DE LOS GRUPOS CROMÁTICOS**

PLANTEAMIENTO: No hay mejor manera de comprender los grupos cromáticos que analizarlos en las obras de otros artistas. En este ejercicio, creará una serie de muestras de color que representan los grupos cromáticos de una pintura. Este ejercicio no solo consiste en combinar colores. Una pintura puede tener docenas o incluso centenares de colores distintos. La identificación de un grupo cromático suele consistir en localizar la media de varios colores relacionados.

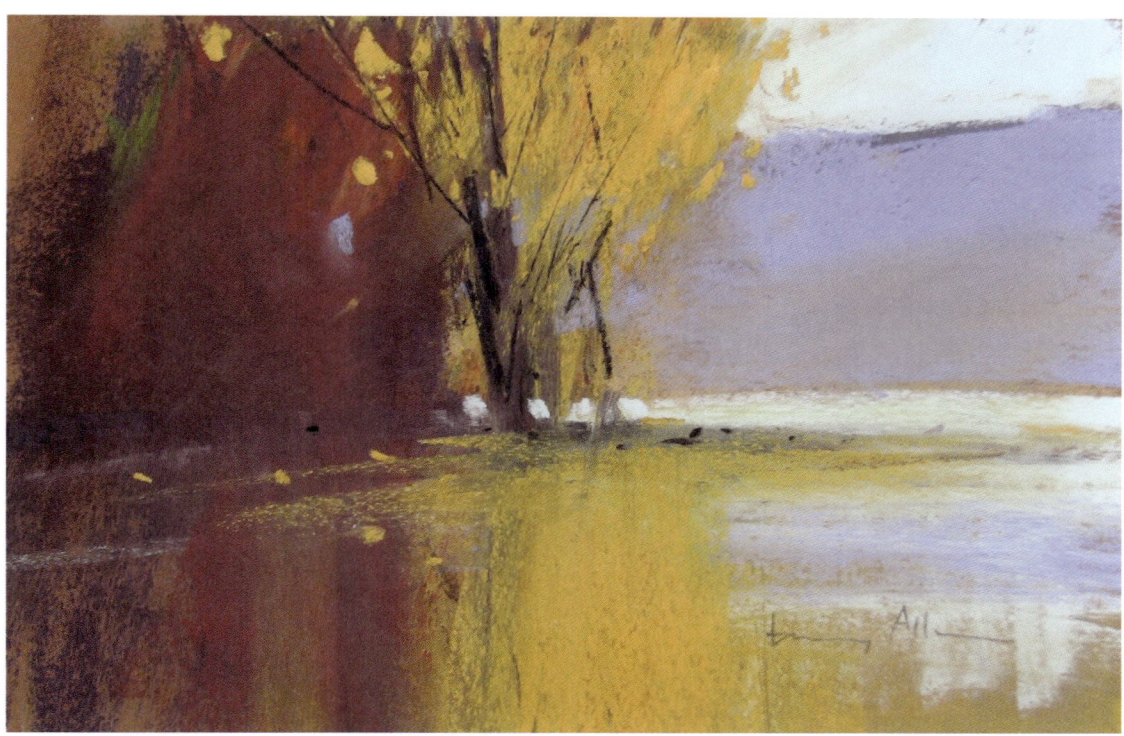

Tony Allain, *Otoño*
Pastel sobre papel pulido, 25,5 × 30,5 cm

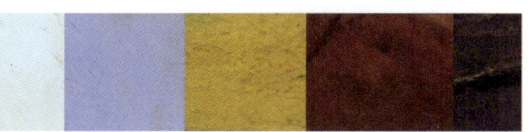

Los grupos cromáticos de algunas pinturas son muy fáciles de identificar. Cada una de las formas audaces y decididas de Allain se corresponde con su propio grupo cromático: magenta oscuro, amarillo dorado, azul y una pequeña cantidad de negro. Hacer el ejercicio con un cuadro como este es muy sencillo. Resulta mucho más difícil cuando la pintura tiene muchos colores entrelazados en un complejo tapiz.

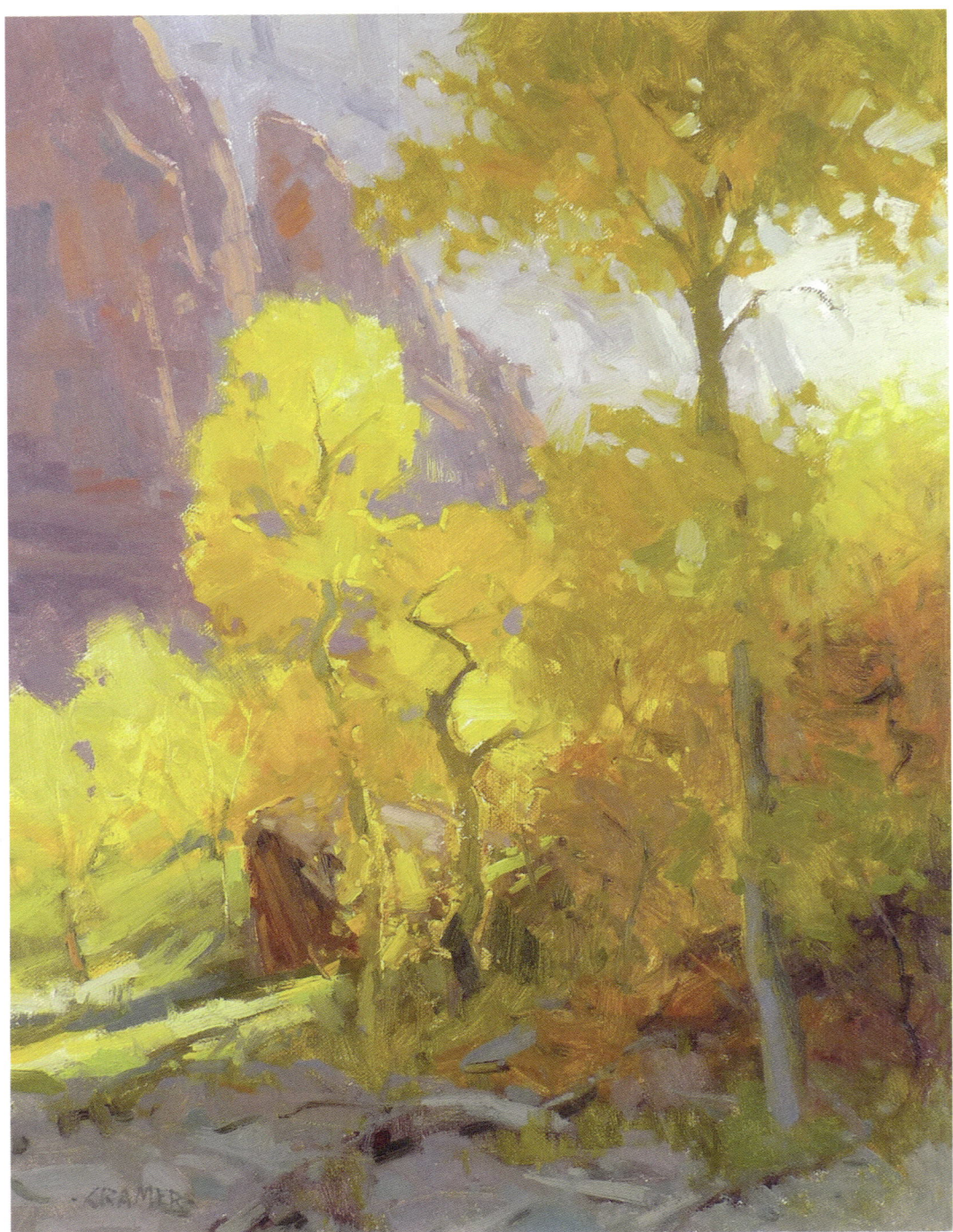

Bill Cramer, *Momento al sol*
Óleo sobre lino, 40,5 × 30,5 cm

PASO 1: ELIJA UNA PINTURA CON UNA AGRUPACIÓN CROMÁTICA ADECUADA

Puede encontrar muchos buenos ejemplos de agrupación cromática en este libro. En esta pintura, veo tres grupos principales. El dominante está formado por los amarillos y los dorados otoñales de los árboles. Un grupo más pequeño pero importante es la montaña violeta, que complementa el amarillo. El tercer grupo es una serie de grises azulados del cielo y las sombras de la parte inferior del cuadro. Aunque, ciertamente, hay más de tres colores en la pintura, todos encajan en uno de estos tres grupos.

PASO 2: ELIJA LOS COLORES Y CREE GRUPOS

El paso siguiente consiste en elegir los colores más indicados para formar los grupos cromáticos de la pintura. La elección de los colores en función de cómo encajan en la estrategia se denomina «paleta selectiva», un concepto que veremos en detalle en el capítulo siguiente. Con solo cuatro pigmentos (además del blanco), tengo una paleta restringida, que ayudará a mantener la coherencia de las mezclas de colores.

AMARILLO LIMÓN + OCRE AMARILLO: En esta pintura hay desde amarillos completamente saturados (en las zonas iluminadas por el sol) hasta amarillos neutros (en las sombras), por eso he elegido dos amarillos que lo reflejan. Además, son muy parecidos a los colores que se ven en la pintura.

El CARMESÍ ALIZARINA es un rojo parecido al magenta que, cuando se mezcla con AZUL ULTRAMAR, da como resultado el violeta de la montaña. También se ha utilizado para las notas rojizas de la montaña y las sombras de los árboles.

El AZUL ULTRAMAR, cuando se mezcla con rojo y amarillo en las proporciones adecuadas, creará el gris azulado del cielo. Encaja mucho mejor en la armonía cromática de la pintura que un azul cálido como el FTALO, el CERÚLEO o el MANGANOSO.

OBSERVE: En esta pintura hay más colores individuales que grupos cromáticos. Aunque los colores combinen relativamente, un solo grupo cromático suele estar formado por la media de varios colores relacionados. En esta paleta, hay tres mezclas de amarillo con diferencias de temperatura, saturación y valor, pero todas forman un grupo amarillo dorado.

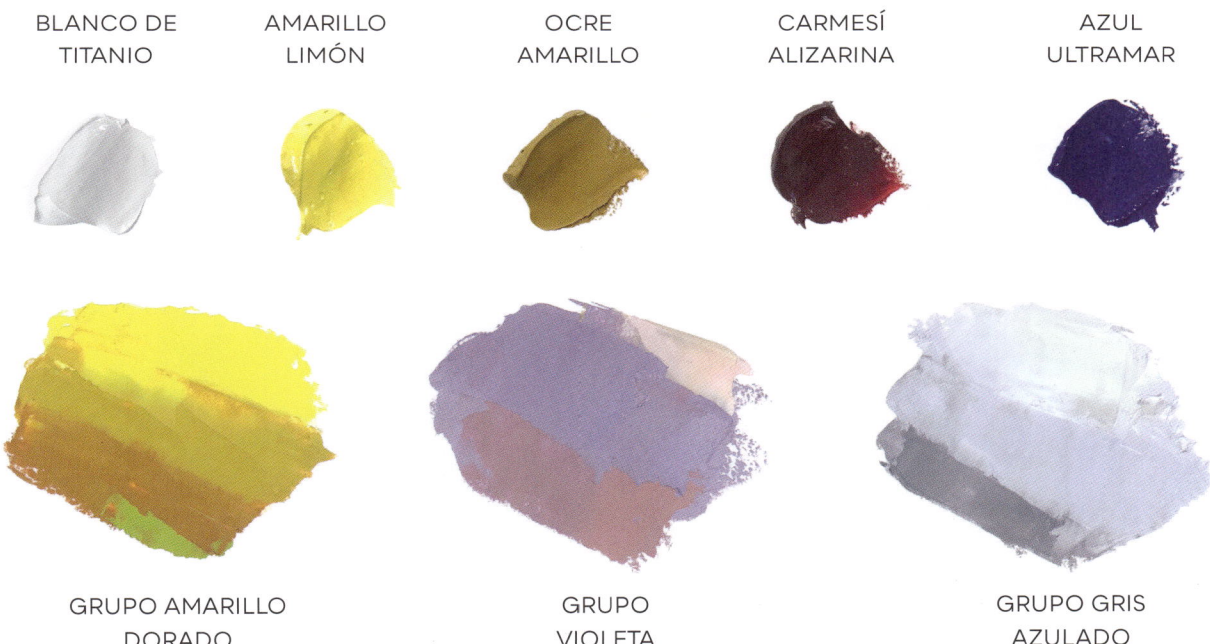

| BLANCO DE TITANIO | AMARILLO LIMÓN | OCRE AMARILLO | CARMESÍ ALIZARINA | AZUL ULTRAMAR |

GRUPO AMARILLO DORADO

GRUPO VIOLETA

GRUPO GRIS AZULADO

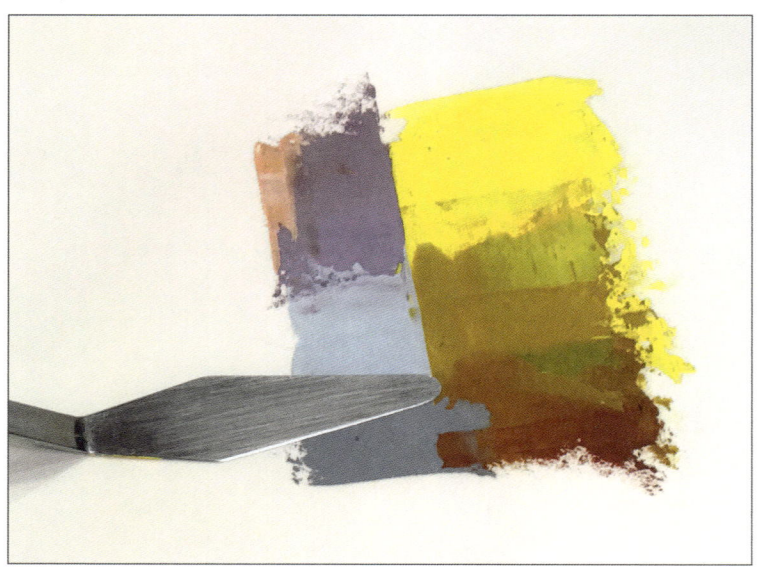

PASO 3: CREE SUS MUESTRAS

Cuando haya mezclado los grupos, empiece a crear la serie de muestras. Aplique cada color en la superficie de la pintura con una espátula. (No hace falta que la superficie sea de buena calidad, basta el papel del cuaderno de bocetos). Si un color no parece correcto cuando lo pone al lado de otro, ajuste la mezcla de la paleta y vuelva a aplicar la muestra. (Por eso utiliza la espátula, porque permite reaplicar fácilmente los colores). Puede indicar pequeñas notas de color (como he hecho aquí con la nota naranja claro en el violeta y la nota verde en los dorados), pero los grupos cromáticos principales son prioritarios.

CONSEJOS

- Permita que los colores de la muestra estén en contacto y se mezclen un poco. En un cuadro, los colores se tocan, por lo que también deberían hacerlo en las muestras. Cuesta más calibrar la relación entre los colores cuando están rodeados de blanco.

- La serie de muestras será más representativa de la estrategia cromática si la mezcla de colores correspondiente es más o menos proporcional a la manera en que los colores de dicho grupo se ven en la pintura. Aquí, los grupos amarillos son más grandes que los grises azulados porque el amarillo dorado es el más grande y dominante del cuadro.

MUESTRAS INADECUADAS

Un error común a la hora de crear muestras es hacerlas de los colores individuales de la pintura, creando nueve, diez o más. El objetivo es crear muestras que, a grandes rasgos, se correspondan con los pocos grupos cromáticos de la pintura.

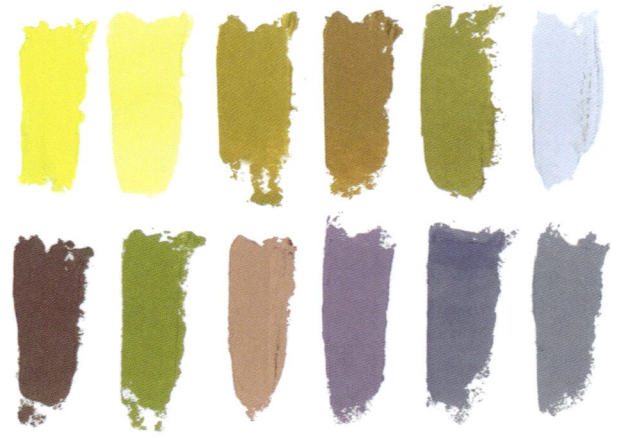

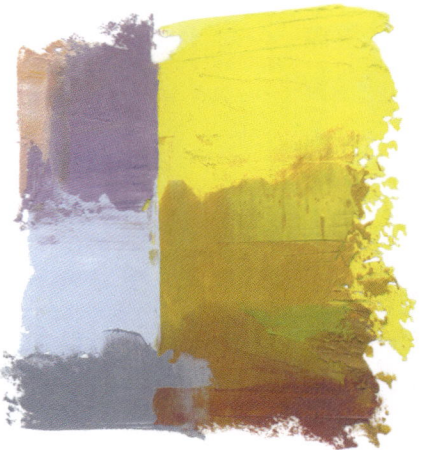

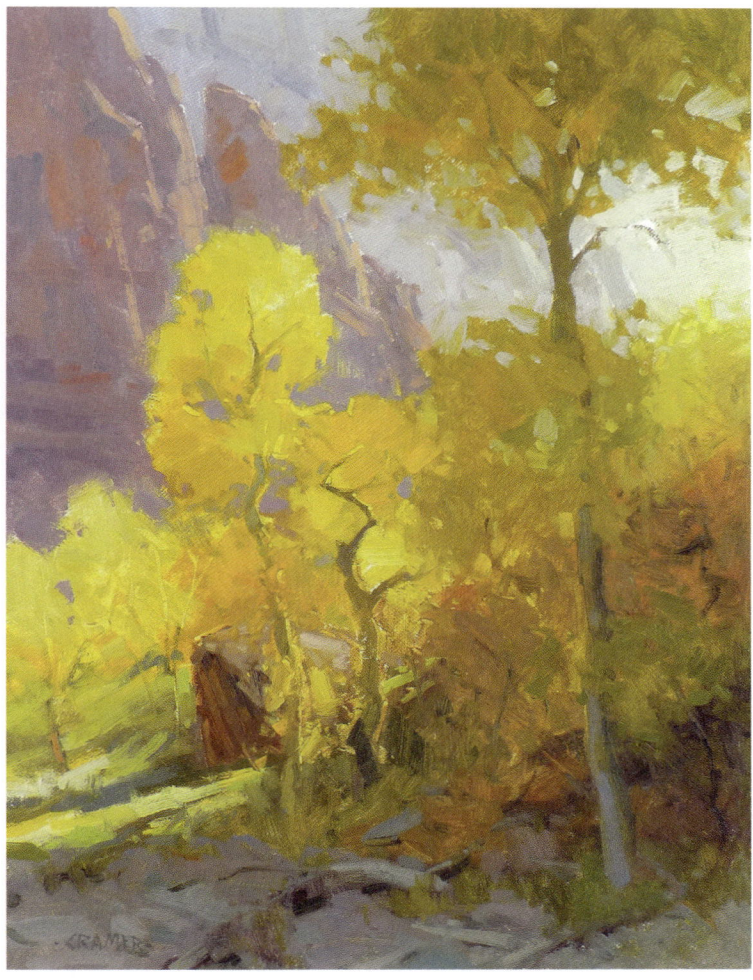

PASO 4: MUESTRAS DE COLOR DEFINITIVAS

La serie de muestras definitiva debería tener la misma «esencia» del color que la pintura e identificarse inconfundiblemente con ella.

APLICACIÓN DE LOS GRUPOS CROMÁTICOS EN SU PINTURA

Aprender a identificar grupos cromáticos en las obras de otros artistas es un primer paso para comprender su funcionamiento. Cuando cree los grupos cromáticos en su pintura, aplicará el mismo procedimiento que en el ejercicio anterior. Tanto si pinta al aire libre como a partir de una foto, empiece siempre con unas muestras o un estudio del color. Esto es especialmente importante cuando se trabaja con fotos. Solemos cometer el error de seguir demasiado fielmente los colores de la foto y no nos planteamos cómo podrían mejorarse. (Véase «Más allá del color fotográfico» en la página 132).

PRÁCTICA: Realice un estudio y, después, evalúelo. ¿Cómo se relacionan los grupos? ¿Cuál es el grupo dominante? ¿Y los grupos secundarios? ¿Los colores son demasiado saturados o demasiado neutros? ¿Se necesita un toque de color? Y, lo más importante, ¿la distribución de los colores da la impresión que busca? A continuación, realice un segundo estudio que incorpore los cambios que crea necesarios y utilícelo de referencia cromática.

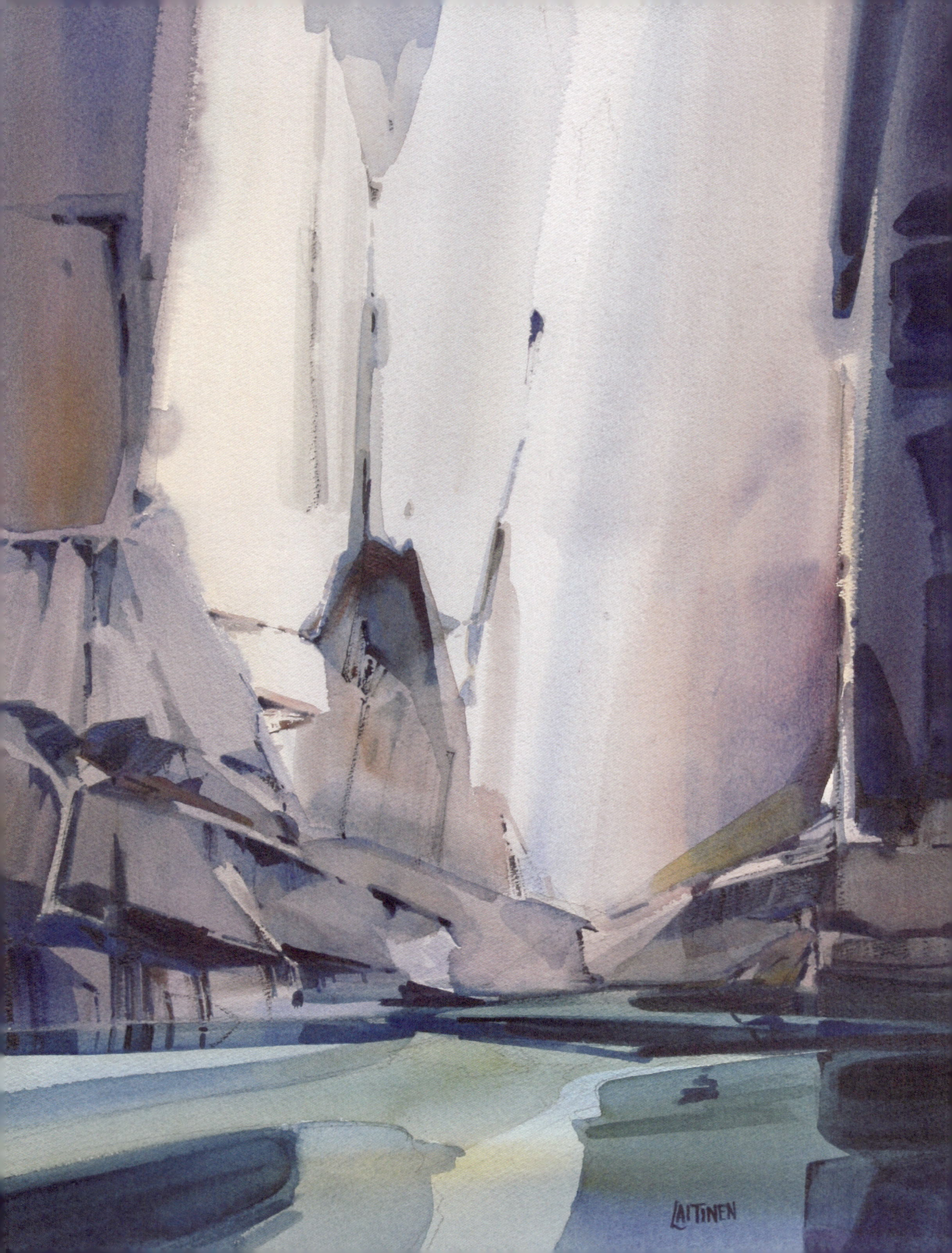

8

ESTRATEGIAS DE PALETA

El hecho de trabajar con estrategias del color y agrupaciones cromáticas reafirma el convencimiento de que la elección del color nunca es arbitraria. Cada decisión se rige por nuestros objetivos relacionados con el color para la pintura en cuestión. Por eso, es lógico que los colores que elijamos para nuestra paleta tampoco sean arbitrarios. Como los ingredientes de una receta, los pigmentos que usamos en una pintura dirigirán el tipo de armonías o «sabores» que pueden conseguirse. La paleta y la estrategia del color mantienen una relación recíproca: la estrategia determina los colores que formarán parte de nuestra paleta, mientras que la paleta respalda la estrategia que emplearemos.

Analizaremos dos prácticas básicas de la estrategia de paleta: la paleta limitada, que simplifica la mezcla de colores y ayuda a crear armonías más coherentes, y la paleta selectiva, que consiste en elegir los colores que mejor se adaptan a la estrategia del color. También veremos la paleta primaria dividida, una conocida paleta multiusos para los pintores al óleo, al acrílico o a la acuarela.

◄ Dale Laitinen, *Cantera nocturna*
Acuarela sobre papel, 76 × 56 cm

La paleta de Laitinen incluye ocho colores, además de un tono neutro. Cada color tiene un tono, una temperatura y una saturación distintos. Esto le da mucha libertad para desarrollar las diversas armonías que necesita para las diferentes pinturas. La paleta de un pintor es el principal recurso de su estrategia del color.

LA PALETA LIMITADA

Hay tantas opciones de pigmentos (docenas en el óleo, el acrílico y la acuarela, y cientos en el pastel), que nunca podríamos utilizarlos todos. Claro que tampoco nos gustaría. Toda paleta debe tener unos límites.

En un género que depende de la riqueza y la diversidad cromáticas, la restricción de la cantidad de pigmentos podría parecer contradictoria para nuestra misión. Sin embargo, como sucede con muchos aspectos de la práctica pictórica, que las opciones estén limitadas no significa que el artista también tenga que estarlo. Se consiguen resultados mejores y más focalizados. Trabajar con una paleta limitada comporta varias ventajas.

- Una paleta limitada es práctica y eficaz. Simplifica la mezcla de colores porque solo se cargan los adecuados para la tarea en curso. ¿Cuántos colores como mínimo se precisan para lograr la armonía deseada?

- Cuantos menos colores haya, más coherentes serán las mezclas, lo que se traducirá en armonías más unificadas.

PALETAS ULTRALIMITADAS VS. PALETAS LIMITADAS

Hay paletas ultralimitadas, con solo rojo, amarillo y azul, además de blanco. Al disponer de tan poco colores, los pintores se ven obligados a hacer más mezclas, lo que, a su vez, los ayuda a descubrir cómo mezclarlos a partir de los tres primarios. Por esta razón, la paleta ultralimitada suele aconsejarse a los pintores principiantes (aunque los experimentados también le sacan provecho).

La mayoría de los artistas prefieren trabajar con una paleta algo ampliada, pero, dentro de unos límites, con ocho, diez o doce colores. Los pigmentos adicionales les permiten mezclar el color que quieran, pero siguen siendo lo bastante pocos para que la paleta resulte manejable.

LA PALETA DE LOS TRES PRIMARIOS

Los pintores aprenden que pueden mezclar el color que quieran a partir de los tres primarios (además del blanco). Esto no es del todo cierto. Una paleta de tres primarios puede guiar las mezclas de colores en una dirección determinada y no permitir al pintor que mezcle cualquier color que desee. Existen tantos tipos de rojos, amarillos y azules distintos, que, en función del primario que se utilice, obtendrá diferentes resultados. El GRUPO DE PRIMARIOS PRINCIPAL solo incluye pigmentos saturados. Con estos podría crear mezclas saturadas y (mezclando complementarios) mezclas neutras. El GRUPO DE PRIMARIOS SECUNDARIO incluye versiones neutras de los primarios. Estos permiten mezclar una amplia gama de colores, pero, como estos pigmentos son neutros por naturaleza, las mezclas también serían neutras. Nunca sería posible mezclar colores saturados.

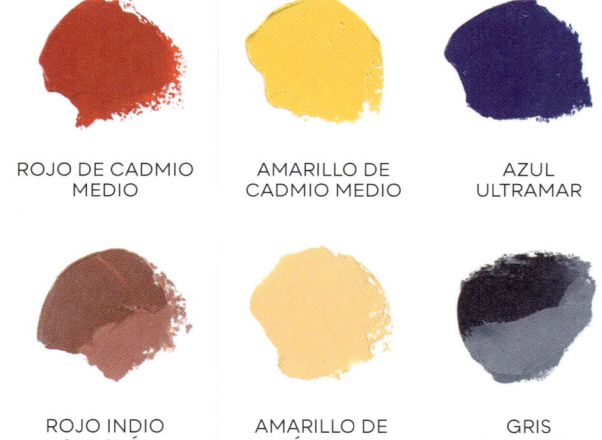

ROJO DE CADMIO MEDIO

AMARILLO DE CADMIO MEDIO

AZUL ULTRAMAR

ROJO INDIO O INGLÉS

AMARILLO DE NÁPOLES

GRIS DE PAYNE

LA PALETA SELECTIVA

Por comodidad, un pintor puede tener los colores que utiliza más a menudo preparados en la paleta, pero no va a utilizarlos en todas las pinturas. Cuando tiene en cuenta las propiedades de un pigmento (el valor, la temperatura y el nivel de saturación) y lo elige en función de su adecuación a la estrategia del color, está seleccionando su paleta.

Por ejemplo, si los amarillos de la pintura tienen que ser luminosos y saturados, lo más natural es que se decante por un amarillo que también sea luminoso y saturado, como los de las familias CADMIO o HANSA. En cambio, si la pintura tiene más armonías neutras, podría elegir un amarillo más neutro, como el AMARILLO DE NÁPOLES o el OCRE AMARILLO.

La selección es una parte fundamental de la estrategia de paleta. Fomenta la práctica de las estrategias de color y la agrupación cromática.

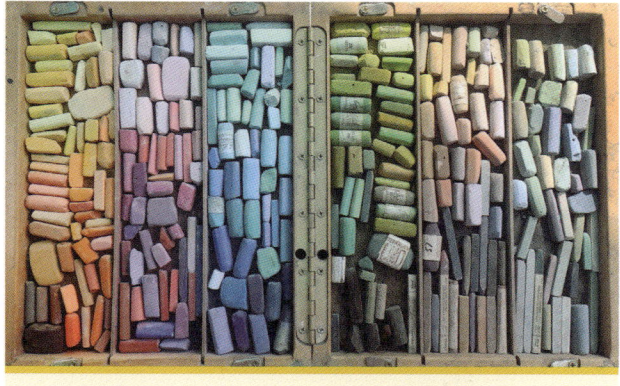

MEZCLA DE COLORES: MEDIOS HÚMEDOS VS. PASTELES

Existen claras diferencias en el modo en que los medios húmedos y los medios secos (los pasteles) se forman, pero los objetivos son los mismos. Los pintores al óleo y al agua pueden tener unas docenas de pigmentos en su colección. Utilizan unos cuantos para cada pintura y los mezclan para obtener incontables colores nuevos. En cambio, los pastelistas no mezclan los colores en una paleta. Pueden mezclar dos o más en la superficie de la pintura, pero, en general, cuentan con una gran variedad de pasteles de todos los tonos, valores y saturaciones imaginables.

Foto: Loriann Signori

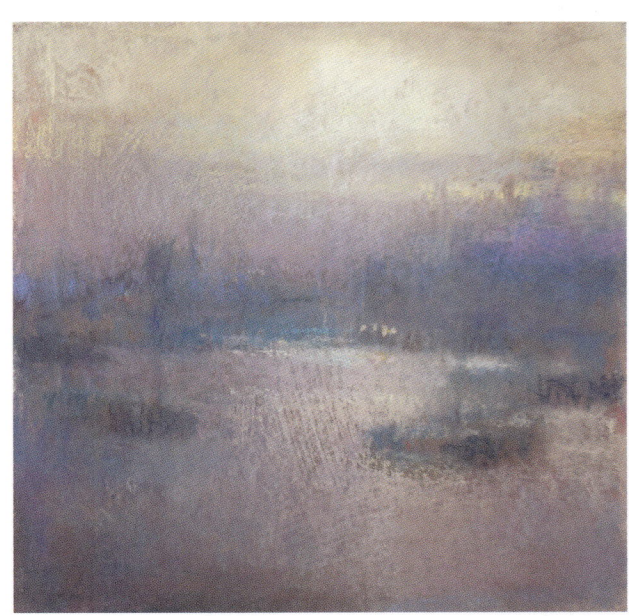

Loriann Signori, *Del silencio a la sinfonía*
Pastel sobre papel, 20,5 × 20,5 cm

De los cientos de pasteles que tiene un pastelista, elige unos cuantos que se adecuan a la estrategia de color de la pintura. Para el pastelista, esta es su versión de una paleta selectiva.

POR QUÉ SELECCIONAMOS: DISTINTAS PROPIEDADES, DISTINTOS RESULTADOS

¿Por qué es tan importante elegir un azul determinado o un rojo determinado? Porque todos los colores no se crean igual. En una familia de colores determinada hay muchas variedades de pigmentos diferenes, todas las cuales tienen propiedades distintas. Por ejemplo, hay muchas variedades de azul, cada una con un valor, una temperatura y una saturación. Si se comprenden estas propiedades, podemos elegir los pigmentos que mejor se adecuan a la estrategia. A continuación encontrará una pequeña muestra de las distintas propiedades de los pigmentos de una misma familia de tonos. La fila superior muestra los colores en óleo, la central muestra un pigmento equivalente en pastel y, la inferior, en acuarela.

INTENSIDAD DE TINCIÓN

Otro aspecto que diferencia los pigmentos es la intensidad de tinción, es decir, la capacidad que tiene un color de influir en una mezcla. Hacen falta grandes cantidades de colores de poca intensidad para que se perciban en una mezcla. En cambio, si tienen mucha intensidad, basta una pequeña cantidad para que la diferencia sea notable. Los azules ULTRAMAR y FTALO son buenos ejemplos de ello. El ULTRAMAR es un color semitransparente, con una buena intensidad de tinción. En comparación, el FTALO tiene una intensidad extraordinariamente fuerte. Un poco de FTALO influirá mucho más en una mezcla que una cantidad equivalente de ULTRAMAR.

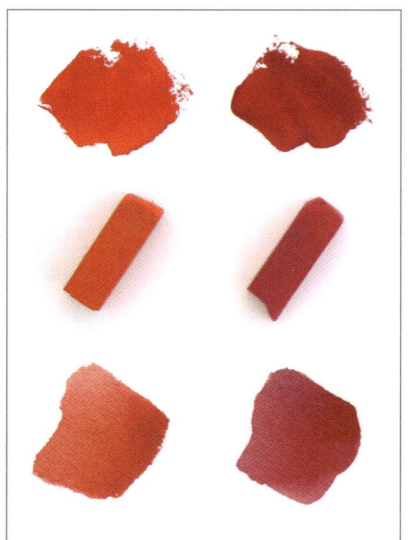

VALOR Y TEMPERATURA DISTINTOS

Dos rojos con diferencias de valor y temperatura: el ROJO DE CADMIO CLARO (izquierda) es más claro y cálido que el ROJO DE CADMIO OSCURO (derecha).

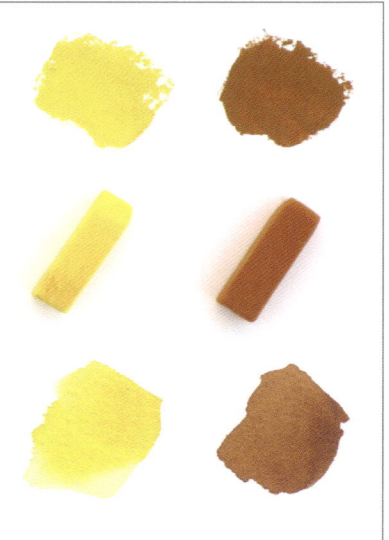

VALOR Y SATURACIÓN DISTINTOS

Dos amarillos con diferencias de valor y saturación: un AMARILLO HANSA MEDIO (izquierda) más claro y saturado y un OCRE AMARILLO (derecha) más oscuro y neutro.

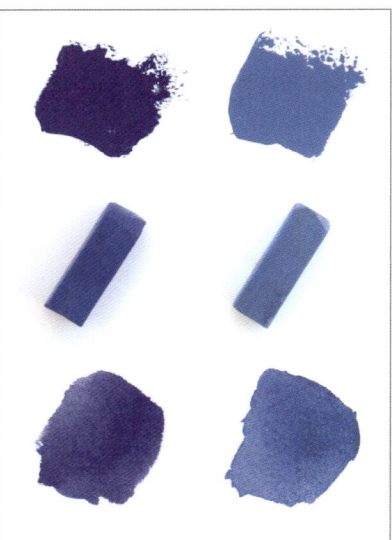

VALORES IGUALES Y TEMPERATURAS DISTINTAS

Dos azules: el ULTRAMAR (izquierda) y el MANGANESO (derecha) tienen un valor similar, pero distinta temperatura.

DEMOSTRACIÓN: PALETA SELECTIVA EN PASTEL

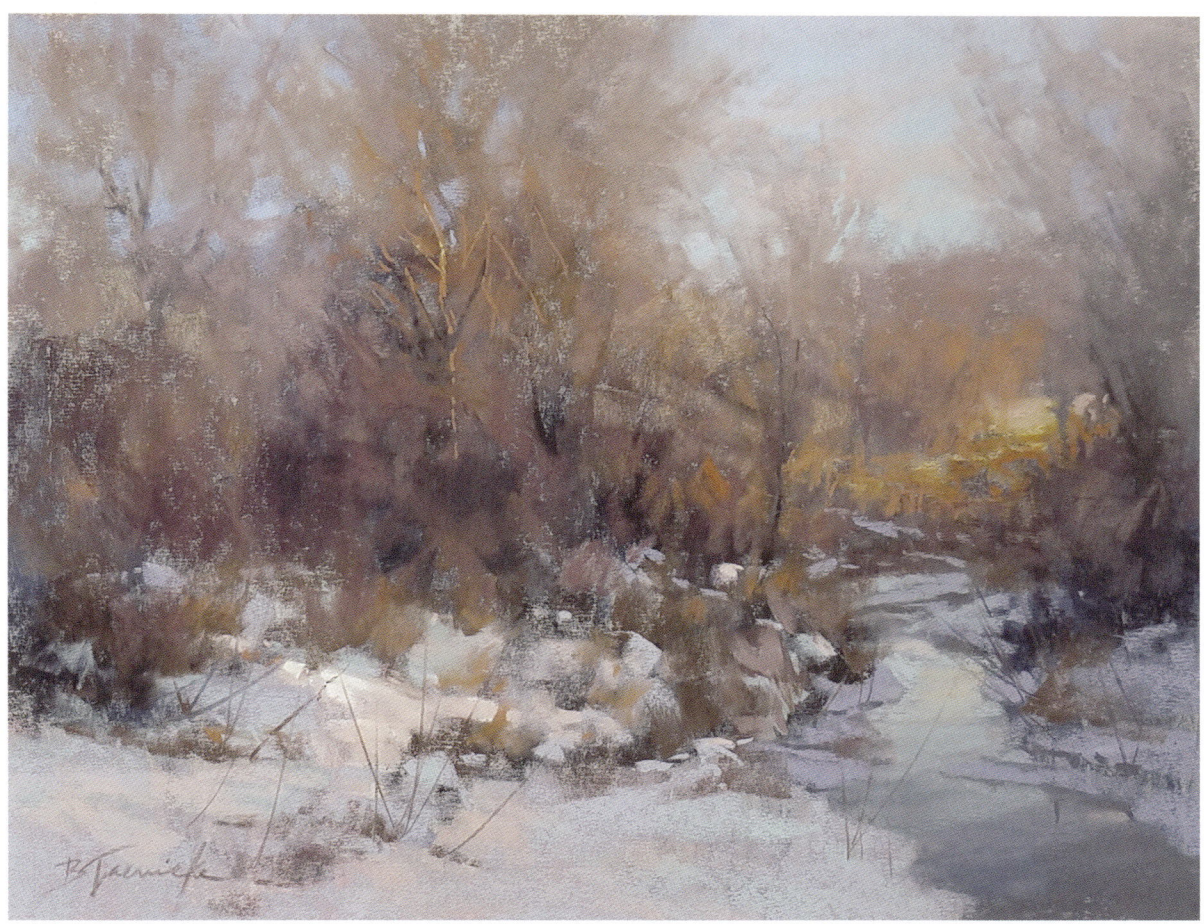

Barbara Jaenicke, *Luz dorada del ocaso*
de un día de invierno
Pastel sobre plancha de cartón, 28 × 35,5 cm

Todas las pinturas de Jaenicke tienen una clave de color distinta. Esto se debe principalmente a que crea una paleta selectiva basada en una cantidad limitada de grupos cromáticos. Jaenicke explica la relación entre los colores individuales y los grupos: «Una vez defino los grupos cromáticos iniciales, creo el resto de la paleta con variaciones de valor, temperatura y saturación de esos colores iniciales, lo que favorece la armonía cromática». (Véase también *Recuerdos de primavera*, de Jaenicke, en la página 142).

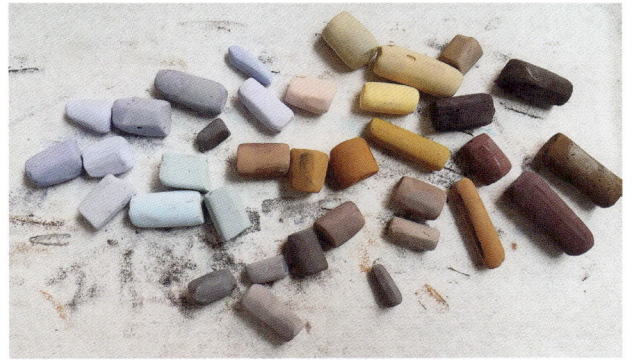

Los treinta y cinco colores que utiliza Jaenicke están distribuidos en dos grupos cromáticos básicos: un grupo de colores fríos (formado por los azules y los azules violáceos) y un grupo de colores cálidos más dominante (formado por tonos tierra neutros). Dentro de cada grupo hay variaciones de valor, temperatura y saturación. Un pintor puede utilizar todos los colores individuales que desee, siempre y cuando estén distribuidos en una cantidad limitada de grupos.

DEMOSTRACIÓN: PALETA SELECTIVA EN ÓLEO

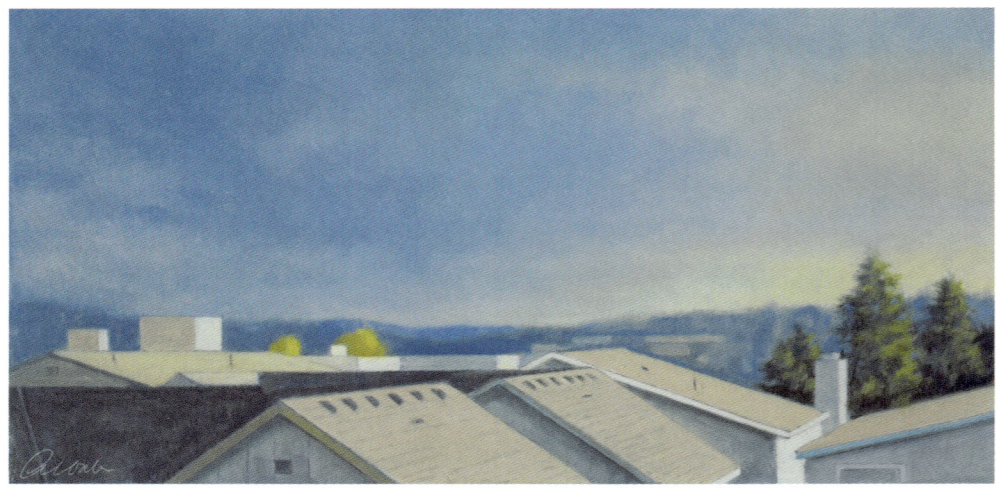

BLANCO

AMARILLO DE
NÁPOLES

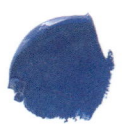
AZUL
CERÚLEO

MEZCLA NEUTRA

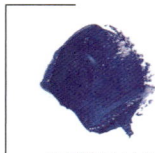

ULTRAMAR + TIERRA DE SOMBRA = NEUTRO
TOSTADA

Mitchell Albala, *Tejados de la calle 59,*
después de la lluvia
Óleo sobre papel, 18 × 35,5 cm

Después de la lluvia es una pintura con una
armonía bastante neutra. Los colores oscilan
entre los sutilmente neutros (en el cielo) y los
muy neutros (en los tejados y las fachadas de
las casas). Esta paleta me permitirá crear más
fácilmente las mezclas neutras que necesito.
Con una paleta limitada también tendré mis
mezclas de colores más unificadas.

OBSERVE: Para crear mis mezclas neutras, hago
un gris mezclando el pigmento neutro TIERRA
DE SOMBRA TOSTADA y el azul ULTRAMAR,
como se ve en el lado derecho de la paleta. Esta
mezcla neutra se añadirá a casi todos los colores
de la pintura. Cuando hay más ULTRAMAR, la
mezcla se enfría, como en el cielo. Cuando hay
menos ULTRAMAR, la mezcla no es tan fría,
como en el tejado oscuro de la parte inferior
izquierda y las fachadas de las casas.

ÁREAS CLAVE

CIELO: En general, prefiero un solo azul en la
paleta, pero, en esta pintura, el cielo necesita
un toque de calidez que solo se obtiene con un
tono cálido como el CERÚLEO. Así pues, el cielo

se ha pintado con ULTRAMAR y CERÚLEO,
después se ha desaturado con la MEZCLA
NEUTRA y, finalmente, toques de NÁPOLES.

TEJADOS CLAROS: Con BLANCO y un poco
de TIERRA DE SOMBRA TOSTADA se crea el
cálido color beis de los tejados claros.

ÁRBOLES DORADOS: Incluso los árboles
amarillos aparentemente saturados están
pintados con AMARILLO DE NÁPOLES, que es
como un amarillo tierra y menos saturado que
los amarillos de las familias CADMIO o HANSA.
Los lados claros de los áboles están pintados
con NÁPOLES, y se ha añadido un poco de
TIERRA DE SOMBRA TOSTADA para crear las
sombras.

ÁRBOLES VERDES: El lado iluminado por el
sol de los árboles se ha pintado con una mezcla
de NÁPOLES y ULTRAMAR, mientras que las
sombras son una combinación de la MEZCLA
NEUTRA y ULTRAMAR.

LUZ DEL HORIZONTE: La franja de luz
del horizonte está pintada con NÁPOLES y
BLANCO, pero también contiene un toque del
gris azulado del cielo. El cielo también contiene
un toque de NÁPOLES. Esto ayuda a unificar las
dos zonas cromáticas del cielo.

LA PALETA PRIMARIA DIVIDIDA

Una opción multiusos muy popular entre los pintores es la paleta primaria dividida. Consiste en una paleta compacta con la cantidad mínima de pigmentos para que la mezcla de colores sea manejable, pero suficientes para poder mezclar casi cualquier color que deseen. Además, es ligera (hay que cargar con menos tubos de óleos y acrílicos), por lo que es una buena elección para viajar y pintar al aire libre.

El punto fuerte de la paleta primaria dividida es que incluye dos primarios de cada: uno frío y otro cálido. Esa diferencia de temperatura abarca una parte más amplia del espectro, aumentando la gama de mezclas posibles de colores.

Los **AMARILLOS CÁLIDOS** están más cerca del lado rojo anaranjado del espectro. Las variedades habituales son «medio» y «oscuro» de las familias CADMIO y HANSA.

Los **AMARILLOS FRÍOS** se alejan del lado rojo anaranjado del espectro, por lo que adquieren un sutil matiz verde. Las variedades más habituales son LIMÓN y NÍQUEL DE TITANATO.

Los **ROJOS CÁLIDOS** carecen del violeta de los rojos fríos y, en cambio, captan la calidez del lado rojo anaranjado del espectro. Las variedades más habituales son CADMIO, NAFTOL y NARANJA DE CADMIO.

Los **AZULES CÁLIDOS** se inclinan hacia el lado amarillo del espectro, captando algo de verde en el proceso. Las variedades más habituales son FTALO, TURQUESA FTALO, MANGANESO y PRUSIA.

Los **ROJOS FRÍOS** se inclinan hacia el lado azul del espectro, empujándolos al magenta o al rojo violáceo. Las variedades más habituales son CARMESÍ ALIZARINA y QUINACRIDONA.

Los **AZULES FRÍOS** se inclinan hacia el lado violeta del espectro, sin rastro del matiz verde propio de los azules cálidos. La variedad más habitual es ULTRAMAR.

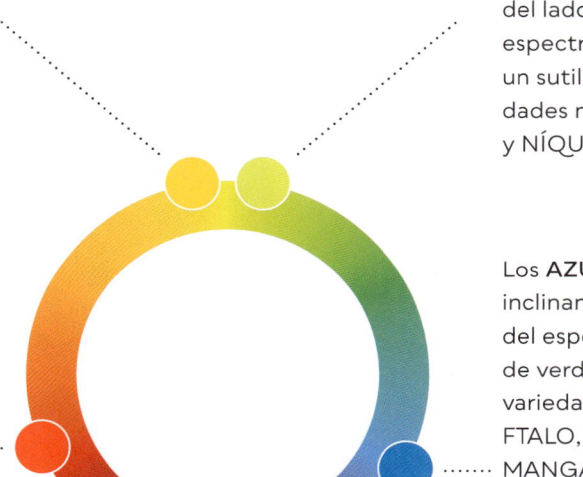

TOMANDO PARTIDO: PRIMARIOS FRÍOS Y CÁLIDOS

Las etiquetas «frío» y «cálido» que asignamos a los pigmentos se basan en el lado del espectro hacia el que se inclinan. Por ejemplo, los rojos cálidos se inclinan hacia el lado naranja, mientras que los rojos fríos se inclinan hacia el lado violeta. Los pasteles están hechos de los mismos pigmentos que los óleos y los medios a base de agua, y poseen los mismos atributos de frialdad y calidez.

En general, los colores de la paleta primaria dividida son saturados. Sin embargo, los artistas que trabajan con armonías neutras (como los tonalistas) pueden sustituir los primarios saturados por pigmentos neutros. Por ejemplo, un AMARILLO DE CADMIO o un AMARILLO HANSA podrían sustituirse por OCRE AMARILLO o AMARILLO DE NÁPOLES. (Véase «Dos vías para los neutros» en la página 162).

PALETAS PRIMARIAS DIVIDIDAS Y PINTURAS

Como vemos en el círculo cromático de la página anterior, hay muchos pigmentos que pueden llenar los huecos cálidos y fríos de la paleta primaria dividida. Cada una de las dos paletas primarias divididas que se ilustran aquí, del pintor al óleo Scot Gellatly y el acuarelista Bill Vrscak, utilizan un grupo de primarios distinto.

Fíjese en que los pigmentos de ambas paletas son puros y saturados, aunque las pinturas tienen muchos colores que se neutralizan hasta cierto punto. Como sucede con cualquier paleta, los neutros o los grises tendrán que mezclarse. (Véase «Dos vías para los neutros» en la página 162).

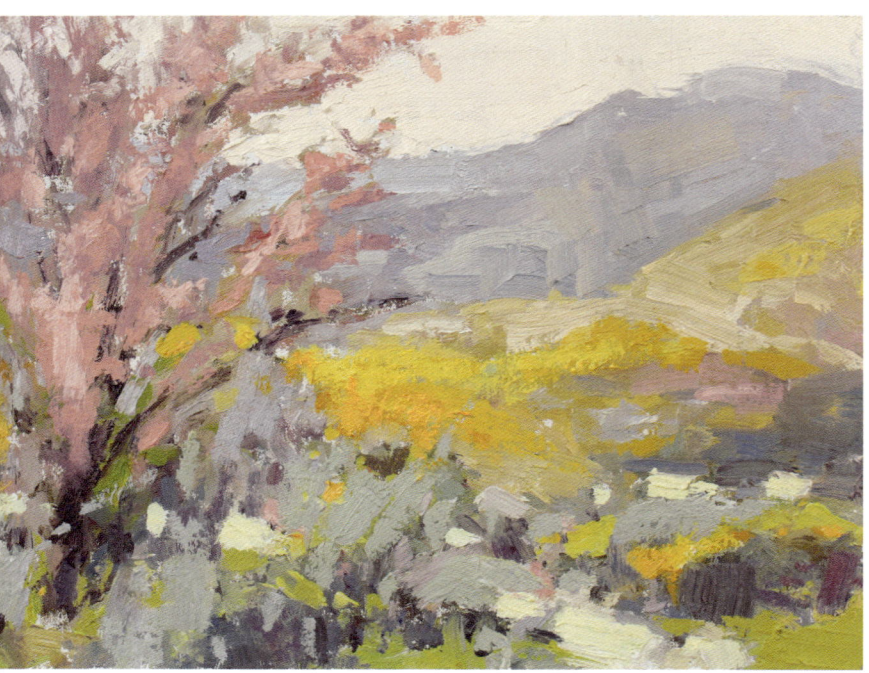

Scott Gellatly, *Flora del desierto*
Óleo sobre tablilla, 23 × 30,5 cm

ROJOS

NARANJA DE CADMIO
(CÁLIDO)

ROJO DE QUINACRIDONA
(FRÍO)

AMARILLOS

AMARILLO INDIO (CÁLIDO)

AMARILLO DE CADMIO
CLARO (FRÍO)

AZULES

TURQUESA DE COBALTO
(CÁLIDO)

ULTRAMAR (FRÍO)

Cuando trabaja al aire libre, Gellatly utiliza una paleta primaria dividida de seis colores, además del blanco. Sus elecciones aprovechan al máximo la gama de temperaturas de cada primario. Al utilizar NARANJA DE CADMIO en lugar del más habitual ROJO DE CADMIO CLARO, obtiene una gama de temperaturas más amplia de los rojos. (El NARANJA DE CADMIO también es más intenso que un naranja obtenido de la mezcla de pigmentos rojos y amarillos). Directo del tubo, el AMARILLO INDIO parece naranja, pero su tono es un característico amarillo radiante cálido. El TURQUESA DE COBALTO tiene una desviación verde más marcada que los azules como el FTALO o el MANGANESO, por lo que, junto con el ULTRAMAR, permite un mayor cambio de temperatura dentro de los azules.

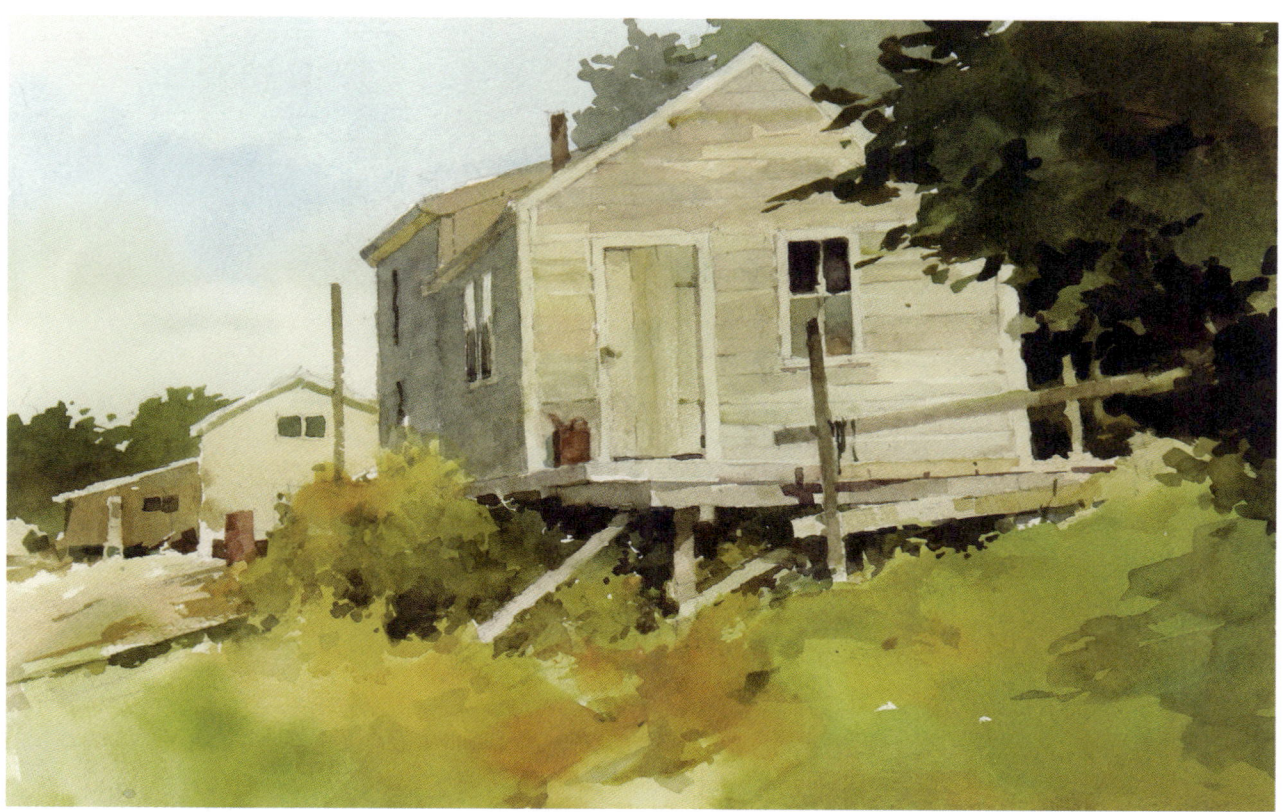

Bill Vrscak, *Cap'n Jim's Place*, acuarela, 30,5 × 46 cm

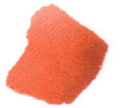 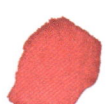        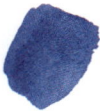

ROJOS	AMARILLOS	AZULES
ROJO DE CADMIO (CÁLIDO)	AMARILLO DE CADMIO (CÁLIDO)	CERÚLEO (CÁLIDO)
ALIZARINA (FRÍO)	AUREOLINA (FRÍO)	COBALTO (FRÍO)

Vrscak utiliza una serie de primarios completamente distinta a la de Gellatly. Esto no es porque la acuarela sea un medio transparente. Los colores de Vrscak también están disponibles para óleos y acrílicos. (Y los colores de Gellatly están disponibles para acuarela). Como en toda paleta, el artista elige sus colores en función de cómo se adecuan a su intención cromática y estilo personal. Según Vrscak: «Si la apariencia de mis azules y verdes se vuelve demasiado predecible, iré cambiando algunos colores de mi paleta. Por ejemplo, sustuiré el AUREOLINA por NÁPOLES o el AZUL MANGANESO por CERÚLEO».

DOS VÍAS PARA LOS NEUTROS

Todos los colores que terminan en nuestra pintura tienen que mezclarse, y los neutros no son la excepción. Incluso los pintores que prefieren las estrategias de alta saturación raramente utilizan colores *completamente* saturados. Esto significa que la mayoría de los colores tienen que estar al menos *parcialmente* desaturados.

NEUTRALIZACIÓN CON COMPLEMENTARIOS

Si preguntara a muchos pintores cómo desaturar o neutralizar un color, le responderían que añadiéndole su complementario. Esto es un método de eficacia probada para crear neutros. Sin embargo, la neutralización con complementarios raramente crea un neutro «perfecto» sin ninguna desviación del color.

Casi siempre conservan parte de la identidad de tono de uno de los complementarios. Esta desviación cromática puede ser buscada, puesto que permite neutros más matizados y basados en el color. Pero también hace que resulte difícil controlar la mezcla de neutros obtenidos con complementarios. A menudo tenemos que añadir un tercer color para lograr el neutro que queremos.

NEUTRALIZACIÓN CON COLORES NEUTROS

Como alternativa, también pueden crearse mezclas neutras con colores que de entrada sean neutros. Este planteamiento es más fácil y directo que la mezcla de complementarios. Naturalmente, también puede crear neutros con complementarios y pigmentos neutros.

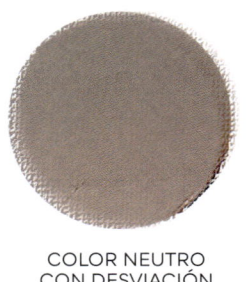

COLOR NEUTRO CON DESVIACIÓN

GRIS SIN DESVIACIÓN

«NEUTROS» VS. «GRISES»

Los términos «neutro» y «gris» suelen utilizarse indistintamente, pero tienen sutiles diferencias de significado. Un neutro es cualquier color que no esté completamente saturado. Los neutros se ven apagados, sin brillo o pardos. Tanto si se mezclan como si se utilizan directamente del tubo, la mayoría de los colores neutros tienen una desviación del color, es decir, siguen manteniendo parte de la identidad de tono.

La muestra superior es un neutro cálido con una desviación hacia el naranja. Los neutros siguen siendo colores, por lo que la desviación es importante. Nos indica a qué familia de tonos pertenecen y si son fríos o cálidos. La muestra inferior es un neutro «perfecto» que carece de desviación del color, lo que significa que ni es frío ni cálido o, al menos, cuesta decir a qué familia de tonos pertenece. Este tipo de colores se denominan grises.

NEUTRALIZACIÓN CON COMPLEMENTARIOS

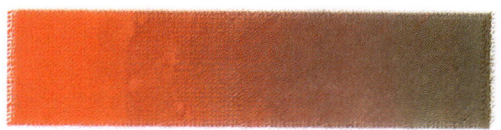

ROJO DE CADMIO + VERDE PERMANENTE

AMARILLO DE CADMIO + VIOLETA DE DIOXACINA

AZUL ULTRAMAR + NARANJA DE CADMIO

NEUTRALIZACIÓN CON COLORES NEUTROS

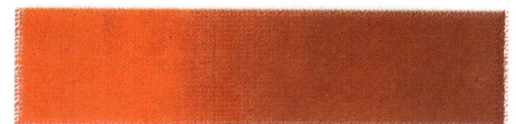

ROJO DE CADMIO + TIERRA DE SOMBRA TOSTADA

AMARILLO DE CADMIO + OCRE AMARILLO

AZUL ULTRAMAR + GRIS DE PAYNE

En cada serie, el color de la izquierda está completamente saturado. Al añadirle su complementario, la mezcla se neutraliza de manera progresiva. Fíjese en la desviación del color de la mezcla neutra de la derecha.

También puede desaturar colores puros añadiendo pigmentos que son neutros por sí mismos, como TIERRA DE SOMBRA TOSTADA, OCRE AMARILLO, SIENA NATURAL, SIENA TOSTADO, MARRÓN VAN DYKE o GRIS DE PAYNE, por nombrar solo algunos.

UN NEUTRO FRÍO Y UN NEUTRO CÁLIDO EN LA PALETA

 + 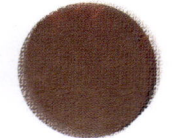 +  =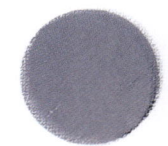

| AZUL ULTRAMAR | SIENA TOSTADO | BLANCO | NEUTRO SIN DESVIACIÓN (GRIS) | DESVIACIÓN AZUL (FRÍA) | DESVIACIÓN NARANJA (CÁLIDA) |

Cuando incluya pigmentos neutros en la paleta, plantéese que haya un neutro frío y un neutro cálido. La combinación de AZUL ULTRAMAR y SIENA TOSTADO puede crear una gran variedad de neutros fríos y cálidos.

Con partes iguales de AZUL ULTRAMAR y SIENA TOSTADO (además de blanco) se obtiene un gris casi perfecto, sin ninguna desviación del color. Cuando se añade algo más de azul, el neutro tendrá una desviación azul fría. Si hay más SIENA TOSTADO en la mezcla, la desviación será cálida.

ÚLTIMAS REFLEXIONES: LA BÚSQUEDA INTERMINABLE

«El placer más noble es el júbilo de comprender».

—LEONARDO DA VINCI

Hace más de cuarenta años que pinto, y nunca he dejado de aprender y de buscar nuevas y mejores maneras de expresar las maravillas que veo en la naturaleza. Una de las cosas que me ha permitido seguir creciendo es la búsqueda constante. Hago preguntas. Pruebo cosas nuevas. Pido la opinión a otros pintores. Incluso he aprendido cosas nuevas mientras escribía este libro, a raíz de mis consultas con tantos artistas colaboradores.

Puede que la pintura sea una labor solitaria, pero crecer como artista no lo es. Un buen pintor debe, como mínimo hasta cierto punto, seguir siendo un aprendiz de corazón. Aprovechamos la sabiduría de otros creativos que podrían tener las respuestas que buscamos, ya sea a través de un profesor, una obra de arte que cuelga de la pared de un museo o un libro como este.

Como profesor y artista, trabajo con principios y métodos que pueden implementarse en la práctica. Esto es lo que se refleja en estas páginas. Como las ideas y los ejercicios de este libro han sido tan provechosos para mis alumnos (y para mí), estoy seguro de que los aplicará y que también usted verá cómo mejora su obra. Espero que lo que ha aprendido en este libro le sirva para la búsqueda interminable que es el paisajismo.

¡A pintar!

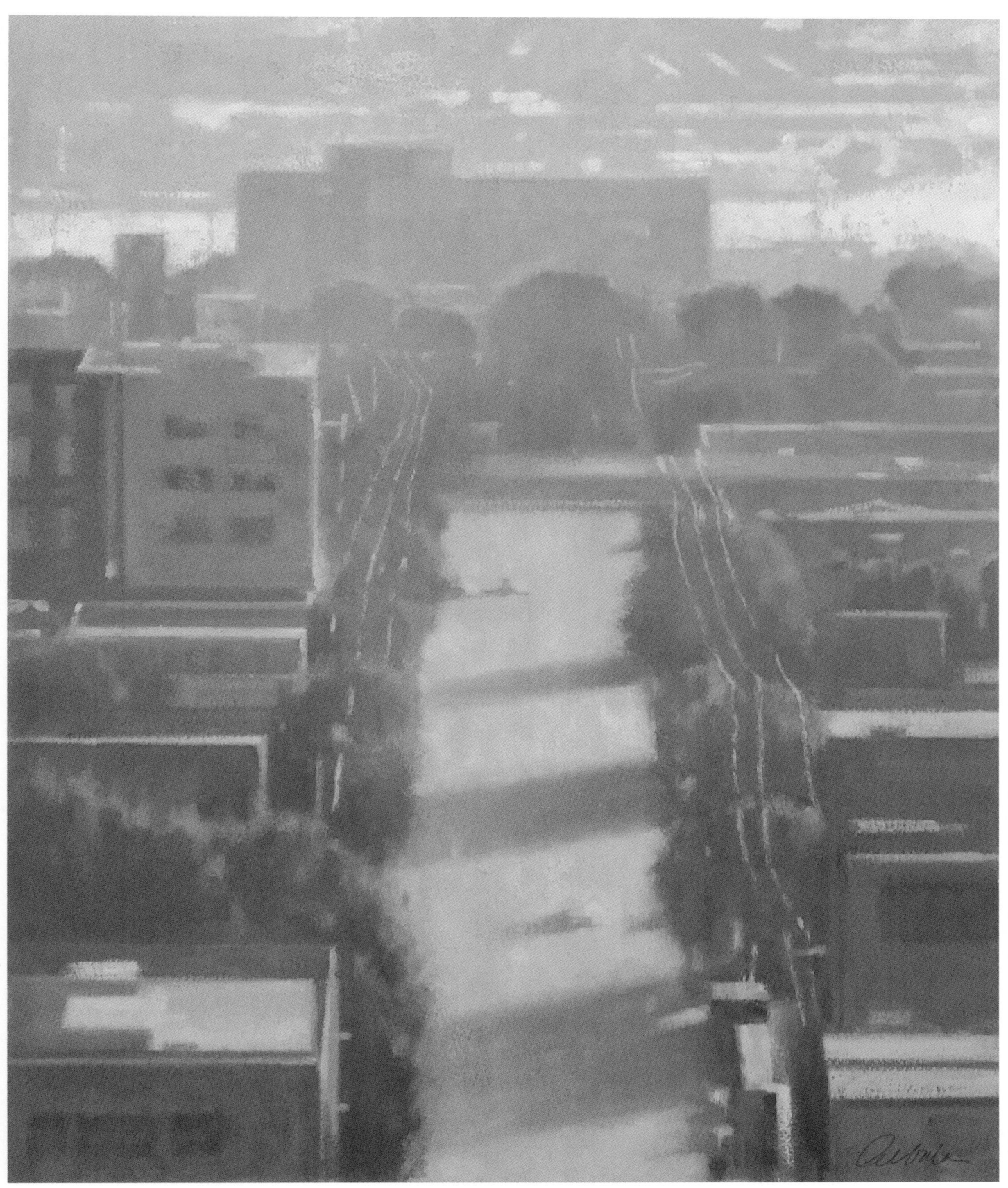

Mitchell Albala, *Hacia una luz del oeste*, óleo sobre tablilla, 38 × 32 cm

RECURSOS

LIBROS

Albala, Mitchell. *Landscape Painting: Essential Concepts and Techniques for Plein Air and Studio Practice.* Nueva York: Watson-Guptill Publications, 2009.
El «nuevo clásico» del paisajismo, con una descripción exhaustiva de las nociones básicas y las técnicas del género.

Gill, Catherine, con Beth Means. *Powerful Watercolor Landscapes.* Cincinnati, Ohio: North Light Books, 2011.
No solo para acuarelistas, este libro presenta lecciones bien ilustradas de composición, formas, valores y elección de los motivos.

Hoffmann, Tom. *Watercolor Painting: A Comprehensive Approach to Mastering the Medium.* Nueva York: Watson-Guptill Publications, 2012.
Hoffmann no solo habla de acuarela, sino que también ofrece valiosas lecciones sobre el arte de la simplificación y la agrupación.

Macpherson, Kevin. *Landscape Painting Inside & Out.* Cincinnati, Ohio: North Light Books, 2009.
Un manual exquisitamente ilustrado sobre el paisajismo de interior y de exterior.

Roberts, Ian. *Mastering Composition: Techniques and Practices to Dramatically Improve Your Painting.* Cincinnati, Ohio: North Light Books, 2007.
Una guía sumamente práctica de la composición, con demostraciones ilustrativas y muchos ejemplos de paisajes.

REVISTAS

The Artist's Magazine
artistsnetwork.com

Pastel Journal
artistsnetwork.com

Plein Air Magazine
pleinairmagazine.com

Watercolor Artist
artistsnetwork.com

RECURSOS EN LÍNEA

Acrylic University
acrylicuniversity.com
Lecciones virtuales dirigidas específicamente a los pintores de acrílicos.

The Artist's Network
artistsnetwork.com
Numerosos artículos prácticos y lecciones de vídeo de todas las técnicas y todos los estilos.

Essential Concepts of Landscape Painting
mitchalbala.com/blog
El blog educativo de paisajismo del autor.

Mastering Composition
youtube.com/IanRobertsMasteringComposition
El canal de YouTube de Ian Roberts: lecciones en vídeo de composición, color y técnica.

Painting Perceptions
paintingperceptions.com
Entrevistas con pintores contemporáneos.

VÍDEOS

Creating Dynamic Landscapes with John MacDonald (Modern Masters Series). Boca Ratón, Florida: Liliedahl Art Instruction Videos, 2017.

Paul Kratter: Mastering Trees (Landscape Masters Series). Boca Ratón, Florida: Streamline Premium Art Video, 2019.

John MacDonald: Poetic Landscapes (Modern Masters Series). Boca Ratón, Florida: Streamline Premium Art Video, 2020.

PÓDCASTS

The Artful Painter
theartfulpainter.com/artful-painter
Entrevistas cordiales y animadas de Carl Olson, Jr. con muchos paisajistas de renombre.

Reasonably Fine Art Talk
youtube.com/CharlieHunterArt
Entrevistas, reflexiones y lecciones del pintor Charlie Hunter

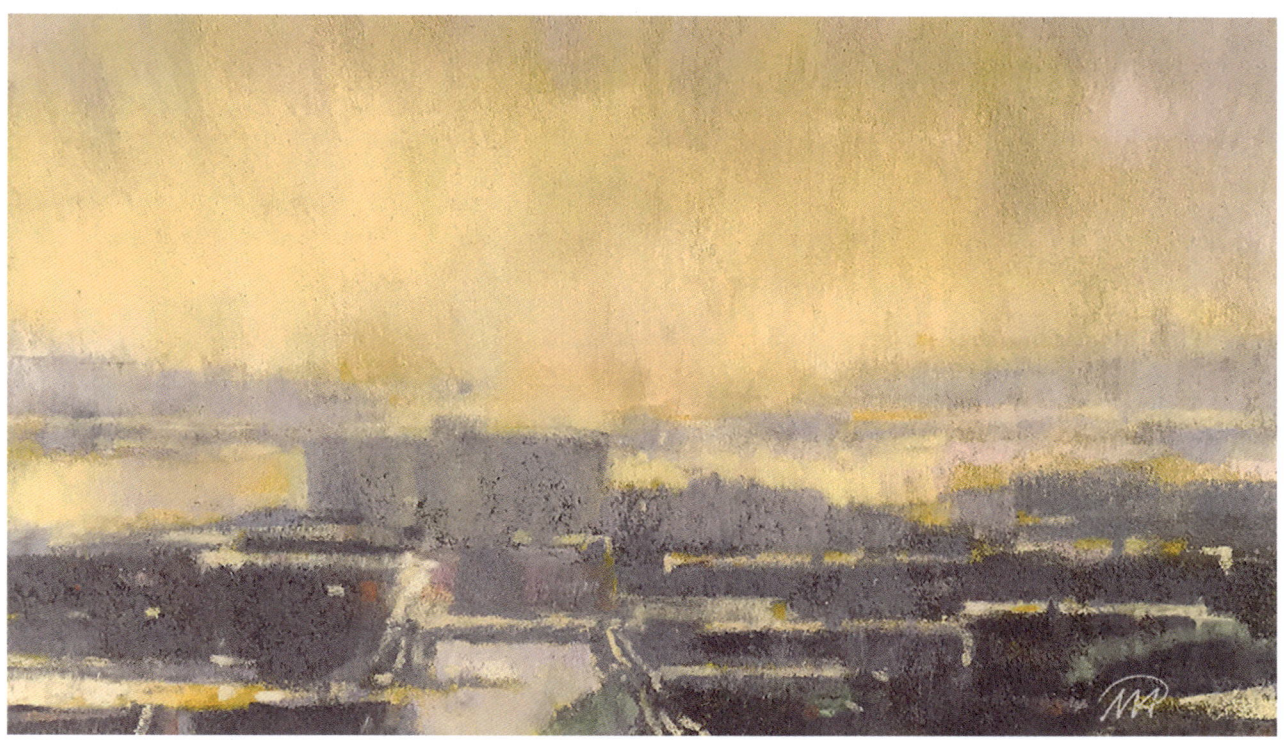

Mitchell Albala, *Luz de septiembre, Salmon Bay*, pastel sobre papel, 14 × 23 cm

MATERIALES ARTÍSTICOS

Ampersand
ampersandart.com
Fabricantes de tablillas de alta calidad en todos los formatos y tamaños. Realiza envíos a todo el mundo.

Gamblin Artists Colors
gamblincolors.com
Óleos de calidad fabricados en EE. UU. Su sitio web ofrece a los pintores abundante información técnica y sobre el color.

Golden Paints
goldenpaints.com
Una amplia gama de acrílicos y accesorios de calidad (y la marca de óleos Williamsburg), con recursos prácticos y materiales educativos para artistas.

Rosemary & Co.
rosemaryandco.com
Pinceles de calidad hechos a mano en Inglaterra. Realizan envíos a todo el mundo. Ofrece una gran selección de todo tipo de pinceles.

CABALLETES PARA PINTAR AL AIRE LIBRE

Artwork Essentials
artworkessentials.com
Caballetes para pintar al aire libre, cajas caballete y portapinturas.

New Wave U Go
newwaveart.com
Cajas caballete finas y ligeras para cualquier lugar.

Open Box M
openboxm.com
Caballetes para pintar al aire libre hechos a mano y otros materiales.

Caballetes Sienna de Jack Richeson & Co.
richesonart.com
Caballetes innovadores para pintar al aire libre y en el estudio.

ARTISTAS COLABORADORES

Tony Allain
tonyallainfineart.com
páginas 35 y 147

Ray Balkwill
raybalkwill.co.uk
página 113

Cindy Baron
cindybaron.com
página 67

Rodger Bechtold
rodgerbechtold.com
página 120

Hester Berry
hesterberry.co.uk
páginas 10 y 122

Jill Carver
jillcarver.com
página 112

Alvaro Castagnet
alvarocastagnet.net
página 72

Sue Charles
suecharlesstudio.com
páginas 14 y 34

Bill Cone
instagram.com/bill_cone_art/
páginas 56, 69 y 78

Brent Cotton
cottonfinearts.com
páginas 100 y 119

Bill Cramer
billcramerstudio.com
páginas 23 y 148

David Curtis
djcurtis.co.uk
páginas 128 y 176

Oliver Akers Douglas
olliead.com
página 103

Kim English
páginas 134 y 135

Scott Gellatly
scottgellatly.com
páginas 107 y 160

Catherine Gill
catherinegill.com
página 146

Mark Gould
markgouldart.com
página 109

Lisa Grossman
lisagrossmanart.com
página 169

David Grossmann
davidgrossmann.com
página 18

Marc Hanson
marchansonart.com
páginas 26, 75 y 108

Greg Hargreaves
página 60

Ray Hassard
rayhassard.com
página 49

Frank Hobbs
frank-hobbsart.com
páginas 13 y 36

Tom Hoffmann
hoffmannwatercolors.com
página 17

William Hook
wghook.com
página 27

Charlie Hunter
hunter-studio.com
página 117

Barbara Jaenicke
barbarajaenicke.com
páginas 142 y 157

Paul Kratter
paulkratter.com
página 7

Dale Laitinen
dalelaitinen.com
página 152

David Lidbetter
dlidbetter.com
páginas 1, 45 y 66

Carolyn Lord
carolynlord.com
páginas 29, 104 y 105

Karen Margulis
karenmargulis.com
página 145

David Mensing
davidmensingfineart.com
página 126

Renato Muccillo
renatomuccillo.com
página 129

Lisa Grossman, *Cadencia*, óleo sobre lienzo, 101,5 × 152,5 cm

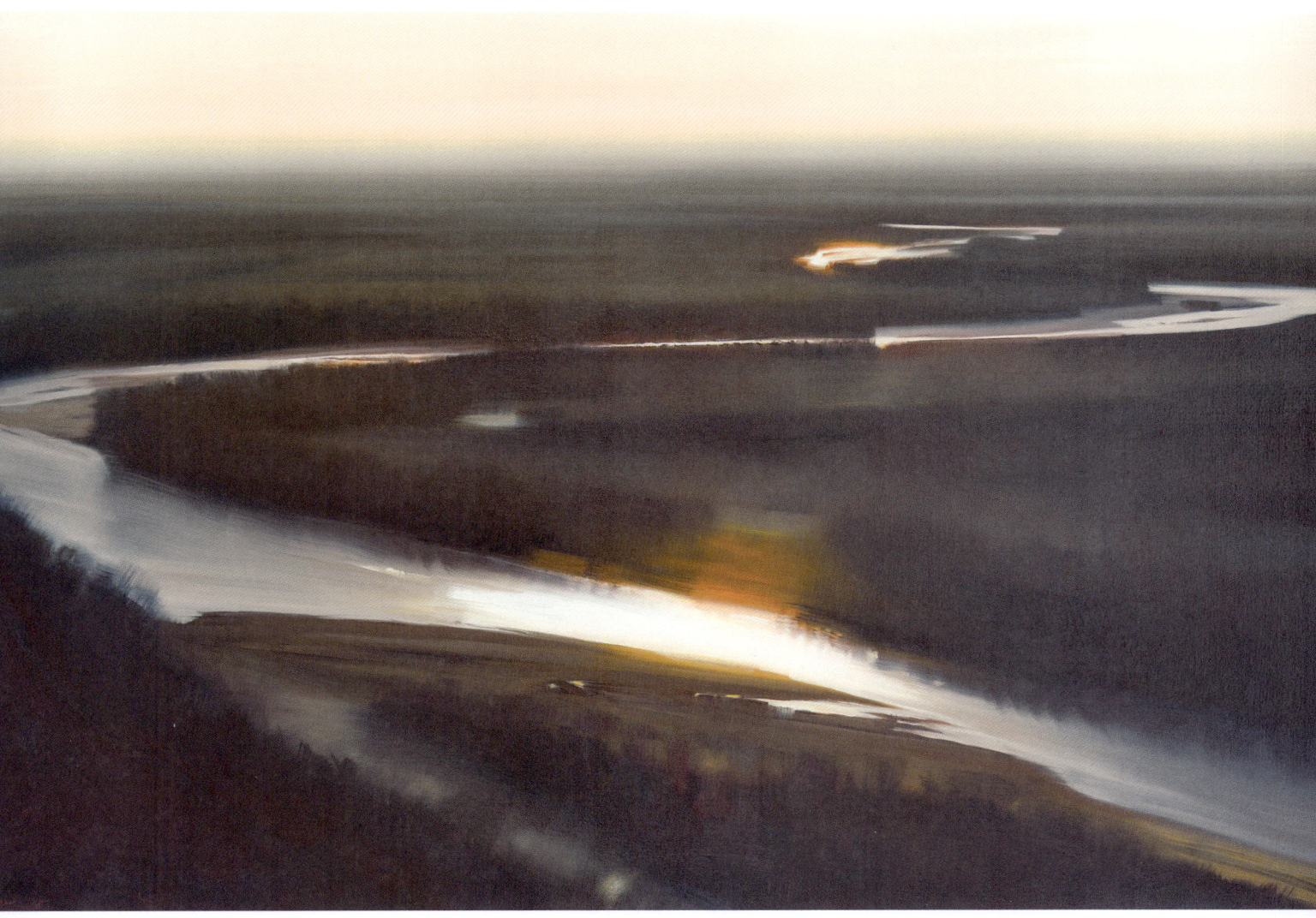

AGRADECIMIENTOS

Pintura de paisajes es, sin duda, la «pintura» más grande y entretenida en la que he trabajado. Aunque mi nombre figura en la cubierta, el desarrollo y la producción de un libro como este son fruto del trabajo en equipo. No habría sido posible sin la colaboración de muchos otros creativos.

El impacto y el alcance de un libro como este se deben en buena medida a la diversidad de los pintores cuyas obras llenan estas páginas. Estoy en deuda con los cuarenta y seis artistas, de cinco continentes, que permitieron amablemente que su obra formara parte de este libro, que brilla con todo su esplendor gracias a ellos.

He tenido la suerte de contar con la colaboración de varios creativos que me han ayudado a desgranar muchas ideas del libro, brindándome sus conocimientos entusiastas y sus correcciones a lo largo del proceso. Estoy especialmente agradecido a mis dos editoras «antes de Quarto», las artistas Margaret Davidson y Joyce Prigot. Su aliento y su apoyo, su atención por los detalles y sus esclarecedoras correcciones han marcado una gran diferencia. Gracias en especial a Donna Dumont, Scott Gellatly, Obadinah Heavner, Tom Hoffmann y Patrick Howe.

Sin alumnos, no hay profesor. Quiero dar las gracias a todos los participantes de mis talleres a lo largo de estos años. Fueron los primeros que probaron muchos de los ejercicios, y muchas de las lecciones que dimos se convirtieron en la semilla de este libro. Sus preguntas y su tenacidad me han mantenido, y siguen manteniéndome, en forma.

Y, finalmente, quisiera agradecer a The Quarto Group por saber ver el potencial de esta obra tan singular sobre el paisajismo. Un agradecimiento muy especial a la directora editorial Joy Aquilino, cuya paciencia en las primeras etapas hizo posible todo lo demás.

ACERCA DEL ARTISTA

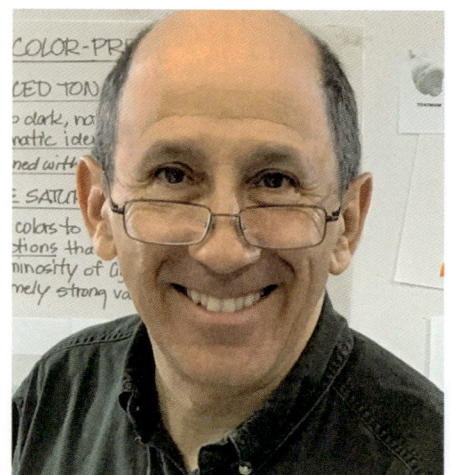

MITCHELL ALBALA es un prestigioso pintor, tallerista y escritor. Sus paisajes semiabstractos y evocadores se han expuesto en Estados Unidos y forman parte de colecciones corporativas y privadas. Imparte talleres de pintura en Estados Unidos y ha ofrecido aventuras de pintura al aire libre en Italia. *Pintura de paisajes* es su segundo libro, publicado tras el éxito de ventas *Landscape Painting: Essential Concepts and Techniques for Plein Air and Studio Practice* (Watson-Guptill, 2009). Mitchell ha impartido conferencias sobre impresionismo y paisajismo en el Seattle Art Museum y ha publicado en las revistas *International Artist* y *Artists & Illustrators*. Cuenta con un conocido blog de pintura, que encontrará en el sitio web mitchalbala.com.

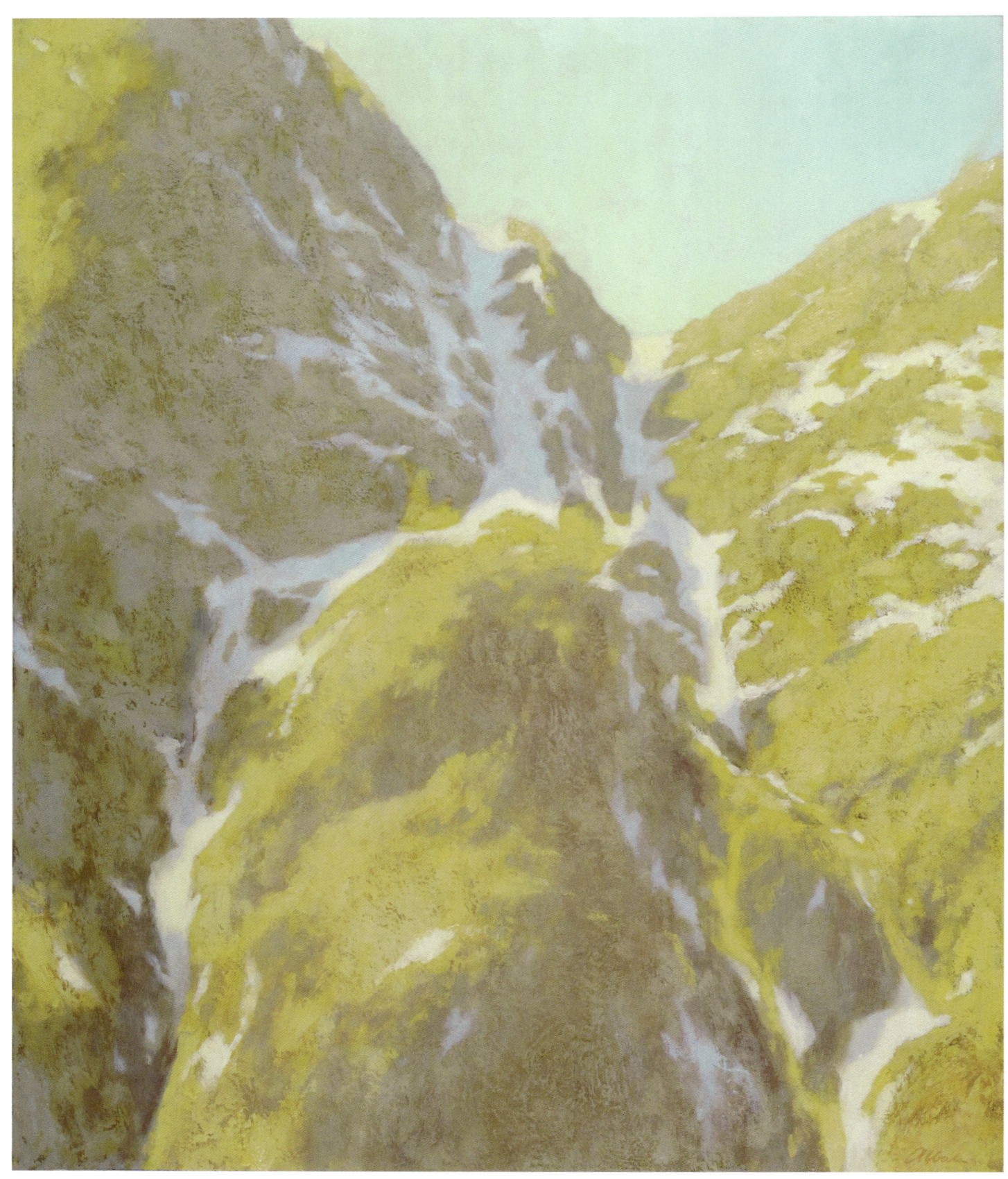

Mitchell Albala, *Ríos de nieve a media luz*, óleo sobre tablilla, 46 × 38 cm

ÍNDICE ALFABÉTICO

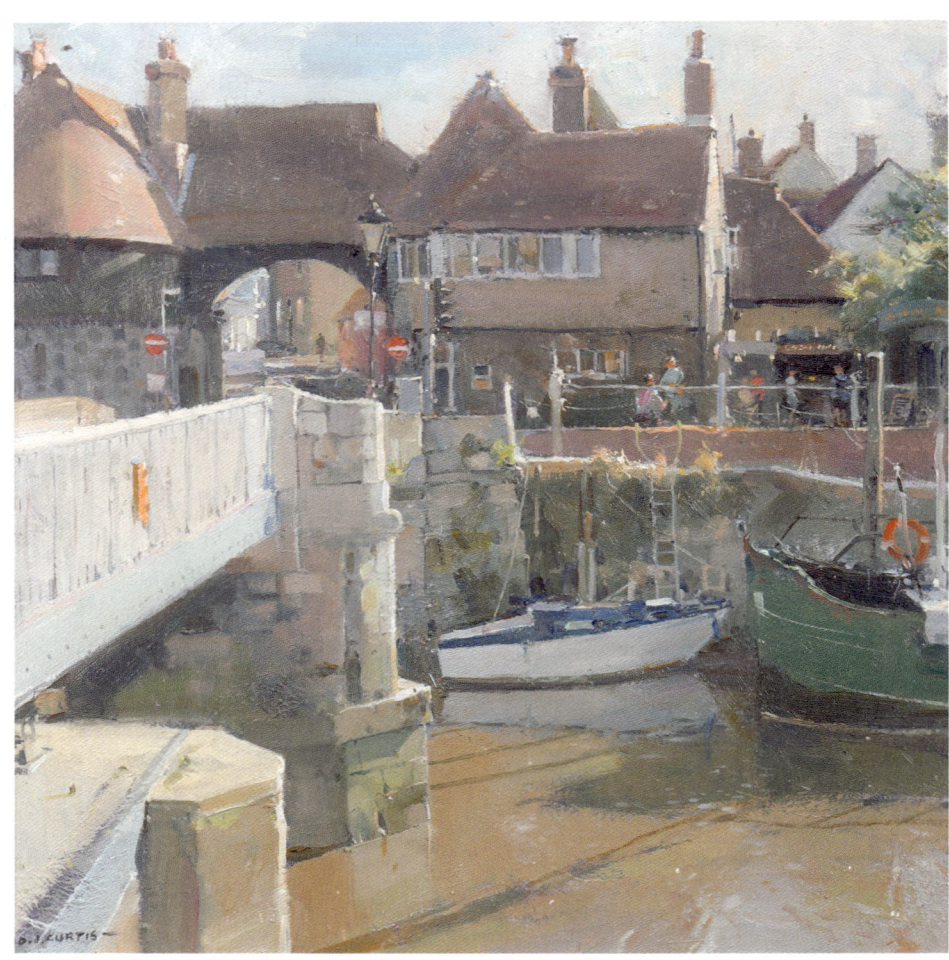

David Curtis, *En el puente, Sandwich, Kent*, óleo sobre tablilla, 30,5 × 30,5 cm